esotera

Taschenbuch
im Verlag Hermann Bauer

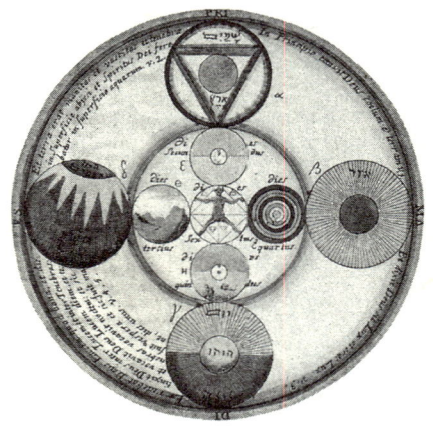

Der altkolorierte Kupferstich aus dem »Opus mago-cabalisticum« von *Georg von Welling* zeigt den Menschen im Zentrum der Welt in der Makrokosmos-Mikrokosmos-Entsprechung.

Der äußerste Kreis enthält die ersten vier Verse der Genesis: die Schöpfung des Himmels und der Erde (oberster Kreis), der Geist Gottes schwebt über den Wassern (linker Kreis), die Erschaffung des Lichts (rechter Kreis) und die Trennung von Licht und Finsternis (unterer Kreis). Der nächstinnere Kreis enthält die Kreise des zweiten (oben), dritten (links), vierten (rechts) und fünften (unten) Tages. In der Mitte der sechste Tag, an dem der archetypische Mensch geschaffen wurde.

Walter E. Butler

Das ist Magie

Die praktische Einführung
in die Geheimnisse westlicher Magie

Verlag Hermann Bauer
Freiburg im Breisgau

Die Deutsche Bibliothek – CIP-Einheitsaufnahme

Butler, Walter E.:
Das ist Magie / Walter E. Butler. [Dt. von
Helmut Degner]. – 2. Aufl., 6. – 10. Tsd. –
Freiburg im Breisgau : Bauer, 1994
   (esotera-Taschenbuch)
   Einheitssacht.: Apprenticed to magic and
   magic & the qabalah ⟨dt.⟩
   ISBN 3-7626-0657-9

Die englische Originalausgabe erschien 1990 bei
Aquarian Press, Wellingborough, unter dem Titel
Apprenticed to Magic and Magic & the Qabalah
© 1990 by The Aquarian Press

Deutsch von Helmut Degner

Die Reihe *esotera-Taschenbuch* erscheint im
Verlag Hermann Bauer KG, Freiburg im Breisgau

2. Auflage 1994 – 6. – 10. Tsd.
© für die deutsche Ausgabe 1991 by
Verlag Hermann Bauer KG, Freiburg im Breisgau
Alle Rechte der deutschen Ausgabe vorbehalten
Umschlag: Seliger & Krafft, Freiburg im Breisgau
Umschlagfoto: Elmar Gruber
Druck und Bindung: Clausen & Bosse, Leck
Printed in Germany

ISBN 3-7626-0657-9

Inhalt

Vorwort

Dieses Buch bedarf nur eines kurzen Vorworts. Wie immer stand mir beim Schreiben das Ziel vor Augen, den Leser sowohl zu erleuchten als auch zu informieren; so bemühe ich mich, die tieferen Schichten seines Bewußtseins anzusprechen. Wie weit mir das gelingt, hängt von verschiedenen Faktoren ab, auf die ich zum Teil keinen Einfluß habe. Ich kann nur hoffen, daß das Buch seinen Zweck erfüllt und seinen Leserinnen und Lesern hilft, die wunderbare Philosophie der Kabbala etwas besser zu verstehen.

Wieder muß ich meiner geduldigen Sekretärin, Mrs. Hilda Eastburn, für ihre Hilfe bei der Vorbereitung des Buches und für das Abtippen des Manuskripts danken.

Dankbar bin ich auch dem Leiter der Society of the Inner Light für seinen Rat und seine Hilfe.

Schließlich danke ich allen Leserinnen und Lesern meiner früheren Bücher, die mir geschrieben haben. Möge sich dieses Buch derer würdig erweisen, denen ich es widme: den wahren Repräsentanten der darin dargelegten Philosophie, denen ich unendlich viel verdanke.

Southampton, 1963   *W. E. Butler*

Einleitung

Wenn man später einmal auf das zwanzigste Jahrhundert zurückblickt, wird es aus vielen Gründen bemerkenswert erscheinen; nicht zuletzt wegen des weitverbreiteten Wiederauflebens des Okkulten in Theorie und Praxis. In den letzten fünfundzwanzig Jahren hat es sich zu einem viele Millionen umsetzenden Wirtschaftszweig entwickelt, der weiter im Wachsen begriffen ist, und dies trotz aller Bemühungen des fundamentalistischen Christentums, es zu unterminieren. Zu den Männern und Frauen, die in dem langen Kampf um die Anerkennung ihrer Überzeugung in vorderster Reihe standen und deren Weg nicht leicht war, zählen A. E. Waite, Florence Farr, W. B. Yeats, Aleister Crowley (dessen Name, obwohl viele ihn und seine Handlungen verachten, in dieser Liste nicht fehlen darf), McGregor Mathers, Brodie Innes, Dion Fortune, C. R. S. Seymour, Christine Hartley, Paul Case, Israel Regardie und ein Mann, der sechzig Lebensjahre seinem Werk widmete: Walter E. Butler.

In einer Menschenmenge wäre er nicht aufgefallen, und nur jemand mit ausgebildeten medialen Fähigkeiten hätte an ihm die ausgedehnte Aura und das Mal des Lehrers bemerkt. Er war keine körperlich herausragende Erscheinung, doch wenn man ihn näher kennenlernte, spürte man die innere Größe dieses Mannes, seine Wärme und sein aufrichtiges Verlangen, das Herz der Menschen, deren Lehrer er war, zu berühren. Er war in allem sehr sorgfältig und engagiert, vor allem, wenn es darum ging, jenen, die sich ihm anvertrauten, sein Wissen zu vermitteln.

Wir, die wir den Vorzug genossen, von ihm zu lernen, werden ihn nie vergessen. Schon bei der ersten Begegnung mit ihm hat sich unser Leben verändert. Wenn wir uns treffen, tauschen wir Geschichten und Anekdoten über unsere Zeit mit ihm aus. Er beeinflußt immer noch unser Leben und durch uns das Leben derer, die nach uns kommen und ihn nie kennenlernen werden, sondern nur seine Lehren.

In diesem Buch *Das ist Magie* sind seine beiden Werke *Einweihung in die Magie* und *Magie & Kabbala* enthalten. In ihnen sind seine Ansichten über Magie und deren Anwendung im täglichen Leben dargelegt. Er war zutiefst davon überzeugt, daß Magie das ganze Leben durchdringen sollte; daß man sie nicht »wegschließen« und nur an besonderen Tagen hervorholen oder als etwas Dunkles und Geheimnisvolles betrachten sollte, das nur »Eingeweihten« vorbehalten ist. Für Walter E. Butler war Magie eine Lebensweise. Seine Bücher spiegeln diese Überzeugung wider, und jene, denen seine Schreibweise altmodisch erscheint, weil sie einen modernen Stil gewohnt sind, mögen bedenken, daß er einer älteren, weniger frenetischen Generation angehörte. Seit seinem Tod sind elf Jahre vergangen, doch was er zu sagen hat, seine Lehrmethoden und sein Wissen sind für alle, die den Weg der Mysterien gehen wollen, immer noch von großer Bedeutung.

Einweihung in die Magie unterscheidet sich von den meisten einschlägigen Büchern darin, daß es in der ersten Person geschrieben ist. Es ist in Form von Briefen und Anweisungen eines Lehrers an seinen Schüler verfaßt und in dieser Hinsicht einmalig. Ernest Butlers persönlicher Lehrstil kommt darin sehr stark zum Ausdruck, und jeder, der die Gelegenheit hatte, seine wenigen auf Band aufgezeichneten Vorlesungen zu hören, wird darin seine Vortrags- und Ausdrucksweise wiedererkennen. Schritt für Schritt wird der Schüler durch eine Reihe von Lektionen geführt, auf Fehler hingewiesen und auch gebührend gelobt. Es ist ein ausgezeichnetes Buch für jeden, der sich noch nicht für den Weg der Magie entschieden hat, jedoch mehr über die magische Ausbildung erfahren möchte.

Magie & Kabbala war Butlers letztes größeres Buch; er hat danach noch viele Jahre lang Artikel geschrieben, seine ganze Zeit jedoch der Leitung des Korrespondenzkurses gewidmet, den es heute noch gibt. Es ist ein kompaktes Lehrbuch, in dem die kabbalistische Philosophie in ihren Grundzügen dargestellt und mit den anderen westlichen Geheimlehren verglichen wird. Leider ist es nicht so bekannt wie seine anderen Bücher, denn es ist lohnenswert, sich ausführlich damit zu beschäftigen. Es wurde 1963 geschrieben, und seither sind viele andere Bücher über dieses Thema erschienen, doch *Magie & Kabbala* vermittelt Butlers einzigartige Sichtweise und – was noch wichtiger ist – seine Art, andere damit vertraut zu machen.

Butler hielt sich in seinen jüngeren Jahren lange in Indien auf. Was er dort lernte, hat ihn stark beeinflußt; dadurch wird dieses Buch zu einer Brücke zwischen der östlichen und westlichen Philosophie. Butler war ein Mensch, der andere Religionen nie herabsetzte, sondern ihre Anhänger als Weggefährten betrachtete. Es freut mich, daß seine Bücher neu aufgelegt werden, um sein Wissen einer neuen Generation von Suchenden zugänglich zu machen.

Jersey, November 1989 *Dolores Ashcroft-Nowicki*

Erster Teil

Einweihung in die Magie

1

Sie möchten den Weg der Hohen Magie gehen.

Wenn ich Ihren Brief lese, steigen in mir viele Fragen auf. Sie scheinen von dem aufrichtigen Wunsch erfüllt, doch bevor ich Sie als Schüler annehmen kann, möchte ich einige Fragen klären, die durch Ihr Ansuchen aufgeworfen werden. Vor allem dürfte es für uns beide nützlich sein, festzustellen, inwieweit wir die gleiche Sprache sprechen.

Ich frage mich, ob Ihnen klar ist, wie leicht der Versuch mißlingen kann, einem anderen Menschen seine Ideen auf sinngemäß richtige Weise zu vermitteln. Die heute gebräuchlichen Kommunikations*methoden* sind äußerst effizient, doch es geht darum, ob die Ideen in ihrer vollen *Bedeutung* und ohne jede Verzerrung vermittelbar sind.

Sollten Sie mein »Schüler« werden, so muß ich Ihnen eine bestimmte Lehre, bestimmte Ideen und Anleitungen verständlich machen. Doch welche vorgefaßten Meinungen haben Sie in dieser Hinsicht?

Neulich warf mir ein alter Freund vor, allerlei okkulte Ideen zu vermischen und das Ergebnis »Magie« zu nennen. Alle meine Bemühungen, ihn von dieser falschen Meinung abzubringen, schlugen fehl, und dies aus gutem Grund: *Seine* Vorstellung von Magie umfaßt nicht das riesige System abgestufter Unterweisungen und Übungen der westlichen Geheimlehren. In diese Geheimlehren wurde ich eingeweiht, und mit ihnen allein beschäftige ich mich.

Wenn Sie etwas über die wundervolle östliche Magie erfahren wollen, über Yogamethoden, die Sie befähigen, jene Wunder zu vollbringen, die üblicherweise mit Yoga in Zusammenhang gebracht werden, dann müssen Sie sich, fürchte ich, anderswo umsehen. Über diese Wunder wird in der westlichen Welt viel Unsinn verbreitet. Einige auf rein körperliche Übungen reduzierte Hatha-Yoga-Methoden haben weite Verbreitung gefunden, und fast jede Woche liest man in populären Zeitschriften, daß irgendeine Schauspielerin oder ein Geschäftsmann die Gesundheit wiedererlangt hatten, indem er oder sie jeden Morgen einen Kopfstand macht oder Pranayama übt.

Vor vielen Jahren habe ich diese Dinge in Indien bei einer kleinen Gruppe von Hindus, die auf diesem Gebiet Experten waren, studiert, und ich weiß, was für eine wunderbare Sache Yoga ist. Was man im Westen als Yoga bezeichnet, ist jedoch nur ein kleiner Teil des Ganzen. Außerdem ist östlicher Yoga für östliche Menschen und Verhältnisse bestimmt und – abgesehen von den einfachsten Formen – für westliche Menschen ungeeignet.

Die östliche Psyche ist anders als die westliche, und Anweisungen, die ein östlicher Schüler leicht befolgen kann, können bei westlichen Schülern, die sie auszuführen versuchen, starke innere Widerstände auslösen. Ich möchte die östlichen Systeme nicht herabsetzen, denn ich kenne ihren Wert, doch ich bin überzeugt, daß die für den westlichen Menschen entwickelten traditionellen Methoden des Westens *für uns* die besten sind. »Jedem Menschen seinen eigenen Meister, und wie kannst du über den Diener eines anderen urteilen? Für seinen eigenen Meister steht oder fällt er.«

Ich wüßte gern, was Sie über meine Ansichten denken. Wenn Sie mein Schüler werden, müssen Sie sich den westlichen Methoden verschreiben. Sie müssen mir, womit meistens die Schwierigkeiten beginnen, Ihr Ehrenwort geben, daß Sie die Techniken nicht vermischen werden; das heißt, Sie dürfen nicht Teile anderer Methoden in die Übungen, die Sie von mir bekommen werden, einfügen.

Vielleicht sind Sie, wie viele Menschen, der Meinung, daß Magie östlicher Herkunft sei, und möchten gerne wissen, was *ich* unter Magie verstehe. Das ist eine berechtigte Frage, und ich will versuchen, sie zu beantworten. Sie schreiben, daß Sie meine Bücher gelesen haben. In beiden habe ich Magie, nach den Worten eines meiner Lehrer, definiert als »die Kunst, willentlich Bewußtseinsveränderungen zu verursachen«. Ich frage mich, ob ich mich bei meiner Erklärung dieser Definition klar genug ausgedrückt habe. Offenbar nicht, denn ich habe von mehreren Menschen Briefe erhalten, die nicht dieser Meinung waren. Warum sollte eine Bewußtseinsveränderung, ob willentlich oder unwillentlich, so mächtige Wirkungen haben, daß ihre Manifestationen von alters her ehrfurchtsvoll »Magie« genannt werden?

Wie Sie (falls ich Sie zur Ausbildung annehme) erfahren werden, basieren alle magischen Operationen darauf, daß der Mensch, der als »Mikrokosmos«, das kleine Universum, bezeichnet wird, und das äußere Universum, der »Makrokosmos«, eine Einheit bilden. Diese Einheit besteht seit Beginn der Manifestation, doch das normale Wachbewußtsein besitzt nicht die Schlüssel zu seinem inneren Reich. Nur unter überwältigendem Streß oder unter für Geist und Körper anomalen Bedingungen manifestieren sich die latenten Kräfte des inneren magischen Menschen. Tief in diesem inneren Reich befindet sich der »Grund«, wo der Kontakt zwischen den Kräften des äußeren Universums und dem inneren Universum des Menschen stattfindet. Eine Bewußtseinsveränderung ist erforderlich, damit sich diese Kräfte und Energien durch den Kanal der menschlichen Persönlichkeit manifestieren.

Alle magischen Wirkungen gehen also vom Innern des Menschen aus, und die bei Zeremonien und Ritualen benützten Utensilien sind Hilfsmittel zur Erweckung der inneren Kräfte. Nach unserer westlichen Tradition werden diese Dinge auf eine besondere Weise und mittels einer uralten Technik gelehrt. Wenn Sie diese Technik in ihrer Gesamtheit befolgen, wird Ihnen in einem bestimmten Stadium der Schlüssel zu Ihrem inneren Reich in die Hand gelegt, wodurch Sie die Fähigkeit erwerben, Ihren Bewußtseinszustand nach Belieben zu verändern. Wie Sie diese Macht anwenden, liegt ganz an Ihnen, doch glauben Sie mir: Wenn Sie sie mißbrauchen, werden Sie es zutiefst bereuen. Das ist für mich keine theoretische Warnung, denn ich verbreite keine Geschichten aus zweiter Hand. Ich habe die Folgen solchen Machtmißbrauchs selbst gesehen und kann nur sagen, daß ich mich hüten würde, diesen Fehler zu begehen.

Natürlich ist es möglich, daß Sie Fehler machen werden – das tun Schüler auf allen Gebieten. Durch diese Fehler lernt man, denn die Disziplin, die man aufwenden muß, um sie gutzumachen, führt zur Vervollkommnung. Doch handelt es sich dabei um Fehler, die erkannt werden, und die schlimmsten Folgen können durch den Lehrer abgewendet werden.

Dies bringt mich zum nächsten Punkt, den ich mit Ihnen erörtern möchte. Sie haben mich gebeten, Sie in der Kunst der Hohen Magie zu unterweisen. Warum wünschen Sie dies? Welches ist Ihr wahrer Beweggrund? Geben Sie sich nicht der Täuschung hin, diese Frage beantworten zu können, ohne sehr sorgsam nachzudenken. Oft gibt es Motive, die aus den Tiefen unseres Bewußtseins aufsteigen, ohne daß der normale wache Geist sie überprüft hat. Manche davon sind sehr reale und sehr gute Gründe; andere sind irreal und irrational und entstammen einem mentalen oder emotionalen »Komplex«.

Ein in diesem Zusammenhang oft benutzter Begriff ist »Berufung«, also ein wirklicher und klarer »Ruf«, der aus dem Innern aufsteigt und die Persönlichkeit zwingt, trotz allen scheinbar unüberwindlichen Hindernissen einen bestimmten Weg zu gehen. In diesem Fall handelt es sich um einen Drang des inneren Selbst, von dem man mit den Worten des Gralsepos sagen kann: »Wenn er dich hat gerufen, brauchst du die Wahrheit nicht länger zu suchen.«

Der Prüfstein für einen solchen inneren Drang ist, ob er trotz aller äußerer Schwierigkeiten anhält und ob er zu innerer Ausgeglichenheit führt. Ein irrationaler Grund, sich mit Magie zu beschäftigen, ist häufig das Streben nach Kompensation; das heißt, das unbewußte Selbst glaubt, daß die durch Magie erworbenen Kräfte bestimmte Minderwertigkeitsgefühle beseitigen werden, die man auf einer geistigen Ebene, auf der man nicht logisch denkt, sondern nur empfindet, verabscheut.

Natürlich gibt es sehr gute Motive, Magie zu studieren und zu praktizieren, ohne dazu berufen zu sein. Ein ehrenwerter Beweggrund für die Suche nach Wahrheit ist das Vorhaben, die Ergebnisse dieser Suche zu nützen, um anderen zu helfen. Das Gelöbnis »Ich wünsche zu wissen, um dienen zu können«, ist das Motiv, das das Tor zu den Mysterien öffnet.

Wie Sie sehen, geht es hier um ethische Fragen, und ich möchte mit Nachdruck darauf hinweisen, daß das Studium der Mysterien strengste moralische Maßstäbe erfordert, denn die durch diese Ausbildung erlangte Macht kann für gute wie für böse Zwecke genutzt werden. Aus diesem Grund ist es erforderlich, zu Beginn der Ausbildung dieses Gelöbnis abzulegen. Sie sollten sich jedoch klar darüber sein, daß die Versuchung, diese Kräfte zum persönlichen Vorteil zu gebrauchen, in jedem Stadium Ihres magischen Werdegangs wieder auftauchen kann. Niemals dürfen Sie glauben, von dieser Versuchung frei zu sein. Man kann und wird Ihnen helfen, sie zu bekämpfen, doch Sie werden nie vor ihr sicher sein. Dies mag hart klingen, doch ich muß es Ihnen mit aller Deutlichkeit sagen, auch wenn es Sie abschrecken sollte.

Es gibt noch etwas, worauf ich Sie hinweisen muß. Ich kann nach eigenem Ermessen entscheiden, ob ich Sie als Schüler annehmen möchte oder nicht, doch auch ich unterstehe einer höheren Autorität; und das letzte Wort in dieser Sache hat mein Vorgesetzter. Die Aufnahme neuer Schüler wirkt sich auf die ganze Bruderschaft aus, und es muß dabei an alle Brüder gedacht werden. Deshalb muß mein Vorgesetzter, wenn ich Sie als Schüler annehme, meiner Entscheidung zustimmen, bevor Ihre Ausbildung beginnen kann.

Denken Sie sorgsam über alles, was ich geschrieben habe, nach. Beschäftigen Sie sich eingehend damit. Seien Sie sich selbst gegenüber ehrlich und versuchen Sie, meine Fragen zu beantworten, ohne sich selbst zu täuschen. Wenn Ihre Selbsterforschung zu dem Ergebnis führt, daß Sie am »Großen Werk« mitwirken und den Weg der Hohen Magie gehen möchten, dann lassen Sie es mich wissen. Mit Zustimmung meines Vorgesetzten werden wir dann mit unserer Arbeit, die nichts weniger darstellt als eine Demontage und Wiedererrichtung Ihrer Seele, beginnen. Ich hoffe, Sie werden die Prüfung bestehen, und wir werden miteinander arbeiten.

2 Ich habe Ihren Brief erhalten. Mein Vorgesetzter, dem ich ihn vorgelegt habe, ist einverstanden, daß ich Sie, falls dies mein Wunsch ist, als Schüler annehme und in der Magischen Kunst unterweise. Mögen unsere vereinten Bemühungen den Ruhm Gottes mehren und der Menschheit dienen. Wie Sie bemerkt haben, wurde mir gestattet, Sie als Schüler anzunehmen, *falls ich dies wünsche*. Dies ist ein wichtiger Punkt, denn es bedeutet, daß ich von nun an bis zum Ende unserer Verbindung für Sie verantwortlich bin. Sollten Sie gegen die Regeln verstoßen, so trage ich, als Ihr Lehrer, auch dafür die Verantwortung. Das Wissen um diese Verpflichtung ist es, das uns solche Vorsicht walten läßt, wenn es darum geht, jemandes Ausbildung zu übernehmen.

Noch etwas anderes muß ich erwähnen. Nach allgemeiner Auffassung ist das Wesentliche an einer Beziehung zwischen Lehrer und Schüler, daß den Schüler etwas Bestimmtes *gelehrt* wird. Was die magische Unterweisung betrifft, so ist dies jedoch nur ein Teil der Wahrheit. Die Unterweisung stellt in diesem Fall zugleich eine Erziehung dar. *Erziehung* bedeutet im eigentlichen Sinn des Wortes das Herausziehen von Ideen aus dem Schüler. Dieser Prozeß bringt es mit sich, daß eine sehr starke Bindung zwischen Lehrer und Schüler entsteht. Es entwickelt sich jedoch auch dadurch noch eine andere Beziehung, daß beide Persönlichkeiten aufeinander einwirken, was auch die Persönlichkeit des Lehrers verändert. Es findet ein ständiger Austausch statt, eine Art psychischer Osmose, die beide beeinflußt. Dies ist bei jeder psychoanalytischen Behandlung der Fall und viel stärker noch bei einer okkulten und magischen Ausbildung.

Vielleicht werden Sie dagegen einwenden, daß eine solche innige Beziehung nicht zustande kommen kann, weil wir uns ja physisch nicht begegnen. Damit hätten Sie unrecht, denn eine solche Verbindung kann über jede Entfernung hergestellt werden, da sie im Grunde telepathisch ist; und bei Telepathie ist die Entfernung ohne Bedeutung. Alles, was wir darüber wissen (und es gibt in dieser Hinsicht unzählige Erfahrungsberichte), beweist, daß sie auch bei an verschiedenen Orten befindlichen Personen möglich ist.

Natürlich gibt es bestimmte Kräfte, die nur bei physischem Kontakt oder zumindest körperlicher Nähe wirksam werden, doch diese besondere Verbindung zwischen Schüler und Lehrer ist nicht von räumlichen Bedingungen abhängig. Bedenken Sie also, daß bei dieser magischen Schulung eine sehr reale Beziehung zwischen uns zustande kommt, und vor allem, daß diese uns beiden zum Nutzen wie zum Schaden gereichen kann.

Will man eine Metapher benützen, so könnte man sagen, daß zwischen uns ein Band aus Licht besteht. Ein Medium dürfte die Verbindung tatsächlich so sehen, und da wir dazu neigen, in räumlich-zeitlichen Bildern zu denken, sollten wir sie uns auch so vorstellen. In einem bestimmten Stadium vor dem Ende Ihrer Ausbildung wird dieses Band bewußt gelöst, damit Sie in der Lage sind, auf eigenen Beinen zu stehen und in keiner Weise mehr von mir abhängig sind. Das Ziel einer magischen Ausbildung ist die Integration der Persönlichkeit, damit Sie in allen irdischen und überirdischen Angelegenheiten eine ausgeglichene und beherrschte geistige Haltung bewahren. Bis dieses Ziel erreicht ist, wird uns dieses psychische Band verbinden, das uns beiden, wie ich Ihnen zu einem späteren Stadium der Ausbildung zeigen werde, eine große Unterstützung sein kann.

Damit wir mit der Arbeit in der richtigen Weise beginnen können, ist es erforderlich, die Grundbedingungen zu klären; das heißt, als erstes müssen wir uns mit den Umständen beschäftigen, unter denen Ihre Ausbildung erfolgen wird. Sicher haben Sie schon von jenen aufstrebenden Schriftstellern gehört, die nur unter ganz bestimmten Bedingungen arbeiten können. Sie brauchen dazu einen eigenen, bestimmten Raum, ihren eigenen Sessel, ein besonderes Schreibgerät und so weiter. Es ist sehr hilfreich, wenn Sie sich zu Beginn Ihrer magischen Ausbildung Ihnen zusagende äußere Umstände schaffen können, doch es ist nicht unbedingt notwendig. Diese können sogar zu Fesseln werden, denn man kann sich dermaßen an sie gewöhnen, daß es einem unmöglich ist, ohne sie zu arbeiten.

Das Ziel dieser Ausbildung ist die Integration der Persönlichkeit, so daß sie nicht mehr von den äußeren Umständen abhängig ist. Es ist deshalb wichtig, so bald wie möglich von der Umgebung unabhängig zu werden. Als ich selbst zu Beginn des Ersten Weltkriegs mit meiner magischen Ausbildung begann, wohnte ich in einem möblierten Zimmer und hatte weder die Zeit noch die Möglichkeit, mir die Bedingungen, die ich als wünschenswert erachtete, zu schaffen. Die Folge war, daß ich sehr langsame Fortschritte machte, doch dafür lernte ich, unter sehr schwierigen Bedingungen zu meditieren und andere geistige Arbeit zu tun. Mein Lehrer war der Meinung, daß herausragende Leistungen nicht zu erhoffen seien, solange man nicht imstande ist, inmitten des Waterloo-Bahnhofs zu meditieren. Das erscheint schwierig, doch er hatte recht. Sie brauchen sich nicht dadurch, daß Sie nicht in der Lage sind, sich Ihre besonderen Bedingungen zu schaffen, davon abhalten zu lassen, mit Ihrer Ausbildung zu beginnen.

Ich möchte, daß Sie sich noch über einen anderen Punkt klar sind, bevor wir zu anderen Dingen übergehen. Es ist möglich, inmitten des Waterloo-Bahnhofs zu meditieren, doch will ich damit nicht sagen, daß Sie versuchen sollten, unter solchen Bedingungen irgendwelche medialen Experimente zu machen. Es ist nicht ratsam, sich zu Beginn der Ausbildung übersinnlichen Einflüssen zu »öffnen«. Wenn Sie stabilisiert und innerlich ausgeglichen sind, werden Sie imstande sein, sich diesen bewußt zu »öffnen« und zu »verschließen«, doch am Anfang müssen Sie die Ihnen erteilten Anweisungen befolgen, und dazu gehört nicht die wahllose Anwendung medialer Fähigkeiten.

Nehmen wir an, daß Sie Ihr Schlafzimmer als Meditationsraum benützen müssen. Sollten für Sie bessere Möglichkeiten bestehen, so gebe ich Ihnen gern Anweisungen, wie Sie sich Ihre eigenen besonderen Bedingungen schaffen können, doch diese dürfen nur vorübergehende Hilfsmittel sein und nicht zu unentbehrlichen Stützen werden. Alles, was Sie benötigen, ist ein Raum und ein gewisses Maß an Ungestörtheit. Sie sollten in dieser Hinsicht jedoch nicht allzu empfindlich sein. Falls Sie darauf bestehen, daß vollkommene Ruhe herrscht, während Sie meditieren, werden Sie wahrscheinlich in den Menschen Ihrer Umgebung den boshaften kleinen Schelm wecken, der in den Besten von uns steckt, und man wird, ganz unbewußt, eine Menge unnötigen Lärm machen. Auf jeden Fall wird der Hund des Nachbarn nicht auf Ihre Bitten oder Befehle hören und trotzdem bellen, wann er will!

Anfangs wird es deshalb schwierig für Sie sein, Ihre Meditationsübungen durchzuführen; Sie werden den Eindruck haben, nicht sehr große Fortschritte zu machen. Durch diese Übungen wird jedoch kontinuierlich ein innerer geistiger Zustand aufgebaut, durch den Sie unabhängig von äußeren Bedingungen werden. Dies gilt für Ihre gesamte Ausbildung, denn je mehr Sie Ihre magischen Fähigkeiten entwickeln, um so mehr können Sie auf äußerliche Riten und Zeremonien verzichten und innerhalb Ihrer magischen Persönlichkeit arbeiten und die inneren Kräfte benützen, die Sie sich durch Ihre magische Ausbildung angeeignet haben. Sie sollten auch die Schwierigkeiten, die sich Ihnen in den Weg stellen, stets als letzten Endes förderlich und nicht als hinderlich betrachten.

Der nächste Punkt, mit dem ich mich beschäftige, sind die »Stellungen«. Wahrscheinlich haben Sie gelesen, in welch wunderbaren Haltungen manche östlichen Yogis meditieren. Die gebräuchlichste wird *padmasana* oder »Lotusstellung« genannt, doch Europäern ist es im allgemeinen nicht möglich, sie einzunehmen, außer sie haben sie von Kindheit an ständig geübt oder sie besitzen von Natur aus lockere Sehnen. Es gibt viele derartige Körperstellungen, doch in den westlichen Schulen benützen wir nur jene, die sich für den Körper eines westlichen Menschen eignen. Es hat keinen

Sinn, in der Lotusstellung zu meditieren, wenn man sich dabei die Füße verrenkt.

Für unsere Meditationsübungen benötigen Sie lediglich einen einigermaßen bequemen Stuhl. Wenn man sich bemüht, den Geist unter Kontrolle zu bekommen und in neue Kanäle zu lenken, ist es töricht, ihn unnötigerweise abzulenken, indem man eine unbequeme Körperhaltung einnimmt. Andererseits soll der Geist bei diesen Übungen hellwach sein, und das ist nicht immer möglich, wenn man einen zu bequemen Sessel benützt. Ideal ist für diesen Zweck ein harter Holzstuhl, am besten mit Armstützen. Ein weicher »Ohrensessel« eignet sich am wenigsten dafür.

Das einzige, was Sie sonst noch für Ihre Arbeit benötigen, ist ein Notizbuch, in das Sie die Ergebnisse Ihrer Meditationsübungen eintragen. Hilfreich, doch nicht unbedingt notwendig ist es, wenn Sie ein symbolisches Bild vor sich aufstellen, das Sie an Ihre Arbeit gemahnt. Falls Sie solche Bilder oder Figuren als Konzentrationshilfe benützen, sollten sie sehr einfach und klar sein. Beschränken Sie sich auf eins oder zwei; mehrere solche Hilfsmittel sind der Konzentrations eher hinderlich als förderlich. Ich habe einmal in einer Kirche gepredigt, deren Kanzel mit sechs Kreuzen aus verschiedenem Material, von Plexiglas bis Messing, verziert war. So sehr ich dieses Symbol verehre, empfand ich diese Vielfalt an Kreuzen eher als ablenkend denn als hilfreich.

Sollte es Ihnen nicht möglich sein, für Ihre Meditationsübungen ein eigenes Zimmer zu reservieren, rahmen Sie Ihr Meditationsbild ein, stellen Sie es auf den Tisch und hüllen Sie es in ein Tuch, wenn Sie die Meditation beendet haben. Lassen Sie das Bild und das Tagebuch nie herumliegen, sondern schließen Sie beides weg.

In dieser Hinsicht müssen Sie selbst die beste Lösung finden. Vielleicht wird Ihre Frau gerne wissen wollen, was Sie tun, und ihr Mißfallen äußern, falls Sie ein großes Geheimnis daraus machen. In diesem Fall ist es weit besser, ihr diese Dinge zu zeigen, wenn sie dies wünscht, vor allem zu Beginn Ihrer Ausbildung. Wenn sie sich für Ihre Arbeit interessiert und Sie darin unterstützen möchte, wird sie dieses

Vorrecht nicht ungebührlich ausnutzen. Steht sie dem Ganzen ablehnend gegenüber, können Sie ihre Zweifel vielleicht beschwichtigen, indem Sie diese Dinge zeigen. Auf jeden Fall ist das eine Sache, die Sie möglichst bald hinter sich bringen sollten. Sprechen Sie miteinander darüber und stellen Sie fest, ob beide darin Übereinstimmung erreichen können.

Ein anderer Punkt: Viele Menschen sind der Meinung, daß die für die Meditation erwünschte »Atmosphäre« durch das Verbrennen von Weihrauch erzeugt werden kann. Das ist richtig, doch es gibt viele verschiedene Arten von Weihrauch, und nicht alle sind für Ihre Arbeit geeignet. Es gibt sogar bestimmte Sorten, die dafür eindeutig tabu sind. Der Hauptzweck für die Verwendung von Weihrauch besteht darin, seinen Duft so mit der Meditation zu verknüpfen, daß man durch das Abbrennen von Weihrauch automatisch in eine meditative Stimmung versetzt wird. Außerdem hat er eine bestimmte »parapsychische« Wirkung, mit der ich mich später befassen werde.

Leider hat Weihrauch die Eigenschaft, sich stark bemerkbar zu machen, und das für sehr lange Zeit. Falls Sie über einen eigenen Raum für Ihre Arbeit verfügen, können Sie ihn ohne Schwierigkeiten benutzen; müssen Sie den Raum jedoch mit anderen teilen, sollten Sie ihn lieber nicht verwenden. Er ist nicht unbedingt notwendig, und es ist besser, darauf zu verzichten, als unnötige Feindschaft heraufzubeschwören, indem Sie das ganze Haus mit seinem Geruch erfüllen. Außerdem ist es nicht sehr angenehm, wenn sich der Duft von Weihrauch mit dem von Frühstücksschinken vermischt. Sie haben zwar das Recht auf Ihren eigenen Standpunkt, doch nicht darauf, ihn auf eine Weise durchzusetzen, die Ihren Mitmenschen Unannehmlichkeiten bereitet. Jeder derartige okkulte Egoismus würde Ihnen eher schaden als nützen.

Nun ein sehr wichtiger Hinweis. Es ist unbedingt erforderlich, die Meditation von der gewöhnlichen weltlichen Arbeit zu trennen. Ich weiß, daß dies einige Fragen bei Ihnen auslösen wird. Bestimmt werden Sie fragen, ob es nicht gut sei, geistig angeregt durch die Meditation in die Alltagswelt hinauszugehen. Ja, ich bin auch der Meinung, daß das sehr gut ist, und falls Sie Ihre Meditation richtig durchgeführt haben, wird der ihr zugrunde liegende Gedanke in den Tiefen Ihres Geistes nachschwingen. Es ist jedoch nicht notwendig, daß Sie sich bewußt bemühen, die Tugend, die Sie als Meditationsobjekt benützt haben, wie eine Maske zu tragen.

Sie müssen jedoch bei Ihrer geistigen Arbeit Ihre Gedanken und persönlichen Energien gemäß sogenannter »innerer Richtlinien« lenken. Falls Sie die Arbeit entsprechend dieser Richtlinien getan haben, ist es unbedingt erforderlich, daß Sie sich wieder der äußeren Welt und ihren Belangen zuwenden. »Wir können nicht immer am Schrein verweilen«, heißt es in einem Kirchenlied, und es wäre für die meisten von uns nicht gut, dies zu tun. Es gibt nur wenige Menschen, die zu einem rein kontemplativen Leben berufen sind. Sie müssen also, wenn Sie Ihre Meditation beenden, die Aufmerksamkeit wieder auf die materielle Welt richten.

Gegen diese Regel dürfen Sie auf keinen Fall verstoßen, denn sollten Sie Ihren geistigen Arbeitsplatz in einem verwirrten Zustand verlassen, werden Sie früher oder später in Schwierigkeiten geraten.

Ich möchte, daß Sie sich darüber im klaren sind, warum wir dies so nachdrücklich betonen. Wenn Sie zu meditieren beginnen, lösen Sie sich von den äußeren Dingen, um sich der inneren, subjektiven Welt zuwenden zu können. Haben Sie die innere Arbeit getan, ist es erforderlich, daß Sie sich wieder mit jener äußeren Welt verbinden, in der Sie Ihre alltägliche Arbeit zu verrichten haben. Tun Sie dies nicht, entwickelt sich allmählich eine geistige Disharmonie, und Sie werden den Belastungen und Anstrengungen des Alltags immer weniger gewachsen sein. Sie werden dazu neigen, der Realität zu entfliehen. Die Folge wird statt einer Höherentwicklung der Persönlichkeit eine zunehmende Ineffizienz in beiden Welten sein. Vielleicht haben Sie es für übertrieben gehalten, daß ich die Wichtigkeit der Rückkehr in die Alltagsrealität so sehr betone, doch nun haben Sie die Gründe sicher verstanden.

Vorerst gebe ich Ihnen keine weiteren detaillierten Anweisungen, sondern bitte Sie, die bisher erteilten sorgsam zu studieren. Sie beginnen mit einer Arbeit, die weitreichende Wirkungen haben wird, und es ist wichtig, daß Sie fest entschlossen sind, diese Aufgabe bis zu ihrem Abschluß durchzuführen. Sie werden die Übungen nach einiger Zeit möglicherweise langweilig finden, und wenn sie, zumindest in den ersten Stadien, keine merkbaren Ergebnisse bringen, werden Sie vielleicht kritisieren; doch wenn ich »in den ersten Stadien« sage, ist das nicht ganz richtig. Zu Beginn Ihrer Arbeit werden sich höchstwahrscheinlich einige sehr deutliche Ergebnisse einstellen, doch wenn Sie weitermachen, werden diese anfänglichen Erfahrungen verblassen, und die Übungen werden zu einer langweiligen Routine und erscheinen weder interessant noch förderlich. Dann werden Sie sehen, wie wahr das Bibelwort ist: »Es sind die kleinen Füchse, die die Weinstöcke plündern«, denn diese können sich durch die Hecken zwängen, was den größeren nicht gelingt. Sie müssen also zu Beginn Ihrer magischen Ausbildung einen Zaun gegen die kleinen Füchse errichten, damit Sie sich im Weingarten Ihrer Persönlichkeit sicher fühlen. Doch während Sie Ihre Übungen Tag für Tag durchführen, kann es sein, daß Sie unachtsam werden und die kleinen Füchse der Langeweile und der Ungeduld, um nur zwei zu erwähnen, durch den Zaun lassen. Jeder, der diesen Pfad gegangen ist, hat diese Phase durchgemacht. Bei manchen tritt es stärker in Erscheinung als bei anderen, doch auf die eine oder andere Weise betrifft es uns alle.

Diese Arbeit ist einem bestimmten Rhythmus unterworfen. Auf eine Zeit des Erfolgs und der Erleuchtung folgt eine Periode der »Trockenheit«, ein Abstieg ins Tal der Erniedrigung. Dann müssen wir uns weiterschleppen, bis wir wieder das Licht vor uns sehen. Alle, die sich auf diese verborgenen Pfade des Geistes wagen, haben dieses Hin- und Herschwingen des Pendels erlebt. Ebenso trifft dies auf jene zu, die den Weg der Mystik eingeschlagen haben. Tatsächlich entstammt der Begriff »Trockenheit«, den ich eben verwendet habe, der Terminologie der Mystiker.

Denken Sie über das, was ich Ihnen gesagt habe, nach. Lesen Sie es immer wieder durch und versuchen Sie, es sich fest einzuprägen. Diese ersten Anweisungen mögen banal erscheinen, doch sie enthalten grundlegende Wahrheiten und sind ein wichtiger Teil des Fundaments, das Sie, mein Schüler, in sich errichten müssen.

Lassen Sie mich wissen, ob Sie irgendwelche weiteren einführenden Informationen benötigen, bevor wir weitergehen. Scheuen Sie sich nicht, zu dem von mir Gesagten Fragen zu stellen. In unserer Schule schätzen wir einen fragenden Geist, vorausgesetzt, der Schüler führt die erteilten Anweisungen aus. Teilen Sie mir auch mit, ob Ihnen ein eigener Raum für Ihre Arbeit zur Verfügung steht.

Als nächstes werde ich Ihnen die Grundübungen der magischen Meditation mitteilen, so daß Sie in der Lage sein werden, damit zu beginnen.

3 Ihrem Brief entnehme ich, daß Sie mit Ihrer Frau über die Frage eines Meditationsplatzes gesprochen haben und zu einer zufriedenstellenden Übereinkunft gelangt sind. Ihnen steht ein kleiner Raum für Ihre Arbeit zur Verfügung. Das ist eine gute Nachricht, doch sollten Sie, wie ich Ihnen schon sagte, solchen günstigen Bedingungen keine allzu große Bedeutung beimessen.

Ihr Meditationsraum sollte ganz einfach eingerichtet sein und am besten nur einen Stuhl und einen Tisch enthalten. Auf den Tisch können Sie eine Vase mit frischen Blumen stellen, außerdem das Bild oder Symbol, das Sie als Konzentrationshilfe benützen. Falls Sie Weihrauch verwenden wollen, wählen Sie eine gute Sorte Räucherstäbchen; es gibt viele Arten von Weihrauch, doch nur wenige eignen sich gut für die allgemeine Arbeit. Für das Abbrennen der Räucherstäbchen benötigen Sie einen Halter, doch bitte ich Sie, keinen zu benutzen, der die Form eines Buddha hat. Daß diese häufig verwendet werden, liegt wohl vor allem an Gedankenlosigkeit. Was würden Sie als Christ empfinden, wenn ein orientalischer Freund ein Kruzifix als Halter für Weihrauchstäbchen benutzte? Viele Millionen von Menschen sehen in Gautama Buddha ihren größten Lehrer, und allein schon aus diesem Grund sollten Sie eine Buddhafigur nicht für diesen Zweck verwenden. Zuweilen stößt man auf eine solche Messingfigur, die irrtümlich für einen Buddha gehalten wird, in Wirklichkeit jedoch Chenresi, einen Glücksgott, darstellt. Auch diese Figur sollten Sie nicht benutzen, denn Sie haben sich für den *westlichen* Weg entschieden.

Sicher sind Sie schon neugierig, wie Ihre Übungen aussehen und an welche Regeln Sie sich halten müssen. Vorerst werde ich Ihnen die Grundübungen vermitteln. Ich habe bereits darauf hingewiesen, daß Sie sie möglicherweise nach einiger Zeit als eintönig und langweilig empfinden werden. Sie sind jedoch sehr wichtig, denn wenn Sie sie nicht beherrschen, hat Ihre spätere Meditation keine feste Basis. Führen Sie sie jedoch regelmäßig und beharrlich durch, so werden sie ihren Wert schätzen lernen. Bevor ich Ihnen die erste Übung erkläre, will ich Ihnen noch einiges hinsichtlich Ihrer Ausbildung sagen.

Vor allem möchte ich, daß Sie sich völlig über die Verpflichtungen im klaren sind, die Sie durch den Eintritt in unsere Schule eingegangen sind. Das Wichtigste, dessen Sie sich in dieser Hinsicht bewußt sein sollten, ist, daß Sie niemanden, weder mir noch meinen Vorgesetzten, persönlichen Gehorsam gelobt haben. Hingegen haben Sie sich, wie wir alle, an die »Regeln« der Bruderschaft zu halten. Das Wesentliche ist unser Ausbildungssystem, nicht der Gehorsam gegenüber irgendwelchen Persönlichkeiten. Natürlich ist hier eine vernünftige Einstellung vonnöten. Wir, die wir in dieser Schule ausgebildet wurden, sind verständlicherweise davon überzeugt, daß unser System gut ist; Sie hingegen hegen möglicherweise, da Sie noch keine Erfahrungen damit gemacht haben, gewisse Bedenken. Deshalb darf ich Ihnen versichern, daß man im Rahmen Ihrer esoterischen Ausbildung niemals von Ihnen verlangen wird, etwas zu tun, was Ihren ethischen Grundsätzen widerspricht. Das soll nicht heißen, daß es Ihnen freisteht, die Anweisungen und Vorschriften, die Sie erhalten werden, zu verändern und sie einem anderen konfessionellen System anzupassen. Ich meine, daß jeder Mensch, ob Christ oder nicht, dem beipflichten kann, was Jesus über die religiösen Pflichten gesagt hat: »Du sollst Gott, deinen Herrn, lieben von ganzem Herzen, von ganzer Seele, von ganzem Gemüte und mit allen deinen Kräften; und du sollst deinen Nächsten lieben wie dich selbst.« Im Licht dieser Zusammenfassung des göttlichen Gesetzes sollen Sie die Lehren, die Sie erhalten werden, prüfen.

Vielleicht sind Sie der Meinung, man werde Sie, wenn Sie irgendwelche Einwände, und seien sie noch so begründet, erheben, als Störenfried betrachten und deshalb Ihren Fortschritt behindern. Sie können sich jedoch darauf verlassen, daß man Sie niemals benachteiligen wird, wenn Sie gegen gewisse Punkte der Lehre Einwände haben. Da Sie aber, während Sie sich in Ausbildung befinden, noch nicht in der Lage sind, auf Wissen gründende Urteile abzugeben, täten Sie gut daran, bevor Sie Einwände erheben, die Instruktionen sorgsam zu studieren. Auf jeden Fall würde mir das eine Menge unnötiger Arbeit ersparen!

Nun komme ich noch auf einen anderen Punkt zu sprechen, der wirklich wichtig ist: auf Ihre Beziehungen zu anderen Menschen und auf die Auswirkungen, die Ihre Arbeit auf diese Beziehungen haben wird. Sie sollten stets daran denken, daß Sie nicht das Recht haben, wegen dieser Ausbildung Ihre persönlichen Verpflichtungen zu vernachlässigen. Sie haben bestimmte Aufgaben übernommen und sind anderen Menschen verbunden; all diese Dinge sind wesentliche Faktoren, die Sie berücksichtigen müssen.

Andererseits müssen Sie bedenken, daß Sie zwar Ihren Nächsten lieben sollen wie sich selbst, jedoch auch die Pflicht haben, sich selbst so zu lieben wie Ihren Nächsten. Ebenso wie Ihr Nächster haben auch Sie ein Recht auf geistige Freiheit und »Bewegungsfreiheit«. Die meisten, die zu uns kommen, vergessen das und schaffen sich so selbst ihre ersten Probleme. Es muß zwischen Ihnen und den Ihnen nahestehenden Menschen Klarheit darüber herrschen, daß Sie sich dieser Ausbildung unterziehen wollen und daß dies ein gewisses Maß an Kooperation von deren Seite erfordert. Ebenso müssen Sie jedoch gewissenhaft Ihre Verpflichtungen erfüllen. Sollten Sie wegen dieser Ausbildung in irgendeiner Weise Ihr Heim, Ihre Frau oder Ihre Kinder vernachlässigen, würden Sie, obwohl Sie die Lehre dem Buchstaben nach vielleicht befolgen, dem Sinn nach gegen sie verstoßen, was viel schwerer wiegen würde.

Es ist aber auch möglich, daß Sie Ihre familiären Verpflichtungen so sehr überbewerten, daß Sie von Ihrem Ziel abgelenkt werden und nicht imstande sind, Ihre Übungen richtig durchzuführen. Dies würde sich auf Ihre Beziehungen nicht günstig auswirken, sondern einerseits Verstimmung und andererseits Selbstgerechtigkeit hervorrufen, was nicht konstruktiv und förderlich wäre.

Wenn Sie beanspruchen, bei der Meditation nicht gestört zu werden, müssen Sie dafür sorgen, daß niemand darunter leidet. Wichtig ist es, daß die Menschen Ihrer Umgebung die günstige Wirkung der Ausbildung auf Ihren Charakter bemerken. Dies ist ein sehr schwieriger Punkt, und wenn er nicht gleich am Anfang geklärt wird, werden Sie deshalb immer wieder Probleme haben.

Nun zu der ersten Übung, die »Rückschau-Meditation« genannt wird. Sie scheint so einfach zu sein, daß viele Schüler sie vernachlässigen, womit sie jedoch einen großen Fehler begehen. Schreiben Sie folgende Anweisung bitte ab, führen Sie die Übung ausnahmslos jeden Abend durch und notieren Sie jedesmal die Ergebnisse.

Gehen Sie jeden Abend im Bett die Ereignisse des Tages in umgekehrter Reihenfolge durch; das heißt: Beginnen Sie mit dem, was Sie zuletzt getan oder gesagt haben; gehen Sie dann zurück zu dem davorliegenden Geschehnis und so weiter, bis Sie bei den ersten Gedanken und Handlungen des Tages angelangt sind. Betrachten Sie jedes Ereignis, das Sie sich ins Gedächtnis zurückrufen, ganz unparteiisch, als sei es eine völlig unpersönliche Angelegenheit. Betrachten Sie einzeln die Folgen jeder Handlung, jedes Gedankens oder Wortes und überlegen Sie dann, warum diese Gedanken und Emotionen bestimmte Wirkungen hervorgerufen haben. Wenn Sie das Gefühl haben, daß Sie das erkannt haben, gehen Sie zu dem davorliegenden Ereignis über und untersuchen Sie dieses auf die gleiche Weise. Gehen Sie so immer weiter zurück bis zum Anfang des Tages.

Diese Rückschau-Meditation ist sehr wichtig. Vor allem trägt sie dazu bei, die übliche geistige Gewohnheit abzulegen, in der zeitlichen Reihenfolge von Vergangenheit, Gegenwart und Zukunft zu denken. Diese normale Denkweise funktioniert sehr gut in dieser dreidimensionalen materiellen Welt, doch wenn Sie höheres Bewußtsein entwickeln, werden Sie merken, daß sie begrenzt ist. Dann werden Sie den Wert dieser Übung erkennen. Der zweite wichtige Punkt ist, daß es Ihnen, wenn Sie zuerst das Endergebnis betrachten und dann zurückgehen, viel schwerer fallen wird, die üblichen Entschuldigungen für Ihr Verhalten vorzubringen. Durch diese Übung wird das, was die Psychologen das »falsche Ego« nennen, und seine Aktivität unter Kontrolle gebracht. Da die Zerstörung dieses falschen Egos eines der Ziele der magischen Ausbildung ist, ist sie so wertvoll. Lassen Sie sich übrigens nicht entmutigen, wenn Sie lange, bevor Sie beim ersten Ereignis des Tages angelangt sind, einschlafen sollten. Das falsche Ego wird alles daransetzen, Sie an der Durchführung dieser Übung zu hindern.

Vorläufig ist es nicht notwendig, daß Sie bei Ihren Aufzeichnungen auf Einzelheiten eingehen. Unbedingt erforderlich ist es jedoch, daß Sie diese Aufzeichnungen machen. Wenn Sie in Ihrer Ausbildung fortschreiten, werden Sie merken, daß es überaus hilfreich ist, alle Ergebnisse zu registrieren; und Sie werden bald erkennen, wie wertvoll dies ist.

Im Gegensatz zu den meisten anderen Tagebüchern dient diese sehr wirkungsvolle Methode nicht dazu, Ihr falsches Ego zu unterstützen, sondern sich an sorgsames und logisches Denken und Handeln zu gewöhnen. Mit der Rückschau-Meditaton sind die »Anrufungen« verbunden. Diese finden zu verschiedenen Tageszeiten statt und dienen zwei Zwecken:

Zum einen schulen sie den »Zeitsinn«, jene unterbewußte Uhr, die uns befähigt, den Ablauf der Zeit zu messen. Obwohl wir uns mit metaphysischen Dingen beschäftigen, ist es notwendig, daß wir mit beiden Beinen auf der Erde bleiben. Ja, gerade *weil* wir uns mit diesen Dingen beschäftigen, müssen wir noch mehr als die meisten Menschen unsere materiellen Angelegenheiten unter Kontrolle behalten. Ich weiß, daß gewisse »okkulte« Richtungen zu einer »unweltlichen« Gesinnung neigen; daß sie das »Materielle« verachten und nur das »Spirituelle« gelten lassen. Vielleicht war das auch Ihre Einstellung. Wenn ja, dann werden Sie im Lauf Ihrer Ausbildung feststellen, daß unsere Schule solche Ansichten als völlig falsch betrachtet.

Zum anderen dienen die Anrufungen der »inneren Sammlung«. Das bedeutet, daß wir es für sehr wichtig halten, den Geist zu bestimmten Zeiten auf die höhere Lebenskraft zu richten, die das ganze Universum, in dem wir leben und existieren, durchdringt. Sie sollten alle theologischen Vorstellungen, die Sie hinsichtlich dieser Lebenskraft hegen, ablegen und sie einfach als die Macht betrachten, die alles Manifeste erhält und lenkt. Hier die drei täglichen Anrufungen:

Am Morgen: Heil Dir, der Ewigen Göttlichen Sonne, deren sichtbares Symbol sich nun am Himmel erhebt.
Gegrüßet seist Du am Morgen.
Am Mittag: Heil Dir, der Ewigen Göttlichen Sonne, deren sichtbares Symbol nun hoch am Himmel steht.
Gegrüßet seist Du am Mittag.
Am Abend: Heil Dir, der Ewigen Göttlichen Sonne, deren sichtbares Symbol nun am Himmel untergeht.
Gegrüßet seist Du am Abend.

Ich füge eine Probeseite aus einem magischen Tagebuch bei, damit Sie beispielhaft sehen, wie man es führen kann. Schicken Sie mir Ihres bitte am Ende jeden Monats zu; ich werde es dann durchsehen und Ihnen wieder zurückgeben. Tragen Sie in das Tagebuch die Ergebnisse ein, zu denen die Rückschaumeditation, die Anrufungen und das Meditationsthema, das ich Ihnen jeden Monat geben werde, geführt haben. Versuchen Sie nicht zu »erklären«, warum Ihre Bemühungen an einem bestimmten Tag fehlgeschlagen sind, sondern notieren Sie nur, daß dies der Fall war, eventuell mit einem kurzen Zusatz wie »durch Krankheit verhindert«, »störendes Hundegebell« oder »unerwarteter Besuch«. Lassen Sie aber nicht zu, daß diese Hinweise zu *Entschuldigungen* werden. Sicher verstehen Sie, was ich meine.

Magisches Tagebuch

Grad: E. A.

Morgenanrufung
Zur richtigen Zeit durchgeführt

Mittagsanrufung
Nicht durchgeführt. Vergessen.

Abendanrufung
Durchgeführt, doch später als üblich
(unvorhergesehener Besuch)

Meditationsübung
Konnte die Straße gut visualisieren, doch immer nur einen Teil davon – als würde ich im Geist den Strahl einer Taschenlampe darauf richten. Nur die Dinge, die der Strahl erfaßte, waren klar zu sehen – alles andere verschwommen und undeutlich.

Besondere Anmerkungen
Trotz meiner Bemühungen, die geistige Sphäre zu »reinigen«, fällt es mir sehr schwer, mit der Meditation zu *beginnen*.

Sie erhalten jeden Monat ein Meditationsthema und dürfen sich während dieser Zeit nur mit diesem beschäftigen. Sicherlich sind Sie der Meinung, daß sich dieses Thema, über das Sie einen Monat lang meditieren sollen, bereits vor Ablauf einer Woche erschöpft haben wird.

Lassen Sie mich Ihnen eine Geschichte erzählen, die ich für wahr halte und die Ihnen in dieser Hinsicht vielleicht helfen wird.

Ein junger Mann wurde Schüler eines berühmten Naturwissenschaftlers, so wie Sie mein Schüler wurden. Am ersten Tag erhielt er von dem großen Mann einen ganz einfachen Auftrag. »Ich möchte, daß Sie sich mit diesem Fisch beschäftigen und soviel wie möglich über ihn aufschreiben.« Dann überließ ihn der Naturwissenschaftler einige Stunden sich selbst, doch als er zurückkam, konnte der Schüler nur ein sehr dürftiges Ergebnis vorweisen, etwa drei oder vier Sätze. Der Meister stellte ihm die Aufgabe noch einmal und blieb diesmal viel länger weg. Verärgert über die seiner Meinung nach unsinnige Übung beschloß der Schüler, diesmal alles aufzuschreiben, was ihm zu dem Fisch einfiel. Der Ärger spornte ihn an, und als der Lehrer nach einigen Stunden zurückkam, schrieb er immer noch eifrig.

Ich möchte, daß Sie Ihre Meditation auf ähnliche Weise angehen; nicht ärgerlich, doch mit der gleichen Entschlossenheit und Beharrlichkeit. Sie werden sehen, daß es Ihnen, sobald Sie die für die Meditation erforderlichen Techniken beherrschen, an Einfällen nicht mangeln wird.

Vielleicht werden Sie über die Art der Meditationsthemen, die ich Ihnen gebe, erstaunt sein. Für viele Menschen ist Meditation ein Nachsinnen über emotional gefärbte »spirituelle« Ideen. Diese werden natürlich auch benützt, doch was wir benötigen, ist eine ausgewogene geistige Diät. Deshalb werden die Themen sorgsam ausgewählt. Im Rahmen unserer Korrespondenz haben Sie in großen Zügen Ihren Charakter sowie Ihre Ansichten und Verhaltensweisen geschildert. Deshalb werden Sie über die Meditationsthemen, die ich Ihnen gebe, vielleicht verblüfft sein, wenn Sie sehen, daß sie den Themen, die Sie selbst gewählt hätten, genau entgegengesetzt sind. Es wäre für Sie einfach, gemäß Ihrer natürlichen Neigung zu meditieren und außer acht zu lassen, was Ihnen nicht gefällt. In diesem Fall würden Sie sich aber sehr einseitig entwickeln, und das würde zu Unausgeglichenheit führen.

Aus diesem Grund werden Sie lernen, über Ideen zu meditieren, die Sie weder interessant noch anziehend finden; ich hoffe, Sie werden die damit verbundene Mühe nicht scheuen. Es ist jedoch unbedingt erforderlich, daß Sie eine ausgewogene Ausbildung erhalten; ich würde meine Pflicht verletzen, wenn ich zuließe, daß Sie sich der notwendigen geistigen Disziplin entziehen.

Es gibt zwei Arten von Grundübungen für die Meditation. Die eine, bei der Sie bestimmte geistige Bilder aufbauen müssen, wird »Bildgestaltung« genannt; die andere, bei der man im Geist bereits vorhandene Bilder ins Bewußtsein aufsteigen läßt, »Bilderinnerung«.

Die Bildgestaltung ist eine sehr wichtige Übung zur Entwicklung der Visualisierungsfähigkeit. Der Begriff »Visualisieren« wird hier auf eine besondere Weise benützt. Im allgemeinen versteht man unter Visualisieren die Erschaffung von Bildern mit Hilfe des Sehvermögens, doch okkultes Visualisieren ist die Erschaffung eines geistigen Bildes, das sich aus Eindrücken zusammensetzt, die von allen fünf Sinnen empfangen wurden. Hier ein Beispiel. Nehmen wir an, Sie sollen das geistige Bild eines Wasserfalls erschaffen, etwa der Niagarafälle. In diesem Fall müssen Sie sich nicht nur vorstellen, wie der Wasserfall aussieht, sondern auch, welche Geräusche er hervorruft, wie das Wasser schmeckt, welchen Geruch es hat und wie Sie es auf Ihrer Haut spüren.

Die Schaffung eines solchen zusammengesetzten Bildes in allen Einzelheiten ist der Meditation förderlich, weil der Geist Abwechslung wünscht und in einen Zustand der Selbsthypnose verfällt, wenn er auf nur einen Punkt des geistigen Bildes gerichtet wird. In einem späteren Stadium werden Sie sehen, daß dieser Zustand sehr nützlich sein kann, doch zu Beginn der Meditationsausbildung ist er nicht erwünscht.

Professor Ernest Woods stellt in seinem Buch über Konzentration einen sehr interessanten Vergleich an. Er vergleicht den Geist mit einem Fisch, der in einem See schwimmt. In der Mitte des Sees befindet sich eine Insel. Der Fisch möchte wissen, wie es auf der Insel aussieht. Es gibt für ihn zwei Möglichkeiten, dies festzustellen. Die eine besteht darin, daß er seine Nase in den Schlamm am Ufer steckt und seine Aufmerksamkeit auf das zu konzentrieren versucht, was er sieht. Die andere, weit wirkungsvollere, ist, langsam um die Insel herumzuschwimmen und dabei alles zu registrieren, was er wahrnimmt. Diese zweite Methode ist es, die Sie zu Beginn der Ausbildung anwenden müssen.

Wenn Sie den geistigen Gesichtspunkt ständig verändern, indem Sie den Blick auf ein Bild nach dem andern richten, wird es Ihnen gelingen, ein klares und umfassendes Gesamtbild aufzubauen, das dreidimensional ist. Später werden Sie sehen, daß diese Fähigkeit, dreidimensional zu visualisieren, sehr nützlich zum Aufbau von Gedankenformen ist, die als Kanäle für elementare Energien verschiedenen Grades benützt werden.

Nun zu der zweiten Meditationsart, bei der man »die Bilder aufsteigen läßt«. Hier beschränkt sich der bewußte Geist darauf, einen Raum freizumachen, in dem die in der Tiefe ruhenden Bilder zur Oberfläche aufsteigen können. Dies erinnert mich an die Technik gewisser orientalischer Magier, die Seher zuerst darin ausbilden, in einem magischen Spiegel oder einer Schüssel mit Tinte die Erscheinung eines Mannes zu sehen, der das Gesichtsfeld freimacht. Dann werden in diesen freien Raum die Visionen beschworen. Sie werden sehen, daß diese »Bereitung des Arbeitsplatzes« ein sehr wichtiger Teil jeder praktischen magischen Zeremonie ist.

Es gibt bestimmte Methoden, mit denen diese Freimachung des Geistes erfolgen kann, und jene, die ich gleich schildern werde, halte ich für die beste.

Wenn Sie damit begonnen haben, klare Gedankenbilder aufzubauen, wird diese Meditationsübung Ihre diesbezügliche Fähigkeit entwickeln. Die »Bereitung des Platzes« beginnt damit, daß Sie um sich das geistige Bild einer Mauer aus Licht aufbauen, die Sie von der äußeren Welt trennt. Sie sollten diese kreisförmige Mauer aus Licht in silberner Farbe visualisieren und im Uhrzeigersinn um sich ziehen. Hilfreich ist es, wenn Sie die Kontur dieser Schutzschranke mit der rechten Hand in die Luft zeichnen und sich dabei langsam von links nach rechts drehen, mit dem festen innerlichen »Vorsatz«, alle äußeren Einflüsse für die Dauer der Übung auszuschließen. Dann sind Sie zum größten Teil von dem Gedankenstrom, der uns unser Leben lang umgibt, abgeschirmt und in der Lage, die Bilder, die Ihr eigener Geist hervorbringt, zu beobachten.

Wenn Ihr Geist auf diese Weise äußeren Einflüssen entzogen ist, werden Sie feststellen, daß ständig geistige Bilder in Ihr Bewußtsein aufsteigen. Diese können anfangs sehr wirr und chaotisch sein, doch nach einiger Zeit des Übens werden Sie merken, daß bestimmte Gruppen von Gedanken immer wieder hochkommen. Welcher Art sie auch sein mögen, ob angenehm oder nicht – Sie dürfen nicht zulassen, daß sie Sie emotional berühren. Betrachten Sie sie lediglich, wenn sie aufsteigen, und stellen Sie sich dann vor, wie Sie sie gelassen, ohne angestrengtes Bemühen, durch die Schutzmauer stoßen, hinaus aus dem Bereich Ihres Geistes. Möglicherweise werden sie immer wieder auftauchen, doch wenn Sie sie ganz ruhig, ohne emotionale Anspannung, auf diese Weise vertreiben, werden Sie schließlich ihre Macht, aufzusteigen, verlieren und sie nicht mehr behelligen.

Diese Vorarbeit ist nicht ganz so einfach, wie es den Anschein haben mag, doch wenn sie zur automatischen Gewohnheit geworden ist, haben Sie eine höchst wertvolle Fähigkeit erworben.

Es hat natürlich keinen Sinn, die geistige Sphäre zu reinigen, wenn wir nicht in ihr arbeiten wollen. Deshalb besteht der nächste Teil der Übung darin, Bilder einer bestimmten Art zu erschaffen. Wir haben zweierlei Arbeit zu tun: Bilder zu erschaffen und bereits erschaffene Bilder wachzurufen. Am besten ist es, wenn wir damit beginnen, bewußt Bilder zu erzeugen und dadurch die Visualisierungsfähigkeit zu entwickeln.

In meinem nächsten Brief werde ich Ihnen grundlegende Instruktionen über Haltung und Atmung erteilen. Vielleicht finden Sie meine Art, Sie zu unterweisen, etwas zusammenhanglos. In diesem Fall breche ich mit den Anweisungen für die geistigen Übungen ab und gehe auf ein ganz anderes Thema über. Seien Sie deshalb nicht beunruhigt; es geschieht aus gutem Grund. Sie werden immer wieder feststellen, daß ich die methodische Folge der Instruktionen auf diese Weise unterbreche; zu einem späteren Zeitpunkt werden Sie verstehen, warum ich das tue.

4 Wie versprochen, schicke ich Ihnen die Anweisungen
bezüglich Haltung und Atmung. Sie schreiben, daß Sie
die bisherigen Anweisungen sehr sorgsam studiert haben und
sich dazu bereit fühlen, mit der Meditation zu beginnen. Das
ist gut, doch sicher ist Ihnen klar, daß diese Übungen, was
die Meditation betrifft, nur Grundübungen sind. Sie sind
jedoch überaus wichtig, da sie Ihnen dazu verhelfen werden,
die Kunst der Meditation wirklich zu beherrschen. Betrachten Sie sie als langweilige, doch notwendige Aufgaben, die
für einen Schüler unumgänglich sind. Ich weiß noch gut, wie
langweilig und öde die Arbeit war, die ich zu Beginn meiner
Ausbildung als Ingenieur tun mußte; doch später erkannte
ich, wie sehr sie mir geholfen hat, auf diesem Gebiet gute
Leistungen zu vollbringen. Im Bereich der magischen Arbeit
gilt für den Schüler das unabdingbare Prinzip: »Lernen durch
Tun.«

Beschäftigen wir uns jetzt mit den Haltungen, den *asanas,*
wie sie im Osten genannt werden. Es ist klar, daß die Haltung, in der wir sitzen, in gewissem Maß den Blutkreislauf
im Körper beeinflußt. Sie wirkt sich auch auf das Fließen der
feinen ätherischen Ströme aus, die im »ätherischen Doppel«
des Körpers zirkulieren. Zur Lenkung dieser feinstofflichen
Ströme sind viele Übungen entwickelt worden, doch zum
Zweck Ihrer Ausbildung werden wir uns nur mit jenen
beschäftigen, die zur Errichtung eines Fundaments besonders
wichtig sind. Wenn Sie sie vernachlässigen, wird Ihre spätere
Arbeit unvollkommen sein.

Ein junger Freund von mir wurde während des letzten
Krieges aufs Land »verschickt« und konnte deshalb seine
Ausbildung leider nicht auf normale und ordnungsgemäße
Weise fortsetzen. Als er später sein Studium wieder aufnahm,

behinderten ihn die Lücken in seiner früheren Ausbildung so stark, daß er gezwungen war, noch einmal von vorn zu beginnen und sie systematisch zu füllen. Auf ähnliche Weise kann sich der Geist, was die Meditation betrifft, schlechte Gewohnheiten zulegen, wenn ihm nicht die richtigen Methoden beigebracht werden. Es ist überaus schwierig, diese schlechten Gewohnheiten zu korrigieren. Hat man, zum Beispiel, auf eigene Faust Maschineschreiben gelernt und dabei schlechte Gewohnheiten entwickelt, ist es später viel schwieriger, die richtige Methode zu erlernen, als wenn man dies gleich zu Beginn getan hätte. Eine neue Gewohnheit kann erst entwickelt werden, wenn man die alte abgelegt hat.

Vielleicht finden Sie, daß ich auf dieser Sache zu sehr herumreite, doch das hat einen ganz einfachen Grund: Ich möchte nicht, daß Sie Ihre Zeit und Energie vergeuden, und ich habe auch keine Lust, die meine dadurch zu vergeuden, daß ich Ihnen später helfen muß, schlechte Gewohnheiten hinsichtlich der Meditation zu überwinden.

Die im Osten gebräuchlichste Haltung ist der »Lotus«-Sitz *(padmasana)*. Es fällt den meisten Europäern schwer, sie einzunehmen. Andererseits eignet sie sich ausgezeichnet dazu, bestimmte feinstoffliche Ströme im Ätherkörper umzuleiten. In einem späteren Stadium werde ich Sie mit einer vereinfachten Form bekanntmachen. In unseren westlichen Schulen nehmen wir im allgemeinen die »Gotteshaltung« ein. Sie sieht folgendermaßen aus: Setzen Sie sich aufrecht auf Ihren Stuhl, das Rückgrat so gerade wie möglich, doch nicht steif und verspannt. Bedenken Sie, daß es von Natur aus leicht gekrümmt ist. Die Füße stehen fest und gerade auf dem Boden, die Knie berühren sich fast, die Hände liegen auf den Oberschenkeln. Die Füße dürfen bei dieser Übung nicht gekreuzt, die Hände nicht gefaltet werden. Es ist die Haltung der ägyptischen Statuen aus der Pharaonenzeit. Die beste Sitzgelegenheit ist ein ziemlich harter Stuhl; falls Sie unbedingt ein Kissen brauchen, sollte es ebenfalls fest sein. Sollte es Ihnen das Kissen erschweren, die Füße fest auf den Boden zu stellen, dann müssen Sie es weglassen, einen niedrigeren Stuhl nehmen oder eine Fußbank benutzen.

Nun beginnen Sie, sich zu entspannen. Über die Möglichkeiten der Entspannung sind viele falsche Vorstellungen verbreitet. Entspannung ist aber für jegliche okkulte Arbeit grundlegend wichtig; darum beschäftige ich mich so ausführlich damit. Erstens können Sie sich nicht richtig entspannen, bevor Sie nicht festgestellt haben, wo Sie gewohnheitsmäßig verspannt sind. Deshalb müssen Sie zuerst herauszufinden versuchen, an welchen Stellen Ihres Körpers Sie zu Verspannungen neigen. Zweitens müssen Sie sich darin üben, jeden Körperteil willentlich anzuspannen und die Spannung wieder zu lösen. Es ist so ähnlich, als wenn Sie als Fahrschüler lernen, von einem Gang in einen anderen zu schalten.

Beginnen Sie an der höchsten Stelle des Kopfes. Nehmen Sie die »Gotteshaltung« ein, richten Sie Ihre Aufmerksamkeit auf die höchste Stelle des Kopfes und machen Sie sich die Spannungen, die an dieser Stelle herrschen, bewußt. Wahrscheinlich werden Sie ebenso überrascht sein wie ich, wenn Sie feststellen, daß Sie die Kopfhaut gewohnheitsmäßig anspannen. Da wir deren Muskeln normalerweise nicht bewußt betätigen, vergessen wir leicht, daß sie angespannt werden können; die Folge ist eine unwillkürliche Anspannung. Stellen Sie vorläufig lediglich fest, ob Ihre Kopfhaut angespannt ist oder nicht. Richten Sie dann Ihre Aufmerksamkeit auf die Stirn und das Gesicht. Wahrscheinlich werden Sie auch dort viele Spannungen entdecken. Gehen Sie jetzt von oben nach unten zu den weiteren Körperteilen über – zum Hals, zur Brust, zum Unterleib und schließlich zu den Beinen, Knöcheln und Füßen. Notieren Sie dann auf der ersten Seite Ihres Tagebuchs die verschiedenen Spannungsbereiche, die sie gefunden haben, womit der erste Teil dieser Untersuchung abgeschlossen ist.

Nun müssen Sie die Ursachen dieser Spannungen herauszufinden versuchen. Vielleicht spannen Sie die Augen- und Gesichtsmuskeln infolge eines Sehfehlers oder einer unpassenden Brille oder aufgrund einer psychischen Belastung an? Was auch der Grund sein mag – die Muskelspannungen müssen gelöst werden. Rein physische Ursachen wie eine unpassende Brille können leicht beseitigt werden; schwieriger ist es mit psychischen Ursachen. Das Wichtigste ist jedoch, sie sich bewußt zu machen; dann ist die Schlacht schon halb gewonnen.

Wenn Sie alle körperlichen Spannungen notiert haben, können Sie zum nächsten Teil der Übung übergehen. Die zuvor genannten Spannungen sind unwillkürlich; der nächste Schritt besteht darin, bewußt Spannungen zu erzeugen. Das heißt: Sie müssen die einzelnen Körperteile »durchgehen«, diesmal jedoch die Muskeln bewußt anspannen und die dabei auftretenden Empfindungen beobachten. Wenn Sie dies getan haben, gehen Sie wieder die verschiedenen Körperteile durch; dabei entspannen Sie die einzelnen Muskelgruppen. Dies ist schwieriger, denn wenn Sie zu einem neuen Bereich übergegangen sind, werden Sie merken, daß Sie einige der vorhergehenden Muskeln wieder angespannt haben, so daß Sie wieder von vorn beginnen müssen. Am besten ist es, anfangs nur mit einem Teil des Körpers zu üben und zu lernen, diesen vollkommen zu entspannen. Wenn Ihnen dies gelingt, können Sie die Entspannung auf den nächsten Bereich ausdehnen, bis Sie den ganzen Körper »durchgegangen« sind.

Jetzt kommen wir zum schwierigsten Teil dieser Übung. Sie haben gelernt, sich zu entspannen, und Sie haben auch geübt, die Muskeln bewußt anzuspannen. Der nächste Schritt ist, einen Zustand zu erreichen, der in der Mitte zwischen beidem liegt. Wenn Sie sich richtig entspannt haben, dürfen Sie nicht in einen trägen, lethargischen Zustand versinken, sondern müssen eine Ausgeglichenheit bewahren, in der Sie gut entspannt, jedoch imstande sind, sofort zu handeln, falls die Umstände dies erfordern. Sie werden sehen, daß diese Ausgeglichenheit sehr schwer zu erlangen ist und daß Sie den »Trick« erst nach wiederholten Versuchen beherrschen werden. Es ist so ähnlich, als ob Sie Radfahren lernen. Die Fähigkeit, das Gleichgewicht zu halten, stellt sich ganz plötzlich ein, und sobald Sie sie erworben haben, wird sie zu einer automatischen Fertigkeit.

Dieser Teil der Übung besteht aus drei Schritten. Zuerst werden die Spannungen ausfindig gemacht. Dann werden die

Spannungen gelöst, und schließlich werden die Muskeln in einen ausgeglichenen Zustand gebracht. Der erste Schritt braucht nicht wiederholt zu werden, wenn Sie die unwillkürlichen Spannungen aufgespürt und ihre Ursachen beseitigt haben, doch die beiden anderen sind wichtige Teile der Übung und müssen stets durchgeführt werden.

Nach regelmäßigem, beharrlichem Üben werden Sie imstande sein, völlige Entspannung und Ausgeglichenheit zu erreichen. Zum Teil müssen Sie sie bereits erlangt haben, bevor Sie zum nächsten Teil der Arbeit übergehen. Denken Sie bitte immer daran: Diese Vorübungen können sehr monoton werden, doch sie sind überaus wichtig.

Nun zu den Atemübungen. In einem späteren Stadium Ihrer Ausbildung werden Sie besondere Atemübungen lernen. Vorläufig reicht die eine, die nun folgt, völlig aus. Man hat festgestellt, daß ein eindeutiger Zusammenhang zwischen der Atemfrequenz und dem emotionalen Zustand besteht. Sicher haben Sie schon bemerkt, daß Ihre Atemfrequenz beträchtlich erhöht ist, wenn Sie erregt sind. Sind Sie hingegen ruhig und entspannt, so atmen Sie viel langsamer. Dieser Zusammenhang zwischen emotionalem Zustand und Atmung wurde schon vor langer Zeit entdeckt, und man hat sich die Wechselbeziehung, um die es sich handelt, zunutze gemacht. Es verlangsamt sich nicht nur die Atmung, wenn man die Emotionen beruhigt, sondern umgekehrt beruhigen sich auch die Emotionen, wenn man den Atem verlangsamt. Auf dieser einfachen Tatsache beruht die Atemgrundübung.

Am besten ist es, wenn Sie das selbst ausprobieren. Atmen Sie schnell und stellen Sie fest, welche Wirkungen das auf Sie hat. Abgesehen von den emotionalen Wirkungen werden Sie bestimmte körperliche Reaktionen bemerken, die auf die starke Sauerstoffzufuhr zurückzuführen sind. Sollten Sie den ganzen Tag eine sitzende Tätigkeit ausüben, dann können Sie übrigens durch dieses schnelle Atmen das Blut mit Sauerstoff anreichern, was rein körperlich eine sehr wohltuende Wirkung hat. Übertreiben Sie dieses schnelle Atmen jedoch nicht; es stellt an sich keinen Teil der Übung dar.

Wenn Sie die Wirkungen des schnellen Atmens festgestellt haben, versuchen Sie, die Atmung zu verlangsamen. Wieder werden Sie bestimmte körperliche Wirkungen bemerken, und wieder gibt es einen Punkt, an dem Sie aufhören müssen, vorläufig zumindest. Wie Sie in meinem früheren Buch gelesen haben, besteht die Gefahr, meine Anweisungen mißzuverstehen oder falsch auszuführen. Dies ist vor allem der Fall, wenn es heißt, daß Sie »den Atem anhalten« sollen. Wenn man die Lunge aufbläht und dann den Mund schließt und den Atem mittels Muskelanspannung anhält, kann ein sehr starker Druck in der Lunge entstehen, und dies ist bei den Atemübungen unerwünscht.

Nun zur ersten Atemübung. Wenn Sie die bereits geschilderte Meditationshaltung eingenommen und sich entspannt haben, atmen Sie durch die Nase ein und füllen Sie die Lunge so weit wie möglich. Ich sage, so weit wie möglich, weil wir im allgemeinen nur selten die volle Kapazität der Lunge nützen. Die weitverbreitete »flache« Atmung ist möglicherweise eine der Ursachen des schlechten gesundheitlichen Zustandes vieler Menschen, vor allem jener, die eine sitzende Tätigkeit ausüben. Rein körperlich sind diese Atemübungen deshalb von großem Nutzen. Noch wertvoller sind sie jedoch für einen Schüler der Magie, was ich später noch näher erläutern werde.

Zu Beginn Ihrer Ausbildung sollten Sie sich bemühen, die Luftmenge, die Sie ohne Anstrengung einatmen können, allmählich zu vergrößern. Bedenken Sie, daß die Lunge sich erweitern muß, um eine zusätzliche Menge aufzunehmen. Wenn Sie Ihr Leben lang flach geatmet haben, fällt es der Lunge schwer, sich plötzlich auf die neue Menge einzustellen. Ich betone dies, weil es, obwohl es sehr einfach erscheint, äußerst wichtig ist.

Sie haben jetzt so tief eingeatmet, daß die Lunge voll gefüllt ist. Stellen Sie nun einen bestimmten Rhythmus her, indem Sie beim Einatmen im Geist bis vier zählen; versuchen Sie dann, die Geschwindigkeit auf einen natürlichen Rhythmus abzustimmen. Anfangs wird es Ihnen vielleicht sehr schwerfallen, so tief einzuatmen, so daß der Schnelligkeit natürliche Grenzen gesetzt sind. Wenn Sie jedoch im Geist zählen und für das Zählen den richtigen zeitlichen Rhythmus finden, werden Sie feststellen, daß sich für das Einatmen eine bestimmte Zeitdauer ergibt.

Jetzt müssen Sie den Atem anhalten. Wenn Sie beim Einatmen bis vier gezählt haben, sollten Sie dabei im gleichen Rhythmus bis zwei zählen. Halten Sie den Atem an, indem Sie die Rippen in der Position belassen, in der sie sich befinden, wenn die Einatmung beendet ist, und entspannen Sie die Kehle. Es müßte Ihnen jetzt möglich sein, die Luft zum Teil auszustoßen, indem Sie sich fest auf die Brust klopfen. Wenn Ihnen dies gut gelingt, haben Sie den ersten Schritt zur richtigen Atemkontrolle getan. Nun müssen Sie ausatmen. Zählen Sie, während sie die Brustmuskeln entspannen, wiederum bis vier. Jetzt müssen Sie diese Muskeln benützen, um die restliche Luft herauszupressen. Im allgemeinen benützen wir nur einen kleinen Teil der Lungen, und wenn wir ausatmen, werden große Bereiche von ihnen nicht in diesen Vorgang einbezogen. In diesen Bereichen kann sich Kohlendioxyd, das eigentlich ausgeatmet werden sollte, ansammeln, wodurch der volle Einsatz des Atmungsapparats verhindert wird. Pressen Sie also, ohne sich anzustrengen, soviel verbrauchte Luft wie möglich heraus, halten Sie, wenn die Lunge entleert ist, wieder den Atem an und zählen Sie dabei bis zwei. Dann beginnen Sie wieder von vorn.

In diesem Stadium der Ausbildung sollten Sie die Tiefatmung nicht übertreiben. Später, wenn Sie fortgeschrittenere Formen der Atemkontrolle erlernt haben, können Sie die Zahl der Atemzüge erhöhen, doch im Moment beschränken Sie sich bitte auf sechs vollständige Ein- und Ausatmungen. Ich werde Sie wissen lassen, wann Sie die Zahl steigern sollen.

Dies ist die einzige reine Atemübung, die Sie durchführen müssen. In einem späteren Stadium werde ich Sie mit komplizierteren Übungen bekanntmachen, in die auch der Atem einbezogen ist, doch diese beruhen auf anderen Prinzipien. Vielleicht ist es nützlich, wenn ich vorab kurz darauf eingehe.

Ich habe bereits das »ätherische Doppel« oder den »Vitalkörper«, wie dieses auch genannt wird, erwähnt. Auf dieses Doppel wird mit den folgenden Übungen eingewirkt. Im Vitalkörper zirkulieren, wie schon der Name sagt, die Lebenskräfte in bestimmten Kanälen. Doch der Vitalkörper besteht nicht aus der gleichen grobstofflichen Materie wie der physische Körper, den wir während unseres irdischen Lebens benützen, sondern aus einer feineren Substanz. Er stellt eine Art Verbindungsglied zwischen der festen und der feinstofflichen Materie der inneren Ebenen dar. Wie einer Matrize ist ihm der physische Körper nachgeformt, und alle Lebensprozesse im materiellen Körper sind auf die Lebenskräfte angewiesen, die ihm durch ihn zugeführt werden. Im Vitalkörper befinden sich die Verbindungsstellen zwischen der physischen und der »astralen« Ebene. Deshalb durchfließen ihn nicht nur die Lebensströme des physischen Körpers, sondern er bildet auch die Brücke zwischen dem Bewußtsein des physischen Gehirns und den Bewußtseinsformen der inneren Ebenen. Man muß sich klar darüber sein, daß das normale Wachbewußtsein nur ein Teil unseres vollen Bewußtseins ist. Nach psychologischer Definition gibt es eine unterbewußte, eine bewußte und eine überbewußte Ebene des Geistes. Von diesen drei Ebenen nimmt das Bewußtsein des physischen Gehirns den niedrigsten Rang ein. Obwohl es den anderen beiden in vieler Hinsicht untergeordnet ist, findet in ihm jedoch unsere geistige Entwicklung statt; deshalb ist es trotz des niedrigen Rangs besonders wichtig.

Ich betone dies so stark, weil in vielen Büchern über diese Themen, die Sie lesen werden, der physische Körper mit seinem Bewußtsein als etwas Minderwertiges hingestellt wird, an dessen Stelle ein sogenanntes »höheres« Bewußtsein entwickelt werden muß. Dies ist eine alte Lehre. Sie findet sich in der neuplatonischen Philosophie und hat in Form des Manichäismus Eingang in die Lehren der frühchristlichen Kirche gefunden. Obwohl diese Lehre von der christlichen Kirche verworfen wurde, ist sie im Lauf der Jahrhunderte immer wieder aufgetaucht. Eine ihrer Formen ist der »Puritanismus". Auch als die östlichen Lehren in den Westen gelangten, fand dieser alte Irrtum neuen Nährboden.

Unsere Schule, der Sie nun angehören, lehnt diese Idee kategorisch ab. Die kabbalistische Philosophie, die unserer Lehre zugrunde liegt, betrachtet die physische Welt und den physischen Körper auf völlig andere Weise. Sie sieht in der Materie nichts Minderwertiges, sondern die »strahlende Hülle des Ewigen«, die Manifestation des ewigen Seins. Nach dieser Anschauung wohnt der Materie nichts Negatives inne; die physische Sphäre ist ebenso »göttlich« wie die sogenannten »höheren Ebenen«. Fest steht jedoch, daß sie eine begrenzte Sphäre ist. Sie zwingt das Bewußtsein in bestimmte, ziemlich enge Grenzen ein, und wenn man schon einmal Kontakt mit der Lebensfülle, die auf den inneren Ebenen herrscht, gehabt hat, erscheint sie einem eindeutig tieferstehend. Da jedoch in der Sphäre unseres persönlichen Bewußtseins unsere geistige Entwicklung stattfindet, ist die Fähigkeit, unser physisches Bewußtsein richtig zu nützen, sehr wichtig. Es hat wenig Sinn, »höheres Bewußtsein« entwickeln zu wollen, wenn wir es mit unserem physischen Bewußtsein nicht in Übereinstimmung bringen können. Das göttliche Bewußtsein würde in diesem Fall in das physische Bewußtsein wie grelles Licht einströmen. Die Folge wäre keine »Erleuchtung«, sondern eine Erblindung des normalen Bewußtseins, ebenso wie ein sehr heller Lichtstrahl die körperlichen Augen vorübergehend blind macht. Deshalb streben wir bei der Ausbildung unserer Schüler die allmähliche Entwicklung des normalen Bewußtseins an, bis dieses fähig ist, sich das göttliche Bewußtsein zu erschließen.

Denken Sie während Ihrer Ausbildung stets an den Grundsatz : »Was Gott geheiligt hat, sollst du nicht herabsetzen.« Verachten oder schmähen Sie nie die physische Ebene oder den Körper, der aus dem Stoff dieser Ebene erschaffen ist. Ich werde Sie während unserer gemeinsamen Arbeit immer wieder an diese Dinge erinnern, und ich bitte Sie, dieses Grundgesetz Ihrem Geist einzuprägen und es als eine Vorbedingung all Ihrer magischen Arbeit zu betrachten.

Ich spreche hier hinsichtlich geistiger und körperlicher Übungen eine sehr ernste Warnung aus, die auf eigenen Erfahrungen beruht. Es ist unbedingt erforderlich, den physischen Körper und sein ätherisches Doppel in die Arbeit einzubeziehen. Im Osten gibt es sehr viele Lehren und Übungen, sie sich mit diesem Aspekt der Ausbildung beschäftigen. Dieses System wird »Hatha-Yoga« genannt. Viele Menschen, die östliche Methoden praktizieren oder zu praktizieren versuchen, warnen vor den Gefahren des Hatha-Yoga. Diese Warnungen sind zum Teil berechtigt, doch daß eine Sache falsch angewendet werden kann, sollte einen nicht abhalten, weisen Gebrauch davon zu machen. In unserer Schule werden die Lehren und Übungen des Hatha-Yoga praktiziert; sie sind jedoch der körperlichen und psychischen Konstitution westlicher Schüler angepaßt.

Wir alle neigen dazu, Fehler zu begehen, vor allem in der Zeit unserer Ausbildung, da wir in der Überzeugung, die uns aufgetragene Arbeit zufriedenstellend getan zu haben, meinen, wir könnten etwas aus einer anderen Quelle hinzufügen, aus einem Buch, das wir gelesen haben, oder aus den Lehren einer anderen Organisation. Ich war in dieser Hinsicht keine Ausnahme. Obwohl man mich davor gewarnt hatte, die Übungen mit anderen zu vermischen, glaubte ich es besser zu wissen und fügte meiner regelmäßigen Meditation eine der Yoga-Atemübungen hinzu. Dies brachte wohl Ergebnisse, allerdings recht zweifelhafter Art. Ich entwickelte ein erhöhtes mediales Wahrnehmungsvermögen, doch zugleich traten ernste psychische Störungen auf. Obwohl mein Lehrer mir half, dauerte es lange, bis die Folgen meines unüberlegten Handelns beseitigt waren. Ich rate Ihnen deshalb eindringlich, nicht in die gleiche Falle zu gehen; diese Methoden, Erfahrungen zu sammeln, ist viel zu riskant.

5 Die ersten geistigen Übungen, die Sie erhalten haben, waren die »Bereitung des Ortes« und die abendliche »Rückschau«. Es ist jedoch nicht ratsam, spät abends zu meditieren, wenn der Körper müde und das ätherische Doppel erschöpft ist. Am späten Abend sollte man nur eine stille, nicht anstrengende Meditation machen. Ich werde Ihnen später mehr darüber sagen.

Beginnen Sie mit der Rückschau-Meditation und fahren Sie dann mit der Bereitung des Ortes fort. Danach können Sie sich mit dem gestellten Thema beschäftigen. Wahrscheinlich werden Sie ziemlich enttäuscht sein, wenn Sie es erfahren; deshalb möchte ich zuvor etwas über das Prinzip sagen, auf dem diese Übung beruht. Sie kennen die These, daß alles Wissen letzten Endes auf den Eindrücken basiert, die uns die Sinne vermitteln. Viele Physiologen sind der Meinung, daß Eindrücke nur durch die körperlichen Sinne empfangen werden können, doch wir wissen aus Erfahrung, daß sehr viele Eindrücke durch die *nicht-körperlichen* Sinne vermittelt werden. Bei diesen ersten Übungen werden wir uns jedoch mit dem durch die physischen Sinne erlangten Wissen befassen.

Es gibt – wie bereits erwähnt – zwei Arten von Übungen: bei der einen läßt man Bilder in die Mentalsphäre aufsteigen, bei anderen werden die geistigen Bilder bewußt erschaffen. Der Schüler muß deshalb seine Beobachtungsgabe entwickeln und sich einen Vorrat klarer geistiger Bilder schaffen, die er sich willentlich ins Bewußtsein rufen kann. Die menschlichen Fähigkeiten sind in dieser Hinsicht sehr unterschiedlich. Manche Menschen besitzen ein »eidetisches« Erinnerungsvermögen, wodurch sie willentlich sehr klare Bilder früherer Geschehnisse ins Gedächtnis zurückrufen können, während andere nur undeutliche, verschwommene Bilder heraufbeschwören können, die aber meist stark mit Emotionen besetzt sind. Unklare, verschwommene Vorstellungen sind jedoch nicht erwünscht. Sie müssen sich deshalb darin üben, deutliche geistige Bilder zu erschaffen. Der Begriff »Bilder« umfaßt übrigens nicht nur *visuelle* Bilder, sondern auch durch den Geruchs-, Tast-, Geschmacks- und Gehörsinn vermittelte Eindrücke. Gute Leistungen in dieser Hinsicht können nur durch Entwicklung einer stark vernachlässigten Fähigkeit, der *Beobachtungsgabe,* erzielt werden. Dies geschieht am besten, indem Sie die Geschehnisse des Tages in Ihre Arbeit einbeziehen. Wenn Sie, zum Beispiel, mit dem Bus oder der Bahn zur Arbeit fahren, sind Sie von vielen Menschen umgeben, die alle mit ihren eigenen Angelegenheiten beschäftigt sind. Die Versuchung ist groß, sich in sich selbst zurückzuziehen, sich träumerischen Gedanken hinzugeben oder sich in die Morgenzeitung zu versenken. Statt dessen sollten Sie diese Gelegenheit nützen, Ihre Beobachtungsgabe zu verbessern. Sie sollen dabei nicht Sherlock Holmes nacheifern, sondern nur Ihre Aufmerksamkeit auf die Vorgänge in Ihrer Umgebung richten und bewußt, doch ohne jemanden unverschämt anzustarren, beobachten, was die Leute um Sie herum tun und was in den Straßen, durch die Sie fahren, geschieht. Das mag Ihnen uninteressant und langweilig erscheinen, ist aber ein sehr wichtiger Teil Ihrer Ausbildung.

Ein Ziel unseres Lebens in dieser physischen Welt ist die Entwicklung der Fähigkeit, das Materielle zu beherrschen. Dies bedeutet viel mehr als die Bewältigung materieller Ereignisse, denn es müssen auch Ethik und Moral mit den ewigen spirituellen Prinzipien, die aller Manifestation zugrunde liegen, in Einklang gebracht werden. Jegliche subjektive, emotionale »Spiritualität«, die dazu führt, daß man sich den Mühen und Plagen des täglichen Lebens auf der physischen Ebene zu entziehen trachtet, ist eine »Weltflucht«. Wir dürfen es uns ruhig gelegentlich gönnen, »hinter der Front« auszuruhen, dürfen aber nie vergessen, daß wir wieder »in die Schlacht« zurückkehren müssen. Wir alle müssen am

Lebenskampf teilnehmen, und das Bestreben, sich ihm völlig zu entziehen, ist »Feigheit vor dem Feind«. Zurückweichen ist überdies nutzlos, denn irgendwann in der Zukunft müssen wir uns dem Unangenehmen, dem wir ausweichen wollten, stellen.

Ich weiß, das klingt sehr hart und stimmt nicht mit den besänftigenden Lehren überein, die häufig als spirituell oder mystisch bezeichnet werden. Vielleicht denken Sie auch, während Sie diese Zeilen lesen, an die Männer und Frauen, die den kontemplativen Orden der christlichen Kirche angehören, sowie an die Anhänger anderer Religionen, die einen ähnlichen Weg gehen. Ich kann nur sagen, daß auf dem Weg der Hohen Magie und auch auf dem Mystischen Weg kein spiritueller Beruhigungssaft ausgegeben wird. Seelischer Trost wird gespendet; niemand wird der Verzweiflung überlassen. Es wird uns geholfen, und es gibt Zeiten der Erholung, doch erst *nach* getaner Arbeit. Was den kontemplativen Weg betrifft, so würden Sie, falls Sie dazu berufen wären, feststellen, daß es sich dabei nicht um Weltflucht oder Abkehr vom Leben handelt, sondern um ein höchst mühsames Streben, am weltlichen Leben *auf eine besondere Weise* teilzunehmen. Doch jedem Menschen sein eigener Meister! Da Ihre Berufung der Weg der Hohen Magie ist, müssen Sie sich deren Ausbildung und Disziplin unterwerfen. Wir lehren unsere Schüler nicht, über verstiegene Dinge zu meditieren, sondern tragen ihnen sehr weltliche Übungen auf. Um eine Redewendung zu benützen, die oft von Okkultisten falsch verstanden wird: Wir fangen unten an und arbeiten uns hinauf. Dabei muß man natürlich den Blick nach oben richten und unablässig danach streben, das Bewußtsein zu höheren Sphären zu erheben.

Ich habe das Wort »höher« benützt, doch gibt es keinen klaren Unterschied zwischen »höher« und »tiefer«. Dies sind relative Begriffe, und viele Schüler der okkulten Lehren begehen den großen Fehler, bei ihrem Streben, die »höheren Ebenen« zu erreichen, die »niedrigeren« Ebenen zu verachten. Nach unserer Lehre ist dies ein fundamentaler Irrtum, und wir sind angewiesen, unseren Schülern eine völlig andere Einstellung zu vermitteln. Unsere Schule gründet auf der kabbalistischen Philosophie, der hebräisch-esoterischen Tradition. Eine deren Grundlehren ist, daß das Höchste Wesen, das wir „Gott" nennen, nicht nur dieses Universum erschuf, sondern daß dieser auch in allen seinen Manifestationen präsent ist und daß alle Arten von Materie Ausdrucksformen Seines Wesens sind. Die physische Ebene ist ebenso »göttlich« wie irgendeine der feinstofflichen Sphären, die wir »höhere Ebenen« nennen. Wir bezeichnen diese traditionell als die »inneren Ebenen«, wodurch die falsche Vorstellung vermieden wird, daß Geist und Materie auf ewig Gegensätze seien. Diesem Irrglauben sind die esoterischen Schulen in ihrer Geschichte immer wieder zum Opfer gefallen und, verkleidet als »Manichäismus«, hat er Eingang in die frühchristliche Kirche gefunden und dort im Laufe der Jahrhunderte immer wieder sein Haupt erhoben. Die katholische Kirche hat ihn verworfen, doch nach der Reformation, als die protestantischen Kirchen sich von Rom lossagten, ist er in einigen der neuen religiösen Organisationen wieder aufgetaucht.

Wir hingegen betrachten Materie, gleich welcher Art, als die »strahlende Hülle des Ewigen«, als einen Teil des Ewigen oder, genauer gesagt, als Ausdrucksform des unendlichen Lebens. Daraus folgt, daß unser materieller Körper und die uns umgebende materielle Natur gleichermaßen »heilig« sind und nicht verachtet werden dürfen. Ich betone das deshalb so nachdrücklich, damit Sie Ihren Weg frei von geistigen Scheuklappen und der irrigen Vorstellung, es gebe »Hohes« und »Niedriges«, antreten können. Seien Sie stets bestrebt zu erkennen, daß das Ewige sich in allen Dingen manifestiert, ja, in allem im Himmel, auf Erden, in den Wassern und unter der Erde, und daß wir wahrlich, wie der heilige Paulus, einen griechischen Dichter zitierend, sagte: in Ihm leben und bewegen wir uns und haben unser Sein.

Nachdem wir uns mit diesem wichtigen Punkt beschäftigt haben, wollen wir zu unseren Meditationsübungen zurückkehren. Bevor Sie geistige Bilder erschaffen und anwenden, muß also die Beobachtungsgabe verbessert werden; die beste

Methode dafür habe ich Ihnen geschildert. Hüten Sie sich jedoch davor, die Übungen zur Entwicklung der Beobachtungsgabe dazu zu benützen, die privaten Gespräche anderer Leute zu belauschen. Ich weiß, daß dies vorgekommen ist, und als man es einem Schüler vorhielt, erwiderte er, daß er es getan habe, um seinen Gehörsinn zu schärfen!

Es ist sehr wichtig, daß wir unter keinen Umständen, weder mit psychischen noch mit physischen Mitteln, in das Privatleben anderer eindringen dürfen. Dieses Verbot beruht auf einem Grundsatz, der in der Bibel zu finden ist. Dort heißt es: »Verflucht sei, wer seines Nachbarn Grenzstein entfernt.« Da die Menschen damals hauptsächlich von der Landwirtschaft lebten, war dies eine wirkliche Gefahr; im übertragenen Sinn ist es dies auch heute noch. In einem anderen großen Orden lautet dieses Verbot: »Verflucht sei, wer unerlaubt eine Grenze überschreitet.«

»Wo ist diese Grenze?« werden Sie fragen. Um dies zu beantworten, müssen wir bestimmte Einzelheiten der menschlichen Struktur betrachten. Wir neigen zu der Vorstellung, daß unser Geist irgendwie in unseren Schädel eingeschlossen sei, wenngleich wir uns nicht sicher sind, wo er sich genau befindet. In Wirklichkeit ist der Geist in allen Teilen unseres Körpers. Besser wäre es zu sagen, daß der Körper im Geist, nicht der Geist im Körper ist.

Das geistige Feld dehnt sich über den Körper hin aus, ebenso wie das Magnetfeld über den Magneten. Dieses Kraftfeld, das uns umgibt, wird als »Aura« bezeichnet. Ihre Grenzen bilden den sogenannten »Ring-Pass-Not«. Ihre Grenze muß respektiert werden, und wir dürfen niemals in die persönliche Sphäre eines anderen Menschen eindringen. Wenn Sie darüber nachdenken, werden Sie erkennen, daß dieser Grundsatz für einen sehr großen Bereich gilt. Es ist wichtig, daß Sie ihn fest in Ihrer Philosophie verankern, denn wenn Sie einige Ihrer latent vorhandenen inneren Kräfte anzuwenden beginnen, werden Sie sehen, daß die Versuchung groß ist, sie einzusetzen, um andere Menschen zu Ihrem Vorteil zu beeinflussen. Zur Zeit sind viele Bücher auf dem Markt, in denen die Beeinflussung anderer zum eigenen

Nutzen gelehrt wird. Solche Praktiken sind in den esoterischen Schulen des Osten wie des Westens streng untersagt. Würde ich merken, daß Sie gegen dieses Verbot verstoßen, würde ich sofort Ihre Ausbildung abbrechen. Seien Sie sich stets bewußt, daß der Leitgedanke Ihrer Arbeit lautet: »Ich wünsche zu wissen, um dienen zu können.« Falls es erforderlich ist, Ihre Kräfte zum Wohl eines anderen einzusetzen, werden Sie dazu Gelegenheit erhalten, doch jeder Versuch, diese Kräfte ohne Zustimmung der betreffenden Person anzuwenden, ist gefährlich. In einem späteren Stadium Ihrer Ausbildung werden Sie wiederum auf dieses Gebot stoßen, denn es ist eine Grundlage, keine willkürliche Regel.

Wenn Sie mit den Übungen zur Verbesserung Ihrer Beobachtungsgabe beginnen, sollten Sie folgendes beachten:

Konzentrieren Sie Ihre Aufmerksamkeit nicht auf eine bestimmte Person oder Sache, sondern beziehen Sie darin ein möglichst großes Gebiet ein, in dem auch Dinge aus dem Alltag vorkommen: Busse und Autos, Menschen und Hunde. Richten Sie Ihre Aufmerksamkeit nicht so stark auf ein bestimmtes Objekt, daß sie gar von einem Bus oder Auto überfahren werden; bringen Sie nicht den ganzen Verkehr durcheinander, indem Sie unachtsam eine belebte Straße überqueren. In beiden Fällen könnten Sie zu einem Bewohner der inneren Ebenen werden, bevor die Zeit reif ist.

(Mir ist ein solcher Fall bekannt, in dem einer medial begabten Frau, die sich ohne Rücksicht auf die Vorgänge auf der physischen Ebene ihrer übersinnlichen Wahrnehmungsfähigkeit überließ, dies passiert ist).

Fragen Sie sich, wie die Straße, in der Sie wohnen, aussieht; wie die Häuser darin aussehen; wie viele Fenster das größte Haus hat; worin sich beide Straßenseiten unterscheiden. Formulieren Sie diese Fragen und versuchen Sie, sie zu beantworten. Wahrscheinlich werden Sie ebenso wie ich, als ich diese Übung zum ersten Mal machte, feststellen, daß Sie die Straße, obwohl sie viele Male dort hergegangen sind, nicht detailliert beschreiben können. Es empfiehlt sich deshalb, sie genau zu betrachten, wenn Sie hindurchgehen; versuchen Sie aber dabei nicht, zuviel auf einmal zu erfassen, bevor Sie darin geübt sind, die Sinneswahrnehmungen richtig zu registrieren. Bisher habe ich nur von visuellen Eindrücken gesprochen, doch sollten Sie natürlich auf die Wahrnehmungen der anderen Sinne ebenso achten.

Eine Variante dieser Übung besteht darin, auf ein Tablett kleine Gegenstände zu legen, diese eine Minute lang zu betrachten, dann das Tablett zuzudecken und die Gegenstände aufzuzählen. Diese Übung ist für Anfänger ziemlich schwierig, doch Sie sollten sie hin und wieder durchführen, um festzustellen, welche Fortschritte Sie bei der Entwicklung Ihrer Beobachtungsfähigkeit gemacht haben.

Allen diesen Übungen liegt ein klares Prinzip zugrunde, und es bleibt Ihrer eigenen Findigkeit überlassen, sich weitere auszudenken. Auf diese Weise können Sie sich an eigenständiges Arbeiten gewöhnen und werden nicht zu abhängig von mir. Bemühen Sie sich, bei all diesen Dingen stets das ihnen zugrundeliegende Prinzip herauszufinden; befolgen Sie nicht einfach stur die Anweisungen. Dies ist ein sehr wichtiger Punkt. Sicher werden Sie nicht immer den Sinn einer Übung voll begreifen, doch sollten Sie imstande sein, die dahinterliegende Bedeutung ungefähr zu erfassen. Ist dies nicht der Fall, dann liegt der Fehler vielleicht bei mir. Wenn Sie nach sorgsamen Studien eine Übung nicht verstehen, nicht erkennen, worum es dabei geht, so teilen Sie es mir mit, und ich werde mein Bestes tun, um es Ihnen klarzumachen. Glauben Sie bitte nicht, daß ich aus solchen Fragen den Schluß ziehen würde, Sie seien schwer von Begriff. Wir alle offenbaren ungern unsere Unwissenheit, vor allem im Rahmen einer Ausbildung; doch dürfen nicht dadurch, daß Sie bestimmte wichtige Punkte nicht verstehen, bei der Errichtung des Fundaments Lücken entstehen.

In dieser Hinsicht noch ein anderer Hinweis. Da der menschliche Geist ein »Gewohnheitstier« ist und zu Trägheit neigt, wird er manchmal versuchen, sich durch eine merkwürdige Trübung der Wahrnehmungsfähigkeit vor einer Übung zu drücken. Es scheint fast, als stelle sich häufig eine Art geistiger Blindheit ein, wenn man sich bemüht, die Grundidee einer bestimmten Lehre zu erfassen. Wenn dies der Fall ist, müssen Sie Ihre Bemühungen wiederholen. Wenn Sie dies mit genügend Beharrlichkeit tun, gibt der Geist nach, und die mentale »Blockierung« verschwindet. Wahrscheinlich wird sie sich immer wieder einstellen, doch wenn Sie beharrlich bleiben, wird sie sich schließlich auflösen, und die neue Gewohnheit wird sich durchgesetzt haben. Ich kann nicht eindringlich genug betonen, wie wichtig es ist, danach zu streben, die Neigung abzulegen, eine Übung dem Buchstaben nach zu befolgen, ohne die Prinzipien, auf denen sie beruht, zu verstehen. Sicherlich gibt es Übungen, deren Sinn nicht voll erfaßt werden kann, bevor weitere Unterweisungen bedeutsame Hinweise darauf geben, doch es dürfte Ihnen immer möglich sein, den Grundgedanken einigermaßen zu begreifen. Ist dies nicht so, dann liegt vielleicht der Fehler bei mir.

Wenn Sie meine Anweisungen erhalten, werden Sie oft feststellen, daß es hilfreich ist, wenn Sie sie zuerst sehr sorgsam durchlesen und dann das Aufgenommene eine Zeitlang in sich »reifen« lassen. Wenn Sie sie dann wieder vornehmen, werden Sie sehen, daß Sie manches viel besser verstehen. Das liegt daran, daß Ihr Unterbewußtsein einige Vorarbeit geleistet hat. Diese besondere Fähigkeit des Unterbewußtseins sollte voll genützt werden, da sie viel bewußte geistige Arbeit erspart.

Nun noch einige Anleitungen für die Arbeit mit visuellen Vorstellungen. Es gibt zwei Methoden, ein Bild oder eine graphische Darstellung zu visualisieren. Die eine besteht darin, sich das Bild oder die graphische Darstellung als Ganzes vorzustellen. Der Nachteil dieser Methode liegt darin, daß das ganze Bild verfälscht ist, falls Sie ein Detail vergessen. Das ist vor allem dann der Fall, wenn Sie ein so wichtiges Mandala wie den »Lebensbaum« visualisieren. Bei der anderen Visualisierungsmethode macht man sich zuerst eine Vorstellung von dem Prinzip, das dem benutzten Bild zugrunde liegt. Wenn Sie Ihrem Geist diese Vorstellung einprägen, werden Sie imstande sein, sie auf richtige Weise bildlich auszudrücken. Geben Sie Ihrem Bild einen Namen und beschwören Sie es mit diesem Namen aus Ihrem Gedächtnis herauf. Es muß aber ein präziser Name sein. »Männer bei der Arbeit« ist zu ungenau, doch »Männer, die eine Straße aufgraben«, wird die richtigen Bilder aufsteigen lassen und es Ihnen erleichtern, sie sich deutlich vorzustellen. In meinen nächsten Instruktionen werde ich beginnen, Ihnen eine Vorstellung von dem großen System »Der Lebensbaum« zu vermitteln und Sie dann bitten zu versuchen, es zu zeichnen und mir das Ergebnis zu schicken.

Ich hatte einmal einen Schüler, der diese Routinearbeit sehr ungern tat. Er meinte, da er alles darüber wisse, sei es nicht notwendig, immer wieder Zeichnungen davon anzufertigen. Es ist jedoch eine überaus wichtige Übung, vor allem, wenn der Schüler kein guter Zeichner ist. Später werde ich Sie bitten, den Lebensbaum aus dem Gedächtnis zu zeichnen, und wenn Sie sich nicht bemüht haben, die mit dem Baum zusammenhängenden Prinzipien zu begreifen, wird Ihre Zeichnung zeigen, daß Sie sie nicht wirklich verstanden haben. Ärgern Sie sich also nicht, weil Sie diese Zeichnungen machen müssen und wenn ich sie streng kritisiere.

Wenn Sie mit dem Baum zu arbeiten beginnen, werden Ihnen die Vorübungen zur Entwicklung der Beobachtungsgabe gut zustatten kommen, denn die Arbeit mit dem großen System besteht aus zwei Teilen: der Erschaffung von Bildern und der willentlichen Rückrufung ins Gedächtnis.

Vergessen Sie nicht, Ihre Ergebnisse in Ihr magisches Tagebuch einzutragen. Ich weiß aus eigener Erfahrung, wie unangenehm es ist, dem Lehrer ein Tagebuch schicken zu müssen, in dem die Hälfte der Eintragungen aus Bemerkungen bestehen wie »Vergessen zu meditieren«, »Anrufungen vergessen« oder »Konnte heute einfach nicht meditieren«. Solange der Geist nicht ausreichend geschult ist, werden solche Eintragungen mit monotoner Regelmäßigkeit vorkommen, doch auch wenn man sich ihrer schämt, darf man sie nicht unterlassen.

Oft wäre ich am liebsten im Boden versunken, wenn ich mein Tagebuch voller mehr oder weniger sarkastischer Kommentare zurückbekam. Doch diese Kritik müssen Sie hinnehmen, ebenso wie ein Lehrling, der ein Handwerk erlernt, die Kritik seines Meisters.

Es gibt natürlich konstruktive und destruktive Kritik; im allgemeinen werde ich bestrebt sein, Ihre Bemühungen auf konstruktive Weise zu kritisieren. Manchmal ist jedoch, wie ich aus meiner eigenen Ausbildung weiß, nur eine ausgesprochen destruktive Kritik möglich. Sollte dies der Fall sein, so werden Sie sie, wie ich hoffe, ertragen können.

6 Wie Sie im vorangegangenen Brief gelesen haben und wie ich es in meinem Buch *Die hohe Schule der Magie* (Verlag Hermann Bauer, Freiburg i. Br.) beschrieben habe, benutzen wir als Anhänger der westlichen Tradition als *Mandala* oder Meditationsglyphe ein wundervolles Symbol, das der hebräischen esoterischen Schule entstammt: den »Lebensbaum« *(Otz Chiim)*.

Wir betrachten es als »die mächtige, allumfassende Glyphe sowohl des Universums als auch der Seele des Menschen«. Ich habe nicht die Absicht, den Lebensbaum in allen Einzelheiten zu beschreiben, denn dies hat bereits auf ausgezeichnete Weise Dion Fortune, eine der größten westlichen Lehrerinnen, in ihrem Buch *Die mystische Kabbala* getan. Dieses Buch ist die beste Darstellung des Lebensbaums. Sie sollten sich das Buch unbedingt beschaffen und als Lehrbuch sowie als Nachschlagewerk benutzen (esotera-Taschenbücherei, Verlag Hermann Bauer).

Vielleicht haben Sie lieber eine alte Ausgabe? Dann sollten Sie in einem Antiquariat danach suchen oder an eine der vielen Antiquariatsbuchhandlungen schreiben, die in okkulten oder parapsychologischen Zeitschriften inserieren. Vielleicht meinen Sie, daß ich Ihnen damit eine ziemlich schwierige Aufgabe stelle, doch so etwas gehört zu den Praktiken einer magischen Schule. Eliphas Levi, der über diese Themen viel geschrieben hat, meint, daß ein Mensch, der im Morgengrauen aufsteht, hinausgeht, einen Ast abschneidet und daraus dann einen Zauberstab anfertigt, dadurch seinen Willen stärkt, und dies ist ein Ziel jeder magischen Ausbildung. Ebenso wie einem Handwerkslehrling muß einem Lehrling der Magie seine neue Arbeit in gewissem Maß

Mühe bereiten. Deshalb richten Sie Ihre Energie auf die Aufgabe, sich dieses Buch zu beschaffen. Wenn Sie es haben, bedenken Sie, daß es sich nicht um ein Buch handelt, das man »in einem Zug« durchlesen kann, denn es ist keine leichte Lektüre. Es ist weit mehr darin zu finden, als es den Anschein hat, wenn man es zum ersten Mal liest. Wenn ich es nach langjähriger Arbeit auf diesem Gebiet wieder lese, erschließen sich mir immer noch neue Wege des Denkens.

Bevor Sie jedoch Dion Fortunes Buch über den Lebensbaum zu studieren beginnen, möchte ich Ihnen eine einfache Vorstellung davon vermitteln, worum es geht. Bedenken Sie, daß hinter dem Lebensbaum eine umfassende philosophische und theosophische Lehre steht: die *Kabbala.*

Der Name bedeutet »vom Mund zum Ohr«, das heißt, es war eine Lehre, die früher nur mündlich vom Lehrer an den Schüler weitergegeben wurde. Erst im zwölften Jahrhundert wurde ein Teil davon niedergeschrieben, jedoch ohne klare Angaben über die Herkunft. Die westliche Tradition gleicht einem Fluß, in den viele Quellen einmünden, was eine große Bereicherung bedeutet. Sie ähnelt darin der christlichen Kirche, hinsichtlich derer der heilige Augustinus diesen Vergleich angestellt hat.

Obwohl die westliche Tradition aus vielen Quellen gespeist wurde, bildet jedoch das mächtige Symbol des Lebensbaums, dessen Blätter eine heilende Wirkung besitzen, sowohl im mikrokosmischen wie im makrokosmischen Bereich, den Mittelpunkt ihrer Lehren.

Eigentlich ist der Lebensbaum ein wunderbares »Karteisystem«. Ich möchte, daß Sie ihn anfangs als solches benützen. Später werden Sie sehen, daß es dafür noch viele andere Verwendungsmöglichkeiten gibt, doch bei Ihren ersten Übungen müssen Sie ihn in seiner elementarsten Form benützen. Sie müssen ihn auf eine Weise geistig verinnerlichen, daß er zu einer Art »Bezugssystem« wird. Für all die mannigfachen Details des Lebens kann man einen Platz auf dem Baum finden, und gemäß der erwähnten Definition können Sie sich mit allen Gegebenheiten Ihres inneren Lebens sowie mit denen der äußeren Welt mit Hilfe dieses Symbolsystems auseinandersetzen und Probleme lösen. Im Rahmen dieser Ausbildung werden Sie lernen, all die Faktoren des Lebens, die zu beachten ich Sie bitte, »auf den Baum zu legen«. Es ist ein Prozeß des Aussortierens und Klassifizierens aller Geschehnisse des Lebens, durch den sich ein bestimmtes Muster herausbildet.

Das Unterbewußtsein neigt stark dazu, alles nach bestimmten Mustern zu ordnen, doch seine Privatmythologie stimmt häufig nur wenig mit den Realitäten des Lebens überein. Man muß ihm deshalb ein Fundament geben, auf das es bauen kann, so wie man den Bienen in einem Bienenstock Wachsplatten zur Verfügung stellt, auf denen sie ihre Honigwaben in geordneter Weise errichten können. Überläßt man sie sich selbst, arbeiten sie nicht so ordentlich. Genauso ist es mit dem Geist. Wollen wir ihn auf beste Weise ausbilden, brauchen wir für unsere Arbeit ein Muster als Vorlage.

Wenn Sie eine graphische Darstellung des Lebensbaums betrachten, dann sehen Sie, daß zehn Kreise durch zweiundzwanzig Linien nach einem bestimmten Muster miteinander verbunden sind. Die Kreise und Linien symbolisieren die zweiunddreißig Pfade der Zeitlosen Weisheit. Die Kreise werden *Sephirot* (Plural von *Sephira*) genannt und stellen die Mächte und Kräfte des Universums sowie die Punkte, an denen Ihr individuelles Bewußtsein mit diesen Kräften in Verbindung tritt, dar. Die Linien dazwischen, »Pfade« genannt, stellen die subjektive innere Bewußtseinswelt dar, die Ihnen und dem Planeten, auf dem Sie leben, gemeinsam ist. Vielleicht wird Sie diese Vorstellung, daß die Erde etwas Lebendiges ist, erstaunen, denn wir haben uns so sehr daran gewöhnt, sie als einen toten, um die Sonne kreisenden Mineralklumpen zu betrachten, daß wir die Vorstellung, Planeten seien von Leben erfüllt, ins Reich des Aberglaubens verweisen. Der esoterischen Lehre zufolge gibt es jedoch im gesamten Universum nichts »Totes«: In allem, vom kleinsten Atom bis zum größten Stern, ist Leben – auch in der Leere zwischen den Atomen. Alles Manifestierte ist eine Ausdrucksform des Einen Lebens. Hier sind wir anderer Ansicht als jene, die »Schöpfung« und »Schöpfer« als etwas Unterschiedliches betrachten. Für uns ist alles Erschaffene eine von den Schleiern von Zeit und Raum umhüllte Manifestation des Ewigen Lebens.

Wenn wir ein aus dem Osten stammendes Gebet benützen, in dem wir Gott bitten, uns »vom Unwirklichen zum Wirklichen« zu führen, dann sind wir nicht der Meinung, eine Ebene sei weniger vom universellen Leben erfüllt als eine andere; nur unsere begrenzte Wahrnehmungsfähigkeit hindert uns daran zu sehen, daß alles eine »Theophanie« ist, eine Manifestation der göttlichen Fülle. Ein Ziel der esoterischen Ausbildung ist es, uns so weit zu bringen, daß wir dies selbst erkennen, indem wir jene Art von Bewußtsein entwickeln, die man »kosmisches Bewußtsein« nennt. Bedenken Sie jedoch, daß auch andere Schulen bestrebt sind, diese Art von Bewußtsein bei ihren Schülern zu entwickeln, und vermeiden Sie es deshalb, überheblich über sie zu urteilen. Ihre Aufgabe ist es, Ihre eigene Fähigkeit zu entwickeln, diese Lehren in die Praxis umzusetzen.

Fertigen Sie als erstes eine aus zehn Karten bestehende Kartei an. Schreiben Sie auf jede Karte die Bezeichnung einer Sephira des Baumes und darunter, in ein Wort zusammengefaßt, deren Bedeutung. Dann füllen Sie den restlichen Teil der Karte mit einem Kreis in der Farbe aus, die der betreffenden Sephira zugeordnet ist. Wenn Sie diese zehn Karten angefertigt haben, können Sie mit der Arbeit in der folgenden Weise beginnnen:

Wählen Sie eine Sephira aus und versuchen Sie, in Ihrer Umwelt und in Ihren Lebensumständen die Auswirkungen des durch diese Sephira ausgedrückten Prinzips zu entdecken.

Hier ein Beispiel. Nehmen wir dazu die Sephira *Geburah,* eine der Stationen des Baumes, die sich dafür gut eignet. Wenn Sie die Tabelle zu Rate ziehen, werden Sie sehen, daß *Geburah* im allgemeinen »Furcht« zugeordnet ist und als besondere Eigenschaft Zerstörung. Nun gibt es viele Schüler des Okkultismus, die diesem Prinzip der Zerstörung aus dem Weg zu gehen versuchen. Sie betrachten Zerstörung grundsätzlich als etwas Böses und alles Konstruktive als gut.

Doch diese Lebensanschauung ist infantil und entspricht nicht den Tatsachen. Denken Sie daran, daß die Sephirot auf den seitlichen Säulen des Baumes in ausgewogenen Paaren angeordnet sind und daß sich gegenüber von Geburah *Gedulah* befindet, die konstruktive Eigenschaften besitzt. Vergessen Sie nicht, daß eine der Hauptthesen der Magie lautet: »Ausgewogenheit ist die Grundlage des Großen Werks.« Tennyson hat dies treffend mit den Worten ausgedrückt, die er dem sterbenden Arthur in den Mund legt:

Die alte Ordnung wandelt sich, macht einer neuen Platz.
Und Gott verwirklicht sich auf mannigfache Weise,
Auf daß nicht *eine gute Sitte* die Welt verderbe.

Zu starke Konzentration einer Eigenschaft oder ihr zu langes Vorherrschen ist von Übel, denn es handelt sich um eine unausgewogene Kraft: um einen der »Könige von Edom«, wie die Kabbalisten sagen. Wenn eine Kraft auf diese unausgeglichene Weise wirkt, dann ordnen wir sie dem *qliphotischen Bereich* zu. Jede Station des Baumes hat ihr Gegenstück, und ihre Arbeit besteht darin, die Kräfte in Ihrem eigenen kleinen Mikrokosmos, Ihrer subjektiven inneren Welt, ins Gleichgewicht zu bringen. Wenn Ihnen dies gelingt, dann bringen Sie sich in Übereinstimmung mit den entsprechenden Kräften des Universums.

Betrachten wir nun die Wirkungen der von uns gewählten Sephira. Wir gehen die Straße entlang und sehen, daß man mit der Demolierung einiger alter, baufälliger Häuser, die schon seit langem ein Schandfleck sind, begonnen hat. Arbeiter sind mit Hacke, Schaufel und Bulldozer am Werk, und bald wird an dieser Stelle nur noch ein leeres Grundstück zu sehen sein. Wir haben jedoch gehört, daß darauf eine neue Schule gebaut werden soll, eine Einrichtung, die sich für das ganze Stadtviertel als sehr positiv erweisen wird. Dies ist ein gutes Beispiel für die Wirkungsweise von *Geburah*.

Als wir weitergehen, sehen wir, daß ein unbewohntes Haus, das sich in recht gutem Zustand befand, von verantwortungslosen Leuten verwüstet wurde; Fenster wurden eingeschlagen, Türen und Holzverkleidungen herausgerissen. Dies ist ein Beispiel für sinnlose Zerstörung, für qliphotische Aktivität, die als böse zu bezeichnen ist. Die Wirkungsweise dieser Sephira und ihre unausgewogene Äußerung zeigt sich nicht nur in solchen drastischen Beispielen, sondern kann in allen Lebensbereichen beobachtet werden. Sie ist auch in Ihrem Körper am Werk: In der Kindheit und Jugend sind die aufbauenden Kräfte stärker als die abbauenden, doch allmählich erlangen die letzteren die Übermacht, und der körperliche Abbauprozeß beginnt. Sind die komplementären Kräfte ausgeglichen, so ist der Mensch »gesund«, und dieser Zustand ist nicht nur auf die rein physische Ebene beschränkt. Vollkommene Gesundheit bedeutet, daß auf allen Ebenen Ihres Wesens diese Ausgeglichenheit herrscht. Die »psychosomatischen« Behandlungsmethoden der modernen Medizin beruhen darauf, daß sich alle Bereiche Ihres Wesens wechselseitig beeinflussen.

Ihre Aufgabe besteht also darin, die Wirkungen der Sephira, mit der Sie arbeiten, im täglichen Leben festzustellen und zu beobachten, was geschieht, wenn sich ihre Qualität stärker oder schwächer manifestiert, als dies für einen ausgeglichenen Zustand erforderlich ist. Natürlich ist in diesem Zusammenhang auch die »Intention« von Bedeutung, denn das Motiv, das zu einer bestimmten Handlung führt, entscheidet darüber, ob sie »gut« oder »böse« ist. Zu beachten sind auch die Auswirkungen auf die Allgemeinheit. Loyalitätskonflikte erschweren hier eine Entscheidung, und es ist überaus wichtig, jene Tugend anzuwenden, die die höchste auf dem Pfad genannt wurde: die Urteilskraft.

Wenn Sie sich bei Ihrer Meditationsarbeit mit einem der Sephirot-Paare beschäftigen, müssen Sie auf die Wirkungen beider achten, um die Ausgewogenheit beurteilen zu können, doch bei den Stationen des Baumes, die sich an der sogenannten »Mittleren Säule« befinden, wird eine etwas andere Methode angewandt. Unausgewogenheit ist auch bei diesen Sephirot möglich, doch sie besitzen keine komplementären Stationen, mit denen sie ausgeglichen werden können. Sie sind jedoch in gewissem Maß die Balancepunkte zwischen den paarweisen Sephirot und stellen die Sphären dar, die Ihr Bewußtsein erfaßt, wie Sie aus dem Baumdiagramm ersehen können.

Der Lebensbaum muß von vier verschiedenen Ebenen aus betrachtet werden. Sie dürfen sich jedoch nicht vorstellen, daß diese »Ebenen« oder »Welten«, wie die kabbalistische Bezeichnung lautet, räumlich übereinander liegen. Vielleicht läßt sich das anhand der Rundfunkwellen veranschaulichen. Man kann mit einem Rundfunkgerät Langwellen, Mittelwellen und Kurzwellen empfangen, doch obwohl man von hohen und niedrigen Wellen spricht, liegen diese nicht übereinander, sondern durchdringen sich gegenseitig und sind alle gleich wichtig. Ebenso ist es mit dem Baum und den vier Welten. Behalten Sie dies stets im Auge, denn es ist einer der wesentlichsten Punkte unseres Ausbildungssystems.

Die vier Ebenen sind:

Atziluth, die Welt der Archetypen
Briah, die schöpferische Welt
Yetzirah, die formbildende Welt
Assiah, die materielle Welt

Bei der praktischen Meditation wird dieses Sytem benützt, indem Sie die besondere Qualität der von Ihnen gewählten Sephira unter jedem dieser vier Aspekte betrachten. Wenn wir die Sephira *Geburah* wieder als Beispiel nehmen, heißt dies, daß man ihre Wirkungsweise auf jeder dieser Manifestationsebenen studiert. (Erkennen Sie, daß Ihnen das monatliche Thema für Ihre Meditationsübungen mehr Spielraum bietet, als Sie anfangs dachten?)

Eine der Grundideen des kabbalistischen Systems ist die des »Adam Kadmon«, des Himmlischen Menschen, worunter man die Gesamtheit aller sich im Universum manifestierenden Kräfte versteht. Die verschiedenen Stationen des Baums werden mit bestimmten Körperteilen des Himmlischen Menschen gleichgesetzt. Im Mittelalter nahm diese Gleichsetzung etwas naive Formen an, doch die Grundidee blieb erhalten. Als der große schwedische Seher Emanuel Swedenborg

(1688–1772) seine »Erleuchtungen« erfuhr und die umfangreiche Lehre verfaßte, die die Grundlage der »Neuen Kirche« darstellt, verkündete er merkwürdigerweise dieses uralte Konzept vom Himmlischen Menschen, das auch Teil östlicher Philosophiesysteme ist. Der modernen Psychologie zufolge ist das Symbol des Himmlischen Menschen in den Tiefen unserer Psyche zu finden.

Es gibt eine okkulte Maxime, die Hermes Trismegistos zugeschrieben wird, obwohl sie aus einer viel späteren Zeit als jener stammen dürfte, in der diese etwas nebelhafte Gestalt gelebt haben soll. Sie lautet: »Wie oben, so unten«. Dieses Prinzip der Übereinstimmung zwischen dem Makrokosmos, dem großen Universum, und dem Mikrokosmos, der der Mensch ist, liegt allen okkulten Philosophien des Ostens und Westens zugrunde.

In der äußeren Welt der Manifestation gibt es bestimmte Punkte, die als »Kanäle« betrachtet werden, durch die die ewigen Lebensenergien zum Ausdruck gelangen. In der kabbalistischen Philosophie werden diese Punkte mit der Sonne und ihren Planeten gleichgesetzt. Wenn Sie sich weiter mit dem Lebensbaum beschäftigen, werden Sie sehen, daß die kabbalistische Philosophie – ebenso wie die östliche Philosophie – ein sehr reales astrologisches System umfaßt. Die Astrologie ist infolge des Mißbrauchs, den man zu allen Zeiten mit ihr getrieben hat und noch treibt, in Verruf geraten, doch in Wirklichkeit stellt sie eine vortreffliche Philosophie dar, die allerdings mit den in Zeitungen und Zeitschriften erscheinenden »Sonnenzeichen-Prognosen« nicht das geringste zu tun hat!

Innerhalb unserer Lehre befassen wir uns jedoch nicht nur mit den Sternen außerhalb von uns, sondern auch mit den »inneren Sternen«. Dieser Lehre zufolge, die auf den Erkenntnissen vieler Generationen von Forschern auf diesem Gebiet basiert, gibt es nicht nur an bestimmten Stellen des äußeren Universums Zentren der kosmischen Energie, sondern auch an bestimmten Stellen unseres inneren Universums. Im Osten werden diese Zentren *Chakras* (Räder) genannt. Hellseher können sie als kleine, sich drehende Wirbel wahrnehmen, die Feuerrädern gleichen. In der umfangreichen Literatur ist im allgemeinen von sieben Chakras zu lesen. In Indien lehrte man mich jedoch, daß es viel mehr solcher Zentren gibt; ich habe inzwischen selbst festgestellt, daß das zutrifft. Im allgemeinen sind die gewöhnlich erwähnten sieben Chakras bis zu einem gewissen Grad aktiv, doch es kommt vor, daß infolge einer besondern Veranlagung oder durch Übungen eines der anderen Chakras aktiviert wird, während eines der sieben nicht richtig funktioniert.

In unserem System tragen diese Zentren die Namen der Planeten, weshalb ich von »inneren Sternen« gesprochen habe. Wie Sie auf Ihrem Baumdiagramm sehen können, sind diese Himmelskörper den Sephirot zugeordnet. Wenn Sie mit dem Baum arbeiten, werden Sie feststellen, daß die verschiedenen Planetensymbole in Zusammenhang mit bestimmten Körperteilen und feinstofflichen Zentren stehen.

Die Chakras sind die Punkte, an denen Ihr subjektives Universum mit dem Sie umgebenden größeren Universum verbunden ist. Durch die Chakras empfangen Sie nicht nur Sinneseindrücke von den inneren Ebenen, sondern sie stellen auch die Kanäle dar, durch die die Energien dieser Sphären in Sie einströmen, um in Ihnen ihre besondere Wirkung zu entfalten.

Nun etwas sehr Wichtiges, das Sie sich fest einprägen sollten: Die Kräfte, mit denen Sie arbeiten, sind kosmische Energien, die in allen Aspekten des erschaffenen Universums ständig wirksam sind. Die gleichen Kräfte sind auch in Ihrem subjektiven Universum wirksam, und die im Rahmen einer esoterischen Ausbildung durchgeführten Übungen dienen dazu, den Mikrokosmos für die gleichen kosmischen Energien durchlässig zu machen, damit Sie Ihr Inneres erfüllen können. Suchen Sie diese Energien nicht immer außerhalb von Ihnen. Die äußeren Energien werden benützt, um die inneren Kräfte anzuregen und zur Manifestation zu bringen. Der Titel eines Neugeist-Buches drückt dies sehr gut mit den Worten aus: *In dir ist die Kraft.*

Bedenken Sie jedoch, daß die Hauptchakras eng mit den endokrinen Drüsen zusammenhängen und daß unkluge Konzentration auf die feinstofflichen Zentren des Körpers diese Drüsen aus dem Gleichgewicht bringen kann. Hüten Sie sich vor ungeregelten Experimenten und halten Sie sich an die Ihnen aufgetragenen Meditationsübungen. Später werde ich Sie auffordern, sich Experimente auszudenken, doch erst wenn Sie mit den ihnen zugrundeliegenden Gesetzen vertraut sind.

Es gibt ein sehr wichtiges Prinzip, das ich Ihnen in diesem Stadium der Ausbildung erklären muß und das Sie stets beachten müssen. Obwohl die Energien und Kräfte, mit denen Sie arbeiten werden, aus den Tiefen Ihres subjektiven Selbst aufsteigen, sind es nicht Ihre eigenen Kräfte, sondern Aspekte des universalen kosmischen Lebens, die durch Sie zum Ausdruck gebracht werden. Zur Veranschaulichung folgende Analogie: Wenn Sie auf einen Lichtschalter drücken, läßt der elektrische Strom zum Beispiel eine Glühlampe aufleuchten. Sie haben aber den elektrischen Strom nicht erzeugt, und er ist auch nicht Ihr persönliches Eigentum. Sie haben lediglich in Ihrem Haus einen Kanal für ihn geschaffen, und Sie bezahlen für seine Benützung. Ebenso stehen Ihnen die kosmischen Energien zur Verfügung. Wenn Sie jedoch versuchen sollten, sie sozusagen »ohne Bezahlung anzuzapfen« oder sie zu mißbrauchen, werden Sie Schwierigkeiten bekommen.

Sie werden fragen, auf welche Weise Sie für die Benutzung dieser universalen Kräfte bezahlen müssen. Die Antwort ist einfach: Sie müssen ein Opfer darbieten, indem Sie Ihr persönliches Selbst in den Dienst Gottes und der Menschheit stellen. Nur auf diese Weise können Sie die kosmische Energie gefahrlos benützen. Nun glauben viele Menschen, vielleicht sogar die meisten, daß sie etwas verlieren, wenn sie ein Opfer bringen. Doch dieses Prinzip, etwas opfern zu müssen, ist bei jeder Ausbildung, nicht nur bei der okkulten, sehr bedeutsam. Das Problem ist, daß die meisten von uns ihr Leben nach dem Prinzip einzurichten trachten, Lust zu gewinnen und Leid zu vermeiden. Das heißt, wir versuchen wie Kinder, uns persönlich Angenehmes festzuhalten und Unangenehmes zu vermeiden, auch wenn das Unangenehme für uns von Vorteil sein könnte.

70

Bei der magischen Ausbildung müssen wir uns jedoch um eine reifere Einstellung bemühen und uns klarmachen, daß wirkliche Fortschritte nur möglich sind, wenn wir die Anhänglichkeit an das Angenehme aufgeben und bereit sind, Opfer zu bringen. Natürlich können wir die Fähigkeit erlangen, uns mittels reiner Willenskraft mit kosmischen Energien aufzuladen, denn sie strömen in jeden Kanal, der sich ihnen öffnet. Doch bei einer undisziplinierten und nicht hinreichend entwickelten Persönlichkeit würden diese Energien nur die Unausgeglichenheit verstärken, und ebenso wie ein defekter Draht in einer Stromleitung einen Hausbrand verursachen kann, können sich diese Kräfte katastrophal auf die Persönlichkeit auswirken. Wer diesen Weg einer unausgewogenen Entwicklung einschlägt, reiht sich, wenn er die Gefahr nicht rechtzeitig erkennt, in die Schar jener ein, von denen es heißt: »Sie sind Söhne der Verdammnis, wandernde Sterne, Wogen des Meeres, gekrönt vom Schaum ihrer Schmach, ewig auf der Flucht, immerdar der Finsternis verfallen.«

Wenn Sie aufrichtig und beständig Ihren Wunsch bekräftigen, Gott und der Menschheit zu dienen und die Ihnen erteilten Anweisungen befolgen, haben Sie nichts zu befürchten. Sie werden aber geprüft werden, und die Prüfungen wird Ihnen das Leben selbst auferlegen. Vielleicht haben Sie höchst romantische Berichte über die Prüfungen gelesen, denen sich die Neophyten der Mysterienschulen unterziehen mußten, doch in Wirklichkeit sind die Prüfungen nicht so dramatisch, wenngleich nicht weniger wirkungsvoll.

Ich erinnere mich an eine Magieschule, deren Schüler in einer Gemeinschaft zusammenleben mußten. Jeder Schüler hatte ein kleines Stück Garten, das er in den Zeiten, da der körperliche Teil der Ausbildung Vorrang vor dem geistigen hatte, bestellen mußte. Einmal, als die Schüler beim Mittagessen saßen und durchs Fenster auf den Garten hinausblickten, sahen sie zu ihrem Entsetzen, wie eins der Tiere, die in der Schule gehalten wurden, das Ergebnis wochenlanger Arbeit in wenigen Minuten zerstörte.

Die Schüler sollten auf diese Weise auf die Probe gestellt werden, ob sie imstande waren, dies ohne Ärger oder Bedauern hinzunehmen, denn man hatte sie gelehrt, daß es eine der höchsten Tugenden sei, hinsichtlich der Ergebnisse seiner Arbeit Gleichmut zu bewahren. Das hat seine Richtigkeit, wenn auch auf etwas andere Weise. So ging es, wie mir Dion Fortune sagte, als sie von ihren Erlebnissen in dieser Schule erzählte, bei dieser Prüfung eigentlich darum, ob man imstande war, eine gleichmütige Miene aufzusetzen. Angeblich war der Leiter der Schüler hellsichtig und konnte wahrnehmen, was in den Schülern vor sich ging, doch die positiven und negativen Urteile, die er über sie fällte, scheinen dies nicht zu bestätigen. All dies ist unnötig; das Leben stellt jeden auf die Probe, und Ihr inneres Selbst entscheidet, ob Sie die Prüfungen bestanden haben.

7 Ihrem Tagebuch entnehme ich, daß Sie mit Ihren Meditationsübungen und der Benutzung des Baumes als »Karte« gut vorankommen. Wenn Sie den Baum auf diese Weise benützen, werden Sie feststellen, daß sie mit bestimmten Sephirot gut zurechtkommen und mit anderen nicht so leicht umgehen können. Den letzteren sollten Sie besondere Aufmerksamkeit widmen, denn der Umstand, daß Sie Ihnen schwierig oder uninteressant erscheinen, ist ein sicheres Zeichen, daß die mit Ihnen zusammenhängenden Eigenschaften in Ihrem eigenen Inneren nicht im Gleichgewicht sind. Vielleicht werden durch die Beschäftigung mit ihnen alte Verdrängungen und Hemmungen aufgedeckt, wogegen Ihr Unterbewußtsein sich zur Wehr setzt.

Abgesehen davon haben Sie jedoch gute Fortschritte gemacht, so daß wir uns den nächsten Übungen zuwenden können. Zuvor mache ich Sie jedoch mit den Prinzipien vertraut, auf denen die weitere Entwicklung aufbauen muß. Bei Ihrer Arbeit mit den Symbolen des Baumes haben Sie begonnen, bestimmte Geschehnisse in der äußeren Welt mit den Eigenschaften dieser verschiedenen Symbole zu verknüpfen, so daß diese nun mit geistiger und emotionaler Bedeutung »geladen« werden. Sie müssen sich klar darüber sein, daß Ihre Arbeit zur Zeit aus zwei verschiedenen Teilen besteht. Zuerst müssen Sie ein Fundament legen; von dessen Stärke und Exaktheit hängt die Sicherheit des Gebäudes ab, das Sie darauf errichten werden.

Ihre Arbeit mit dem Baum ist ein sehr wichtiger Teil dieses Fundaments, und erst wenn es Ihnen zur Gewohnheit geworden ist, jedes Geschehnis automatisch in Zusammenhang mit dem Baum zu bringen, kann man sagen, daß Sie das

Fundament für das Werk, das Sie vollbringen wollen, wirklich gelegt haben. Sie müssen deshalb die Grundarbeit mit dem Lebensbaum fortsetzen, bevor Sie sich dem zweiten Teil der Aufgabe, der praktischen Anwendung Ihrer inneren Fähigkeiten und Ihrer inneren Kräfte, zuwenden können. So klar Ihre Vorstellung von den tieferen Dingen auch sein mag – es ist unabdingbar, daß Sie Ihre Fertigkeiten auf die übliche uralte und ehrenhafte Weise erwerben: durch harte Arbeit!

Harte Arbeit bedeutet jedoch nicht stumpfsinnige Plackerei. Ich werde Ihnen auch niemals langweilige Übungen um ihrer selbst willen auferlegen. Doch nun zum nächsten Schritt Ihrer Ausbildung.

Stellen Sie sich bitte vor, daß Sie vor dem Hauptschaltpult eines großen Elektrizitätswerks stehen. Sie blicken auf Reihen von Meßinstrumenten, farbigen Lämpchen und riesigen Schaltern, doch da Sie nichts von Elektrizität verstehen, haben Sie keine Ahnung, was alle diese Dinge bedeuten. Da und dort sehen Sie auf einer Skala oder einem Instrument ein Wort wie »Volt«, »Überlastung« oder »Einspeisung«, doch ob diese Worte die Bedeutungen haben, die man normalerweise mit ihnen verbindet, können Sie als Laie nicht beurteilen.

Wenn Sie verstehen wollen, wie dies alles funktioniert, müssen Sie sich mit den theoretischen Grundlagen der Elektrizität vertraut machen; das gleiche gilt für die praktische Magie. Ebenso wie der Mann am Schaltpult einen Schalter öffnet oder schließt, wenn er sieht, daß sich eine Nadel auf einer Skala nach oben oder unten bewegt, müssen Sie bei der magischen Arbeit die Energie nach den Hinweisen, die Ihnen das von Ihnen aufgebaute mentale Schaltpult vermittelt, hierhin und dorthin leiten. Sie werden jedoch bald erkennen, daß Sie alles »nur unvollkommen sehen, wie in einem Zerrspiegel«; das ist bei allen übersinnlichen Wahrnehmungen der Fall. Sowohl bei dem elektrischen als auch bei dem mentalen Schaltpult regulieren die Meßinstrumente jedoch nicht die Energie, sondern zeigen nur ihr Vorhandensein und ihre Stärke an. Reguliert wird die Energie mit den Schaltern, auch bei dem mentalen Schaltpult.

Die magische Ausbildung hat den Zweck, Sie zuerst für die Eindrücke, die Sie ständig von den inneren Ebenen empfangen, aufnahmefähig zu machen und Ihnen dann die Fähigkeit zu vermitteln, die Kräfte, die durch diese Eindrücke angezeigt werden, in die richtigen Kanäle zu leiten. Ebenso wie die Meßinstrumente auf dem Schaltpult die durch sie fließende elektrische Energie registrieren, zeigen ihre Entsprechungen, die Symbole des Baumes, die Ihnen zuströmenden kosmischen Energien an.

Um eine andere Metapher zu verwenden: Anhand dieser Symbole, in deren Gebrauch Sie geschult werden, erlernen Sie das Alphabet der Mysterien. Wenn Sie es beherrschen, können Sie in der Sprache der Mysterien sprechen und persönlich Kontakt mit der Tradition und jenen, die hinter ihr stehen, aufnehmen.

Der menschliche Geist ist, von gewissen Ausnahmen abgesehen, nicht in der Lage, abstrakte Dinge zu erfassen; viele Mißerfolge bestimmter okkulter Schulen beruhen darauf, daß sie ihren Schülern ein rein abstraktes Wissen vermitteln. Dies gleicht dem Versuch, ein hohes Gebäude ohne Hilfe eines Gerüsts zu errichten. Das Gerüst bleibt nicht Teil des Gebäudes, doch ohne seine Benutzung würde der Bau viel langsamer vonstatten gehen und wäre viel schwieriger, vorausgesetzt, er gelänge überhaupt. Wenn Sie die Grundausbildung absolviert haben, werden Sie lernen, »im leeren Schrein zu meditieren«, das heißt, ohne Bilder zu arbeiten; die Unterweisung in Symbolik, die Sie heute erhalten, befähigt Sie dann zu dieser bilderlosen Arbeit.

Begehen Sie jedoch nicht wie viele andere den Fehler, das Bild für die Realität zu halten, die es symbolisiert. Dies stellt bei der esoterischen Ausbildung immer eine Gefahr dar, vor der ich Sie ausdrücklich warne. Alle symbolischen Bilder mit ihrer Fülle an Details und Farben sind nur Hinweise auf die unsichtbaren Kräfte; sie sind lediglich Buchstaben eines Alphabets und haben, abgesehen von ihrem Symbolgehalt, keine Bedeutung.

Sehr nützlich ist an dem von uns verwendeten Symbolsystem, daß seine Wurzeln in dunkler, ferner Vergangenheit liegen und daß es seit undenklichen Zeiten für diese Art von Arbeit benützt wird. Das bedeutet, daß die Bilder sich im Lauf von Jahrhunderten durch die Meditationen der Anhänger unserer Tradition dem, was C. G. Jung das »kollektive Unbewußte« nennt, fest eingeprägt haben. Deshalb kommen Sie durch die Meditation über diese Symbole leichter in Kontakt mit den inneren Kräften als durch die Arbeit mit einem völlig neuen System. Es ist ein gut ausgetretener Weg, und Sie brauchen sich nicht selbst einen zu bahnen. Aus all diesen Gründen werden Sie im Symbolsystem des kabbalistischen Lebensbaums ausgebildet, doch begehen Sie nicht den Fehler, das Symbol mit dem gleichzusetzen , was es darstellt.

Wahrscheinlich werden Sie fragen, warum es nicht möglich ist, die übernatürlichen Kräfte und die Fähigkeit, die inneren Ebenen wahrzunehmen, ebenso zu entwickeln wie zum Beispiel ein Spiritualist seine Hellsichtigkeit entwickelt, die ihn instand setzt, die Wesen und Bedingungen anderer Welten zu sehen. Hier gilt der gleiche Grundsatz. Ein Medium, das in die Astralwelt blickt, nimmt diese in einer Form wahr, die einer irdischen Landschaft gleicht, und ist meist davon überzeugt, daß diese Ebene tatsächlich so aussieht. Doch die Erscheinungsbilder dieser Sphären der inneren Ebenen, die wir im allgemeinen wahrnehmen, sind, wie ich schon in meinem ersten Buch schrieb, »von Erschaffenen erschaffen«; sie entstehen durch die Einwirkung der Bildekräfte des menschlichen Geistes auf die formbare Materie des Astrallichts.

Das wirkliche Erscheinungsbild dieser Welt ist ein völlig anderes und entspricht nicht irdischen Vorstellungen. In Wahrheit nehmen wir das, was wir sehen, wenn wir in diese Welt blicken, nur unvollkommen wahr. Doch dies trifft auch auf die Dinge zu, die wir hier auf Erden sehen. Was sehen Sie, wenn Sie Ihren Tisch anschauen? Nicht den wirklichen Tisch, der, wie Ihnen ein Naturwissenschaftler sagen wird, eine unendlich komplizierte Struktur aus Kräften, Elektronen, Protonen und Neutronen ist, die sich in schneller Bewegung befinden und auf vorherbestimmten Bahnen herumwirbeln, sondern nur ein *Scheinbild*, das sich dem menschlichen Auge darbietet.

Sie werden sehen, daß das gleiche Prinzip auf allen Ebenen gilt. Dies ist ein sehr wichtiger Punkt, den Sie bei all Ihrer praktischen Arbeit nie vergessen dürfen, denn sonst werden Sie ein Sklave der Bilder und nicht ihr Meister.

Eine sehr gute Konzentrationsübung besteht darin, zwei oder drei Baumsymbole aufzuschreiben und sich dann eine kurze Geschichte auszudenken, in der die Personen entsprechend den Symbolen handeln, die sie tragen. Das Symbol für die Sephira *Geburah* ist zum Beispiel eine rote Scheibe, und das mit ihr zusammenhängende »magische Bild« die Gestalt eines Kriegers. Das Symbol für *Netzach* ist eine grüne Scheibe und ihr magisches Bild eine schöne Frau.

Lassen Sie nicht zu viele Personen in Ihrem kleinen Stück mitspielen, doch halten Sie sie ständig in Bewegung. Stellen Sie sich vor, daß sie die farbige Scheibe der entsprechenden Sephira irgendwo an sich tragen. Gestalten Sie dieses kleine Spiel so lebendig wie möglich und bemühen Sie sich, den emotionalen Ton jeder Figur richtig zu treffen. Diese Übung ist deshalb so gut, weil sie Ihnen hilft, die verschiedenen Symbole mit den Kräften, die sie repräsentieren, zu assoziieren. Wenn Sie später einige sehr wichtige Visualisierungsarbeiten durchführen, werden Sie feststellen, daß Sie durch diese Vorübungen ein gutes Fundament gelegt haben.

Wenn Sie bei dieser Übung eine gewisse Fertigkeit erlangt haben, werden Sie sehen, daß sie sich sozusagen auf Ihr äußeres Leben ausdehnt. Sie werden automatisch die Menschen und Umstände Ihrer Umgebung mit der entsprechenden Sephira und ihrem emotionalen Gehalt assoziieren. Anfangs wird dies nur in begrenztem Maß geschehen; Sie werden gleichsam nur die Primärfarben wahrnehmen und nicht die dazwischenliegenden feineren Nuancen, doch durch weiteres Üben können Sie Ihre Fähigkeit, mit den Symbolen umzugehen, immer mehr verbessern.

Auf diese Weise lernen Sie, um wieder den Vergleich mit dem Schaltpult anzuwenden, die Meßinstrumente abzulesen und zu verstehen, was sie anzeigen. Falls Ihnen unser anderer

Vergleich besser gefällt: Sie lernen, die Buchstaben des Alphabets der Mysterien zusammenzusetzen und einfache Worte zu bilden. Ich habe diese zwei Vergleiche aus einem bestimmten Grund gewählt: Es kann sein, daß einer davon mehr Ihrer Denkweise entspricht, und dies würde Ihnen das Verständnis erleichtern. Bei der Analogie mit dem Schaltpult werden »formhafte« Begriffe verwendet, bei der mit dem Alphabet solche, die mit dem »Leben« und »Bewußtsein« zusammenhängen. Es versteht sich von selbst, daß ich Ihnen empfehle, zumindest gelegentlich auch mit der Analogie zu üben, auch dann, wenn sie Ihnen weniger zusagt, weil dadurch ein Ausgleich geschaffen wird, und es wäre gut, bereits in den ersten Stadien Ihrer Ausbildung damit zu beginnen.

Um eine Fremdsprache einigermaßen fließend sprechen zu können, muß es einem zur Gewohnheit werden, in ihr zu denken. Mit anderen Worten: Es muß ein automatischer Prozeß werden. Anfangs sucht man mühsam und bewußt nach dem Äquivalent eines fremdsprachigen Wortes in der eigenen Muttersprache, doch im Lauf der Zeit entwickelt sich die Fähigkeit, etwas, das zum Beispiel auf Französisch gesagt wird, unmittelbar zu verstehen, ohne es bewußt übersetzen zu müssen. Man übersetzt es automatisch und hat begonnen, in der betreffenden Sprache zu denken.

Auf die gleiche Weise funktioniert der Geist, wenn man die Sprache der Mysterien erlernt. Zuerst muß man mühsam den Zusammenhang zwischen einem Symbol und dem ihm entsprechenden Geschehnis herstellen, doch durch ständiges Üben wird dies zu einem automatischen Vorgang, und das Symbol fällt einem ein, ohne daß man sich bewußt darum bemühen muß. Vergessen Sie jedoch nicht, daß dies nur geschehen darf, wenn Sie es wollen; das Auftauchen der Symbole muß stets der Kontrolle durch den Willen unterworfen bleiben. Es ist sehr wichtig, daß Sie sich dies klarmachen und sich schon zu Beginn Ihrer Ausbildung danach richten. Wenn Sie diese Kontrolle über die Bilder nicht erlangen, werden Sie später große Probleme haben.

Ich glaube, das genügt für dieses Mal. Fahren Sie mit den Übungen fort und gestalten Sie sie mit Hilfe Ihrer Erfindungsgabe so interessant wie möglich. Machen Sie ein Spiel daraus oder denken Sie sich kleine Szenen mit den magischen Bildern aus. Falls Sie gut zeichnen können, nützen Sie Ihre Begabung für diesen Zweck, doch denken Sie immer daran, die Figuren mit den entsprechenden Emotionen zu verknüpfen.

In Zusammenhang mit dem künstlerischen Element fällt mir noch ein kleiner Kniff ein, der Ihnen bei Ihren Visualisierungsübungen helfen könnte und der sich als sehr nützlich erweisen wird, wenn Sie zu einem späteren Zeitpunkt telepathische Experimente anstellen. Sie brauchen dazu eine kurze Röhre aus Pappe oder Metall, die Sie auf folgende Weise benützen können:

Wenn Sie Ihr Bild gezeichnet oder die Stationen des Baumes, die Sie für Ihre Übung verwenden wollen, ausgewählt haben, legen Sie die Zeichnung auf den Tisch und betrachten sie durch die Röhre. Sie werden feststellen, daß das Bild jetzt viel klarer ist, was natürlich daran liegt, daß Ihre Aufmerksamkeit stärker darauf konzentriert ist. Sie dürfen sich die Verwendung dieses Hilfsmittels jedoch nicht zur Gewohnheit machen. Machen Sie einen Teil der Übungen deshalb immer ohne diese Röhre.

Ich denke, Sie sind jetzt für ziemlich lange Zeit mit Arbeit eingedeckt. Denken Sie daran: Diese Übungen dienen der Errichtung des Fundaments; sie müssen deshalb gewissenhaft und ohne Eile durchgeführt werden. Fahren Sie mit der Ihnen aufgetragenen Arbeit fort und schicken Sie mir, wie üblich, Ihr Tagebuch sowie eventuelle Fragen und Bemerkungen. Im übrigen sollten Sie gut auf die Reaktionen Ihrer Frau und Ihrer Freunde auf Ihre Arbeit achten. Vielleicht wird ihnen nicht ganz klar sein, was Sie *tun,* doch mit Sicherheit werden sie bemerken, wie Sie sich *verändern*; demgemäß werden sie Sie beurteilen. Achten Sie darauf, wie Sie selbst auf die Menschen Ihrer Umgebung reagieren. Möglicherweise werden Sie feststellen, daß Sie zu Gereiztheit oder anderen emotionalen Störungen neigen. Sollte dies der Fall sein, so bedenken Sie, daß die Ursache für solches Verhalten meistens bei Ihnen zu suchen sein dürfte. Der Grund ist fast immer, daß Sie auf irgendeine Weise Ihre Arbeit nicht richtig getan haben. Bevor Sie anderen die Schuld zuschieben, sollten Sie anhand Ihrer Tagebucheintragungen Ihre Arbeit überprüfen. Wenn Sie Ihre Aufzeichnungen in aller Ruhe durchsehen, werden Sie erkennen, wo Sie einen Fehler begangen haben und wie Sie alles in Ordnung bringen können.

Die Natur sucht stets aus einem lebendigen Organismus alles auszustoßen, was einen Fremdkörper darstellt. Das Gruppenbewußtsein, dem Sie angehören, wird versuchen, mit Ihnen das gleiche zu tun, wenn Sie sich so entwickeln, daß Sie der Masse der Sie umgebenden Menschen nicht mehr gleichen. Wir wollen Ihnen jedoch dazu verhelfen, ein integraler Teil des Gruppenbewußtseins Ihrer Gattung zu werden, indem Sie eine neue Lebenseinstellung entwickeln und diese durch Ihr Verhalten anderen vermitteln. Sie sollten deshalb in keiner Weise die Aufmerksamkeit anderer auf Ihr esoterisches Studium lenken; dieses Verlangen, Aufmerksamkeit zu erregen, müssen Sie völlig ablegen. Abgesehen von intelligenten Diskussionen über das Thema sollte lediglich Ihr Verhalten im täglichen Leben anderen ein Hinweis darauf sein, welcher Art Ihr Studium ist. Man sagt, daß Taten wichtiger sind als Worte. Dies mag eine abgedroschene viktorianische Maxime sein, doch ist sie trotz allem immer noch wahr.

Widersetzen Sie sich nicht offen dem Gruppenbewußtsein! Überlassen Sie das Möchtegernreformern, die nicht dazu fähig sind, sich selbst zu reformieren, sich jedoch im Besitz eines unfehlbaren Mittels gegen alle Sünden und Leiden der Welt wähnen.

8 Ihrem Tagebuch entnehme ich, daß Sie bei Ihrer Arbeit mit dem Baum recht guten Erfolg hatten, und so kann ich Ihnen einige weitere Instruktionen erteilen. Diesmal werde ich Sie in der Kunst unterweisen, die Gedankenbilder, die Sie zu erschaffen gelernt haben, zu projizieren. Bevor ich damit beginne, möchte ich jedoch noch eine Warnung wiederholen: *Lassen Sie niemals zu, daß diese Gedankenbilder ins Bewußtsein aufsteigen, ohne daß Sie dies ausdrücklich wollen!* Sie müssen die Bilder beherrschen und dürfen sich nicht von ihnen beherrschen lassen!

Besonders wichtig ist dies, wenn Sie mit der Projektion von Bildern beginnen. Übrigens dürfen Sie diesen Prozeß nicht mit jenem verwechseln, den die Psychologen »Projektion« nennen und bei dem es sich um die unbewußte Übertragung von bestimmten Wertvorstellungen auf andere Menschen und Dinge handelt. So kommt es vor, daß der Lehrling der magischen Kunst dem Meister, der ihn ausbildet, eine merkwürdige Autorität verleiht, daß er ihn als einen sehr weisen alten Mann betrachtet und sich auf seine Autorität stützt wie ein Kind auf die seines Vaters. Das ist nicht gut, doch zu Beginn der magischen Ausbildung mehr oder weniger unvermeidlich, denn natürlich weiß der Meister mehr über Magie als der am Anfang seiner Ausbildung stehende Lehrling. Der Meister muß sich in seiner Arbeit immer wieder bemühen, diese psychische Projektion aufzulösen, und der Lehrling muß danach streben, vom Meister unabhängig zu werden, denn später muß er seine magische Arbeit ohne dessen ständige Unterstützung tun. Deshalb ist es für den Lehrling ratsam, sich schon von Beginn an seine Unabhängigkeit zu bewahren. Dies heißt natürlich nicht, daß es Ihnen gestattet ist, allerlei magische Experimente auf eigene Faust durchzuführen. Es könnte sein, daß Sie dadurch in die Lage des Zauberlehrlings in der alten Geschichte geraten und die Kräfte, die Sie beschworen haben, nicht beherrschen können.

Zu Beginn meiner magischen Ausbildung projizierte auch ich solche Wertvorstellungen auf meinen Lehrer; er hätte ein Gott sein müssen, um ihnen gerecht zu werden. Allmählich begriff ich, daß er, wie alle Lehrer, auch nur ein Mensch war. Im Lauf der Jahre nahm ich diese Projektion zurück und hörte auf, ihn mit dem archetypischen weisen alten Mann zu identifizieren. Wenn Sie später in unsere Bruderschaft aufgenommen werden, werden Sie sehen, daß dort die gleiche Regel gilt. Die Brüder werden Ihnen mit aller Kraft helfen, wenn Sie wirklich Hilfe brauchen, doch ansonsten sind Sie völlig auf sich selbst angewiesen. Sie können jedoch nicht nur völlig unbewußt solche Wertvorstellungen projizieren, sondern auf die gleiche Weise auch klare Bilder. Vor allem geschieht dies in Ihrem Traumleben. Hier werden Bilder auf unbewußte Weise in Ihr Bewußtsein projiziert. Sie haben über das, was in Ihren Träumen geschieht, keine Kontrolle, es sei denn, Sie können wie Peter Ibbetson in Daphne du Mauriers Buch »wahrträumen«. Diese besondere Fähigkeit des »Wahrträumens« werden Sie noch erlernen, doch im Moment möchte ich mich nur mit den normalen Traumbildern beschäftigen.

Solche Bilder werden durch Energien ausgelöst, die sich im Leben Ausdruck zu verschaffen suchen; mit ihnen werden verdrängte psychische Inhalte ausgeschieden, und zugleich weisen sie auf den Weg hin, der eingeschlagen werden soll. Als Quellen vieler solcher Träume können Faktoren aufgespürt werden, die mehr oder weniger leicht zugänglich sind, doch es ist erwiesen, daß es eine tiefere geistige Ebene gibt, auf der durch diese Traumbilder eine geistige Höherentwicklung bewirkt wird. Diese leitende Kraft kann man sich als den weisen alten Mann vorstellen; man kann seinem äußeren Lehrer die auf ihn projizierte Autorität entziehen und sie auf dieses innere Leitbild übertragen.

Ich muß Sie jedoch auch davor warnen, dieser inneren Autorität absoluten Gehorsam zu leisten. Die Ermahnungen, die Ihnen dieser innere Lehrer erteilt, müssen sie gegenüber Ihren äußeren Umständen abwägen, und diese Beurteilung müssen Sie bei vollem Bewußtsein vornehmen, denn obgleich Weisheit in Ihnen wohnt, wird, wie Browning sagt, »das verwirrende und verfälschende Netz aus Fleisch« die es durchdringenden Botschaften aus tieferen Ebenen des Geistes entstellen.

Die geistigen Bilder, die Sie unbewußt in Ihren nächtlichen Träumen produzieren, können Sie auch mittels einer positiven Methode in die scheinbar objektive Realität projizieren. Diese Fähigkeit kann auf verschiedene Weise angewandt werden. Ich werde mein Bestes tun, um Ihnen diese Methode zu schildern; wie beim Radfahren müssen Sie aber das Wesentliche durch Probieren erlernen und so lange üben, bis sie die Fähigkeit erlangt haben.

Diese Fähigkeit, visionäre Bilder zu erschaffen, scheinen wir in der heutigen Zeit verloren zu haben; zumindest ihren positiven Aspekt. Die unbewußte mentale Projektion von Bildern und Wertvorstellungen ist in »okkulten« und parapsychologischen Gruppen sehr verbreitet, doch die positive Projektion wird nur selten gelehrt. In früheren Zeiten war die bewußte Anwendung der Visualisierungsfähigkeit etwas ganz Normales. Es gibt sie heute vor allem bei Künstlern, doch ich habe oft den Eindruck, daß moderne Kunst mehr über den inneren Zustand des Künstlers verrät als über das von ihm dargestellte Thema. Aber vielleicht bin ich in dieser Hinsicht voreingenommen.

Ich lernte einmal ein kleines Mädchen kennen, das ausgezeichnet silhouettenartige Bilder zeichnen konnte. Sie waren wunderbar klar und präzise, und für ein sechs oder sieben Jahre altes Kind war dies eine ungewöhnliche Leistung. Als ich sie fragte, wie sie so genaue Konturen zeichnen könne, sagte sie: »Das ist ganz einfach. Ich denke, und dann ziehe ich um das Gedachte eine Linie herum.« Offenbar war ihr diese Gabe der visuellen Projektion angeboren, und sie hatte keine Ahnung, daß nicht jeder sie besaß.

Ich bin jedoch davon überzeugt, daß auch Sie diese Fähigkeit entwickeln können, wenn Sie die nachstehenden Anweisungen befolgen. Wenn Sie mich fragen, wie lange es dauert, bis diese Übung Erfolg bringt, kann ich nur wiederholen, was ich schon so oft gesagt habe: Das hängt ganz von Ihnen ab.

Die Übung besteht aus zwei Teilen. Der erste ist die deutliche Erschaffung des mentalen Bildes, das Sie zu projizieren beabsichtigen. Bevor man nicht imstande ist, deutliche mentale Bilder zu erschaffen, ist die Mühe, die Fähigkeit ihrer Projizierung erwerben zu wollen, vergeudet. Im zweiten Teil müssen Sie die Erschaffung der Bilder und ihre Verlagerung nach außen erlernen; das wird Sie viel schwere Arbeit kosten. Beides stellt jedoch die Grundlage für einen großen Teil des Folgenden dar, und je mehr Fertigkeit Sie darin erlangen, um so leichter wird Ihnen die fortgeschrittenere Arbeit gelingen. Ich weiß, daß es Menschen gibt, die einige der inneren Kräfte ohne eine solche Ausbildung entwickeln, doch wenn sie sie nicht auf diese Weise üben, sind ihre Fähigkeiten nicht ständig verfügbar, und sie können sie nicht richtig einsetzen.

Nun zum ersten Teil der Übung: der Erschaffung des mentalen Bildes. Sie brauchen dazu ein Bild oder Symbol. Jedes Bild eignet sich dafür, doch sollten Sie natürlich keins benützen, das Ihre Gedanken zu stark vom Hauptziel der Arbeit ablenkt.

Am besten wählen Sie ein Bild mit vielen Details. Einfache geometrische Formen sollten erst bei der späteren Arbeit verwendet werden, weil der Geist sich sträubt, wenn man ihn zwingen will, sich nur mit einem oder zwei Punkten zu beschäftigen und dies die Arbeit erschwert. Ein Bild mit mehr Details gibt ihm die Möglichkeit, in begrenztem Maß zu wandern.

Legen Sie das Bild so auf den Tisch, daß Sie es ohne Anstrengung betrachten können, wenn Sie davorsitzen. Der übrige Tisch sollte leer sein. Wenn Sie wollen, können Sie die bereits erwähnte Pappröhre benützen, um andere visuelle Eindrücke abzuschirmen. Blicken Sie jetzt ruhig auf das Bild, ohne jede Anspannung, und schauen Sie es auf ganz normale Weise an. Wenn Sie es eine Minute lang so betrachtet haben, richten Sie Ihren Blick nacheinander auf die verschiedenen Details.

Am besten ist es, wenn Sie das Bild beschreiben. Zu Beginn der Arbeit sollten Sie dies mit hörbarer Stimme tun, doch Sie können natürlich in ganz leisem Ton sprechen.

Vielleicht hilft es Ihnen, wenn ich durch ein Beispiel veranschauliche, wie Sie dabei vorgehen sollen. Nehmen wir an, Sie haben ein Bild gewählt, das eine einfache Landschaft zeigt, etwa ein kleines Haus an einem Waldrand. Neben der offenen Tür des Hauses sitzt ein Mann mit einem Hund. Wenn Sie es ungefähr eine Minute lang ruhig betrachtet haben, beginnen Sie es auf folgende Weise zu beschreiben:

»Im Hintergrund ist ein kleiner Wald zu sehen, der hauptsächlich aus Buchen besteht, doch da und dort stehen auch ein paar kleine Eichen. Es scheint Herbst zu sein, denn die Blätter der Buchen leuchten in einem sehr schönen Braun ... die ganze Szene ist in mildes Sonnenlicht getaucht. Der Buchenwald zieht sich einen Berg hinauf, an dessen Fuß ein kleines Haus steht, und zwischen Berg und Haus befindet sich ein kleiner Garten.

Das Haus hat weiße Wände, ein Strohdach und kleine Fenster, die alle offenstehen. Vor der Tor sitzt ein älterer bärtiger Mann, tief in sich zusammengesunken, in einem altmodischen hölzernen Lehnstuhl, wie sie früher oft in solchen Häusern zu finden waren.

Der Hund neben ihm ist ein schwarz-weißer Collie, und die Hand des Mannes liegt auf seinem Hals. Durch die offene Tür kann man undeutlich Möbelstücke sehen; aus dem Schornstein des Hauses steigt eine Rauchwolke in den klaren Himmel.«

Wie Sie sehen, habe ich nicht nur das Bild beschrieben, sondern ich bin auch auf die Atmosphäre eingegangen, die der Maler auszudrücken versuchte. Je mehr Sie das tun, um so mehr werden Sie von der Übung profitieren. Außerdem hilft Ihnen diese Übung, Ihre Beobachtungsgabe zu entwickeln.

Jetzt kommen wir zum nächsten Teil. Nachdem Sie das Bild analysiert haben, müssen Sie es nun vor ihrem geistigen

Auge erschaffen. Hier ergibt sich wieder das Problem, daß ich Ihnen diese Fähigkeit nicht vermitteln kann, sondern daß Sie sie selbst entwickeln müssen.

Normalerweise denkt man über das Sehvermögen nicht nach; es genügt einem, daß man sehen kann. Doch der Prozeß des Sehens ist eine sehr interessante Sache, mit der zu beschäftigen sich lohnt. Die von dem betrachteten Objekt reflektierten Lichtstrahlen treffen auf das Auge, werden durch Linsen fokussiert und fallen auf die empfindliche Netzhaut (Retina) im hinteren Teil des Auges. Dort wird das Bild in Nervenimpulse verwandelt, die durch die Sehnerven zum Sehzentrum im Gehirn wandern. Wenn Sie dort empfangen worden sind, werden Sie auf eine Weise, über die uns nur sehr wenig bekannt ist, vom Geist interpretiert. Dies ist ein völlig unbewußter Prozeß.

Sie müssen nun, sozusagen bewußt, die ankommenden Bilder zu diesem Empfangszentrum begleiten. Dies ist der erste Teil der Arbeit; der zweite besteht darin, den Vorgang umzukehren und die Bilder zurück zum Auge zu begleiten. Dies mag sich merkwürdig anhören, doch es ist eine Technik, die in der Praxis funktioniert.

Betrachten Sie das gewählte Bild ganz ruhig und ohne Anstrengung, nachdem Sie es wie beschrieben analysiert haben. Richten Sie dann Ihre Aufmerksamkeit nach innen, schließen Sie die Augen, gehen Sie zurück in das Dunkel im Innern Ihres Kopfes und nehmen Sie das Bild mit, bis Sie in Ihrer Phantasie das Empfangszentrum erreicht haben. Es erscheint merkwürdig, doch es ist eine funktionierende Methode, das Sehvermögen zu trainieren. Es wird Ihnen helfen, wenn Sie diesen Rückzug ins Innere des Kopfes mit einem tiefen Einatmen verbinden.

Gehen Sie, während Sie ausatmen, wieder zur Vorderseite des Kopfes, öffnen Sie die Augen und blicken Sie wieder auf das Bild. Wiederholen Sie dies etwa ein halbes Dutzend Mal und nehmen Sie jedesmal einen anderen Teil des Bildes mit; das heißt: Betrachten Sie das Bild und wählen Sie einen Teil aus. Bei einem Versuch vielleicht die offene Tür und den danebensitzenden Mann und beim nächsten die Hütte mit dem Wald im Hintergrund. Dann vielleicht den Wald selbst und so weiter. Im zweiten Teil meines Buches *Die hohe Schule der Magie* sage ich: »Lerne es, die eine Form der Wahrnehmung in die andere übergehen zu lassen.« Dieses Überwechseln vom optischen Sehen zum mentalen Wahrnehmen müssen Sie üben, bis Sie es leicht beherrschen. In dem Kapitel »Visualisierung und Audition« meines Buchs habe ich mich ausführlich mit diesem Vorgang beschäftigt, und so dürften Sie bereits eine Ahnung davon haben.

Der zweite Teil der Übung ist interessanter, doch bevor Sie nicht (in gewissem Maß zumindest) den ersten Teil beherrschen, werden Sie beim Projizieren der Bilder nur wenig gute und unzulängliche Ergebnisse erzielen. Es kann natürlich sein, daß Sie die gleiche angeborene Fähigkeit besitzen wie das erwähnte kleine Mädchen, doch dies kommt sehr selten vor.

Nun zum zweiten Teil der Übung. Sie müssen jetzt die mentalen Bilder im hinteren Teil Ihres Kopfes entstehen lassen, sie nach vorn zu den Augen bringen, sie schließlich aus dem Kopf »hinauswerfen« und sie nicht mehr als subjektive, sondern eindeutig objektive Bilder sehen. Dazu brauchen Sie eine glatte Fläche, auf die die Bilder projiziert werden. Ich habe dazu einen Teller mit glattgestrichenem feinem Sand, eine Kristallkugel und einen schwarzen Spiegel benützt. Ich finde die verzerrten Bilder in einem Kristall ziemlich verwirrend. Das gleiche gilt in gewissem Maß auch für einen konkaven schwarzen Spiegel, doch gibt es hier die verschiedensten Möglichkeiten. Probieren Sie sie aus und benützen Sie die Methode, die Ihnen die besten Ergebnisse bringt.

Gemäß der magischen Tradition sollten Sie Ihre magischen Hilfsmittel selbst anfertigen; hier bietet sich eine Gelegenheit dafür. Kristalle kann man kaufen, und es übersteigt natürlich die Fähigkeiten eines durchschnittlichen Menschen, sie herzustellen, doch der Spiegel kann leicht angefertigt werden; ebenso kann man sich leicht einen Teller und Sand beschaffen. Im letzten Fall bietet sich die Möglichkeit, die Farbsymbole des Baums zu benutzen, indem man farbigen Puder verwendet.

Zur Anfertigung eines konkaven Spiegels besorgen Sie sich ein konkaves »Uhrglas«, wie es in chemischen Laboratorien und bei der Herstellung von Uhren verwendet wird. Die Größe ist unwichtig, doch um in diesem Stadium jede Selbsthypnose zu vermeiden, sollte es einen Durchmesser von sieben bis zehn Zentimetern haben. Bemalen Sie die *konvexe* Oberfläche mit schwarzer Farbe oder Lack, und Sie haben einen magischen Spiegel«.

Wenn Sie wollen, können Sie ihn verzieren und einrahmen. Ich habe einmal einen mit einem Rahmen gesehen, der sämtliche Tierkreiszeichen trug, doch solche Ornamente sind nach meiner Meinung überflüssig und lenken nur die Aufmerksamkeit ab.

Über eins sollten Sie sich unbedingt im klaren sein: Ich empfehle keineswegs, diesen Spiegel zu benutzen, um sich im »Hellsehen« zu versuchen. Damit meine ich ein passives Starren auf den Spiegel in der Hoffnung, hellseherische Bilder darin zu erblicken. Es geht hier nicht um die Entwicklung medialer Fähigkeiten, sondern um die Ausbildung Ihres Visualisierungsvermögens. Ich möchte deshalb, daß darüber völlige Klarheit herrscht, weil Sie möglicherweise latente mediale Fähigkeiten besitzen, die auf diese Weise an die Oberfläche gelangen könnten. Doch Sie sollen nicht auf einen Weg gelangen, den Sie später wieder zurückgehen müßten. Die sorgsam kontrollierte Medialität, die innerhalb magischer Logen entwickelt wird, wird Sie befähigen, alle medialen Kräfte, die Sie besitzen, auf positive Weise zu benützen. Lassen Sie sich also nicht von schnellen Resultaten verlocken; diese sind selten zufriedenstellend.

Wenn Sie sich Ihr »Speculum«, wie es genannt wird, beschafft oder angefertigt haben, sind Sie für den zweiten Teil der Übung bereit: die Projektion der Bilder.

Plazieren Sie den Spiegel so, daß Sie eine bequeme, entspannte Sitzhaltung einnehmen können, wenn Sie darauf blicken. Diese Übung muß ohne jede Anstrengung, vor allem für die Augen, durchgeführt werden. Dies ist sehr wichtig, denn Anspannung könnte Sie in einen selbsthypnotischen Zustand versetzen, der in diesem Zusammenhang unerwünscht ist. Ich habe festgestellt, daß ich die besten Resultate erziele, wenn ich den Spiegel wie ein Buch, das ich lese, vor mich hinlege. Manche legen ihn auf den Schoß, doch in diesem Fall können die durch die Atmung hervorgerufenen Körperbewegungen die Aufmerksamkeit ablenken.

Wenn Sie den Spiegel richtig hingelegt haben, müssen Sie auf Ihr Bild blicken. Ziehen Sie das Bild in sich hinein, wie Sie es gelernt haben, und kehren Sie dann den Prozeß um. Verlegen Sie es im Geist nach vorn zu den Augen und projizieren Sie es auf die Oberfläche des Spiegels. Es ist schwierig, dieses »Projizieren« zu beschreiben; es ist ein geistiger Trick, den man nach etwa einem halben Dutzend Versuchen plötzlich beherrscht. Ich kann nur sagen: Bringen Sie das Bild auf die Weise, die ich Ihnen geschildert habe, nach vorn und blicken Sie dann ruhig und erwartungsvoll auf die Oberfläche des Spiegels. Strengen Sie in keiner Weise die Augen an. Wenn Sie das Verlangen haben zu zwinkern, dann tun Sie es; Sie dürfen nicht im mindesten angespannt sein.

Es kann sein, daß Sie dies lange üben, bevor Ihnen die Projektion gelingt. Dann werden Sie plötzlich auf der dunklen Oberfläche des Spiegels einen Teil des Bildes sehen. Einen Teil deshalb, weil wir immer dazu neigen, unsere geistige Kraft zu konzentrieren und wie den Strahl einer Taschenlampe über das Objekt wandern zu lassen, das wir mit unserem Blick erfassen möchten. Doch je dicker der mentale Strahl ist, um so mehr von dem Bild können wir auf den Spiegel projizieren.

Wenn Sie feststellen, daß Sie bei diesen Projektionsübungen einigen Erfolg haben, können Sie damit beginnen, verschiedene Objekte als Ausgangspunkte zu benützen, und diese dreidimensionalen Projektionen werden Sie in der Kunst der »plastischen« Visualisierung schulen. Dies ist eine ausgezeichnete Übung für die Erschaffung von Gedankenformen in einem späteren Stadium.

Ich denke, damit haben Sie für eine Weile genug zu tun. Führen Sie die Übungen sorgfältig durch und tragen Sie die Ergebnisse in Ihr Tagebuch ein. Am besten wäre es, sie zuerst kurz darin zu skizzieren und einen ausführlichen Bericht in ein für diesen Zweck angelegtes Übungsbuch zu schreiben. Notieren Sie darin auch die Umstände, unter denen das Experiment durchgeführt wurde: die atmosphärischen Bedingungen, störende Faktoren wie Lärm oder dergleichen und die Art und Weise, wie sich das Bild im Spiegel zeigte. Dies wird mir eine große Hilfe sein und auch Ihnen Aufschluß darüber geben, was für das Gelingen der Übung wichtig ist.

9 Sie schreiben, daß es Ihnen gelungen ist, sich die Meditation zur Gewohnheit zu machen und daß Sie bereits imstande sind, recht gute mentale Bilder zu erschaffen. Außerdem haben Sie sich eine Ausgabe der *Mystischen Kabbala* beschafft.

Obwohl Sie also in Ihrer Ausbildung Fortschritte machen, sind von anderer Seite Schwierigkeiten aufgetaucht, die Sie in eine gewisse Verwirrung gestürzt haben. Wie Sie schreiben, hat Sie ein Freund, der sich sehr für Esoterik interessiert, davor gewarnt, sich – abgesehen von der Meditation – auf diesem Gebiet auf irgendeine Weise praktisch zu betätigen. Was er Ihnen über die Gefahren der, wie er es nennt, »niederen Medialität« erzählte, hat Ihnen Angst eingejagt. Ein anderer Freund hingegen, ein begeisterter Spiritualist, hat die Vorzüge eines »Entwicklungszirkels« gepriesen, in dem man ohne mühsame Meditation und andere geistige Übungen seine angeborenen übernatürlichen Kräfte entwickeln könne, die einen in Kontakt mit den »wahren sprituellen Führern« brächten. Ein Ihnen bekannter Arzt wiederum hat Sie vor den Gefahren der »Trance« und der »Persönlichkeitsspaltung« gewarnt. Schließlich ermahnte Sie noch Ihr Gemeindepfarrer, dem man von Ihren Interessen erzählt hat, »sich nicht mit diesen gottlosen Dingen zu beschäftigen«.

Sie scheinen eine Menge Berater zu haben, doch ob Sie sich auf diese verlassen können, sei dahingestellt. Vielleicht kennen Sie die Geschichte von dem Mann, der auf einem Esel reitet und die Ratschläge aller Leute, denen er begegnet, zu befolgen versucht. Als er schließlich in der Stadt ankommt, trägt er den Esel zur Erheiterung der Bewohner auf dem Rücken!

Doch Spaß beiseite – ich habe mit all dem gerechnet. Diese Situation ergibt sich sehr häufig, wenn sich nach Beginn der Ausbildung noch kein überzeugender Erfolg eingestellt hat. Auch dies ist eine Prüfung Ihrer Fähigkeit, den Weg, den Sie gewählt haben, weiterzugehen, ohne sich durch die Ansichten anderer beeinflussen zu lassen. Ob Sie diese Prüfung bestehen, liegt bei Ihnen, doch da Sie mir, Ihrem Lehrer, Ihre Lage geschildert haben, will ich versuchen, Ihnen weiterzuhelfen.

Zuerst einmal weise ich darauf hin, daß all diese wohlgemeinten Ratschläge nicht ohne Wert sind, obwohl sie sich zum Teil zu widersprechen scheinen. Aus den Ansichten anderer kann man immer einen Gewinn ziehen, auch wenn man vermuten muß, daß diese auf falschen Informationen oder gar auf Intoleranz beruhen. Wir alle neigen zu Intoleranz; sie ist nicht auf Pfarrer beschränkt, sondern Ärzte und Lehrer können auf ihre Ideen ebenso fixiert sein wie religiöse Würdenträger.

Ich werde mich mit jeder dieser Warnungen einzeln in der Reihenfolge beschäftigen, in der Sie sie in Ihrem Brief anführen. Zuerst zu dem, was Ihr Freund »niedere Medialität« nennt. Der Mensch besitzt zwei Nervensysteme, das willkürliche und das unwillkürliche. Das unwillkürliche ist das ältere; es steuert die automatisch ablaufenden Prozesse wie Atmung, Verdauung und zahlreiche andere Funktionen.

Das andere, das willkürliche oder cerebro-spinale System, das sich erst später entwickelt hat, ist Ihrem bewußten Willen unterworfen, doch sein Funktionieren hängt auch von dem älteren Nervensystem ab. Wenn Sie, zum Beispiel, den Arm heben, so ist das ein Willensakt, doch die gesamte komplizierte Aktivität der Nerven und Muskeln, die Regulierung des Blutkreislaufs, das Fließen der Energie durch die Nervenbahnen und die Bewegung der Muskeln durch diese Energie gemäß Ihrem Willen – all dies wird durch das unwillkürliche System bewirkt, *das dem willkürlichen Bewußtsein untersteht.*

Es gibt aber nicht nur das Wachbewußtsein, das sich durch das cerebro-spinale System zum Ausdruck bringt, sondern auch ein Bewußtsein, das durch die unwillkürlichen Nerven wirkt und das »Unterbewußtsein« genannt wird. Es ist das Produkt einer ungeheuer langen Evolution, die in ferner Vergangenheit begonnen hat. Ihm sind noch Aspekte des primitiven Bewußtseins dieser Frühzeit erhalten. Es ist aber auch mit dem Teil unseres Gesamtbewußteins verbunden, der in die inneren Ebenen hineinreicht, und sämtliche parapsychischen Erfahrungen, ob »hoch« oder »niedrig«, werden dem Wachbewußtsein durch das Unterbewußtsein vermittelt. In einer früheren Lektion habe ich die Chakras erwähnt. Diese parapsychischen Zentren sind mit bestimmten Punkten des unwillkürlichen Nervensystems verbunden und können ihre Eindrücke über das Unterbewußtsein an dieses System vermitteln. Doch ebenso wie Sie Ihren Arm willentlich bewegen und damit eine bestimmte Handlung ausführen können, kann das Unterbewußtsein Ihren Arm auch ohne Ihren Willen bewegen. Wenn Sie, zum Beispiel, etwas niederschreiben, was Sie sich in wachbewußtem Zustand sorgsam ausgedacht haben, dann bewegen die unterbewußten Mechanismen Ihre Muskeln auf eine Weise, daß Buchstaben und Worte in der richtigen Größe und Form entstehen, und ordnen die Worte in der grammatikalisch korrekten Reihenfolge. All diese Handlungen sind zu einer »Gewohnheit« geworden, die das Resultat unserer geistigen Schulung ist. Diese geistige Maschinerie funktioniert aber auch ohne unseren bewußten Willen, wodurch das Phänomen entsteht, das wir »Automatisches Schreiben« nennen. Die nächtlichen Träume könnte man entsprechend als »Automatisches Sehen« bezeichnen. So können alle körperlichen Sinne sozusagen auch auf umgekehrte Weise funktionieren.

Im allgemeinen führt dieses umgekehrte Funktionieren zu keinen bedeutsamen Ergebnissen. Es wird dadurch zum größten Teil Material zutage befördert, das sich in vielen Jahren mentaler Aktivität angesammelt hat. Dieses Material mag für einen Tiefenpsychologen interessant sein, hat aber an sich keinerlei Wert, abgesehen davon, daß es Hinweise auf die in den Tiefen des Bewußtseins ablaufenden Prozesse liefert.

Mit diesem aus dem Unterbewußtsein aufsteigenden Material sind jedoch Beweise für parapsychische Aktivität vermischt, doch sind diese so selten wie Goldkörner in einem goldhaltigen Quarzfelsen. Dieses Aufsteigen parapsychischer Wahrnehmungen aus den unterbewußten Schichten wird in der Terminologie Ihres Freundes als »niedere Medialität« bezeichnet. Sein Einwand dagegen – ein Einwand, den auch alle okkulten und esoterischen Schulen erheben – gründet darauf, daß es sich um einen Rückfall in die Frühzeit der Evolution handelt. Es ist eine Wiederbelebung der primitiven Medialität, die man heute noch bei höheren Tieren wie Katzen, Hunden und Pferden findet, und da diese nicht durch das Bewußtsein kontrolliert wird, kann sie zu der Dissoziation und Persönlichkeitsspaltung führen, vor der Sie der mit Ihnen befreundete Arzt gewarnt hat.

Obwohl ich keineswegs die Absicht habe, Ihre unkontrollierte Medialität zu fördern, möchte ich doch gegen diesen Einwand einiges vorbringen. Die »positive«, kontrollierte Medialität ist etwas sehr Seltenes, und selbst wenn sie sich entwickelt hat, hat das Medium doch seine »freien Tage«, und gesundheitliche Störungen oder mentaler oder emotionaler Streß verzerren seine Wahrnehmungen.

Wenn man sich eine Skala vorstellt, die von »rein positiv« bis »rein negativ« reicht, dann rangieren die meisten Medien irgendwo dazwischen und bewegen sich gemäß den vorherrschenden Bedingungen einmal in die eine und einmal in die andere Richtung. Hinzu kommt, daß sich negative Medialität unter bestimmten Bedingungen in positive verwandeln kann. Häufig stellen Menschen mit unkontrollierter Medialität fest, daß ihre Fähigkeiten schwinden, wenn sie mit den von okkulten und esoterischen Schulen geforderten Meditationsübungen beginnen, was daran liegt, daß das cerebro-spinale Nervensystem auf eine neue, nicht vertraute Weise angeregt wird. Diese Menschen haben dann oft das Gefühl, etwas Wertvolles zu verlieren. Wenn sie ihre Übungen fortsetzen, kehrt die Fähigkeit jedoch zurück und kann auf effektivere Weise genutzt werden.

Ich möchte Sie jedoch daran erinnern, daß die Entwicklung medialer Fähigkeiten nicht das Hauptziel magischer Schulen ist. In den Logen werden parapsychische Fähigkeiten ausgebildet, und ihre Anwendung spielt bei der Arbeit, mit der sie sich beschäftigen, eine Rolle; doch das Hauptziel der magischen Ausbildung ist die geistige und spirituelle Entfaltung ihrer Mitglieder, und Medialität wird als Mittel zum Zweck betrachtet und keineswegs als Selbstzweck.

Nun einige Bemerkungen zu den Einwänden des Arztes. Es ist richtig, daß bestimmte Formen der Medialität zu den von ihm genannten geistigen Störungen führen können, doch im allgemeinen ist die Gefahr nicht so groß, wie es scheinen mag. Wenn wir uns mit etwas beschäftigen, dann neigen wir dazu, es überall um uns herum zu sehen; wir sind geistig ständig auf der Suche nach seinen Erscheinungsformen; und oft sind wir enttäuscht, wenn wir sie nicht finden. So sucht der Spezialist nach Manifestation dessen, worauf er sich spezialisiert hat; der religiöse Eiferer sieht ständig die Schwächen und Sünden seiner Mitmenschen; der Politiker ist immerzu bestrebt, die Welt nach seinen unfehlbaren Rezepten in Ordnung zu bringen.

Wenn wir jedoch herauszufinden versuchen, wie sich parapsychische Fähigkeiten auf die Menschen auswirken, die sie besitzen, müssen wir feststellen, wie es mit ihrer geistigen Gesundheit bestellt gewesen ist, bevor sie die Fähigkeiten entwickelt haben. Wie Sie sicher in meinen Büchern gelesen haben, gibt es Menschen, die sich einbilden, Dinge zu »sehen« oder Stimmen zu »hören«. Dies sind natürlich eindeutige Anzeichen von Geisteskrankheit. Werden solche Menschen in einen »Entwicklungszirkel« aufgenommen oder in manchen magischen Schulen dazu gebracht, sich in bestimmte geistige Zustände zu versetzen, dann führt dies zu einer Verschlimmerung der Geisteskrankheit, an der sie bereits leiden, bis schließlich ein völliger geistiger Zusammenbruch erfolgt. Hier ist die Sachlage natürlich klar. In vielen Fällen erfolgt jedoch kein vollständiger Zusammenbruch. Die Visionen und Stimmen entreißen den Betreffenden nicht völlig der Alltagsrealität, beeinflussen aber in erheblichem Maß sein Leben und Verhalten. Die Menschen, die sich in diesem »Zwischenstadium« befinden, sind der Fluch der magischen und esoterischen Schulen; durch sie wird die Kritik der Ärzte und Psychologen auf sie gelenkt.

Sehr viel hängt jedoch davon ab, wer diese Schulen oder Gruppen leitet. Aus diesem Grund habe ich Sie gebeten, den Ruf einer Schule und die geistige Einstellung, von der Sie geprägt ist, genau zu prüfen, wenn Sie ihr beizutreten gedenken, denn die Lebensführung und der Charakter der Menschen, die von einer Schule ausgebildet wurden, sind ein guter Hinweis auf deren Wert.

Ich füge hier noch einiges zu dem Thema Geistesgestörtheit und parapsychologische und esoterische Schulen an. Ich habe in den etwa fünfundvierzig Jahren, die ich mit okkulten und parapsychologischen Institutionen in Kontakt bin, Männer und Frauen jeglichen geistigen Niveaus kennengelernt und festgestellt, daß geistige Störungen keineswegs auf medial veranlagte Menschen beschränkt sind. Es gibt unter ihnen solche, die derartige Störungen zeigen, doch bei näherer Nachforschung stellt sich meist heraus, daß Anzeichen dafür bereits vor Beginn ihrer »esoterischen Entwicklung« vorlagen. Die Ursache liegt natürlich in den Leitern solcher Zirkel, also einer Person, und nicht am System.

Die gleiche Kritik gilt auch für die Mitglieder der esoterischen Schulen. Viele von ihnen betrachten hochmütig ihre medial begabten Brüder als Opfer niederer Medialität, doch Tatsache ist, daß manche von ihnen genau die gleichen Symptome geistiger Gestörtheit zeigen. Nebenbei bemerkt habe ich zu meiner Erheiterung häufig erlebt, daß Menschen, die »spiritistische Seancen« zutiefst verdammten, heimlich an »Sitzungen« mit bekannten Medien teilnahmen!

Doch wir wollen nicht ungerecht sein. Wir alle sind nicht vollkommen, und so sollten wir über andere und auch über uns selbst nicht zu streng urteilen, sondern an die Worte von Bischof Butler denken, der, als er sah, wie ein Verurteilter zur Hinrichtung geführt wurde, sagte: »Wäre Gott mir nicht gnädig, dann ginge dort ich.« Das Ziel der magischen Schulen ist die Vervollkommnung der Persönlichkeit ihrer Schüler, doch hundertprozentiger Erfolg kann nicht garantiert werden.

Nun zu den Behauptungen des mit Ihnen befreundeten Spiritualisten. Was auch immer die Verdienste und Mängel des modernen Spiritualismus sein mögen – eins steht fest: Die Methoden der sogenannten »Entwicklungszirkel« sind für jemanden, der den Weg der Hohen Magie einzuschlagen wünscht, nicht geeignet. Dies ist keine Mißbilligung des Spiritualismus, der an der religiösen Evolution der Menschheit teilhat und für jene, die sich ihm ernsthaft verschrieben haben, ein Weg zum Licht ist wie jeder andere. Doch »niemand kann zwei Herren dienen«, und die Methoden des Spiritualismus sind mit denen der magischen Schulen unvereinbar.

Solange Sie auf diesem Gebiet nicht genügend Wissen erworben haben, um Urteile fällen zu können, sollten Sie sich an die von mir dargelegten Methoden halten und andere ihre Wege gehen lassen.

Sie müssen in dieser Hinsicht eine Entscheidung treffen, und ich bitte Sie, mir diese mitzuteilen. Es geht darum, gleich zu Beginn Ihrer magischen Ausbildung zu überprüfen, ob Sie Unterscheidungsvermögen besitzen, eine der wichtigsten geistigen Tugenden.

Ich beende meine heutigen Instruktionen mit ein paar Worten über die Äußerung Ihres Gemeindepfarrers. Solche wie ihn gibt es leider viele, und das Problem ist, daß sie nicht die geringste Ahnung haben, was Magie in Wirklichkeit ist. Sie stellen sich darunter etwas Mittelalterliches vor und sind manchmal sogar »Experten«, was die in jener Zeit praktizierten magischen Riten betrifft. Doch sie betrachten das Ganze als etwas Unheilvolles, das verdammt werden muß. Idiotische Praktiken wie die Schwarze Messe oder »Liebeszauber« waren damals jedoch ebensowenig wie heute Teil der wahren Magie.

Bedenken Sie, daß ein ordinierter Priester der anglikanischen Kirche gemäß dem Ordinale verpflichtet ist, »... gewissenhaft und voll Eifer alle falschen und fremden Lehren, die im Widerspruch zu Gottes Wort stehen, auszutreiben und sich hierzu öffentlicher und vertraulicher Ermahnungen zu bedienen ... wenn es die Notwendigkeit erfordert oder die

Gelegenheit sich bietet«. Dies ist Teil einer Frage, die dem Ordinandus gestellt wird, und er antwortet darauf: »Das werde ich, so wahr mir Gott helfe.«

Kennt ein Priester nur diese Karikaturen, die als Magie bezeichnet werden, und wird er mit jemandem wie Ihnen konfrontiert, dann hat er nur zwei Möglichkeiten. Entweder entsinnt er sich seines Gelöbnisses, »diese falschen und fremden Lehren auszutreiben« und verdammt das Ganze, oder er enthält sich einer Verdammung, bis er die Sache eingehend studiert hat. Doch diese zweite Vorgehensweise erfordert ziemliche Mühe. Zumeist ist er mit seiner Arbeit als Gemeindepfarrer voll beschäftigt – die Fabel, daß Pfarrer faul seien, ist weitverbreitet, doch in der Mehrzahl der Fälle wirklich nur eine Fabel – und es ist ihm nicht möglich, sich eingehend mit der Sache auseinanderzusetzen.

Vielleicht gibt es aber auch einen klaren Grund für seine Ablehnung, der auf eigenen Erfahrungen oder den Erfahrungen anderer beruht. Dies kann sehr wohl die Ursache dafür sein, daß er das Ganze als etwas Satanisches betrachtet. Wenn man einmal, wie viele Missionare, das Phänomen der »Besessenheit« gesehen hat, dann kann man diese pauschale Verdammung verstehen.

Meistens aber schreckt er infolge seiner theologischen Ausbildung vor einer Beschäftigung mit diesen Dingen zurück. Es kann auch sein, daß er die möglichen Reaktionen seiner Gemeinde fürchtet, was ein sehr triftiger Grund ist.

Es gibt viele Priester und Geistliche, die diese Dinge nicht verdammen, sondern sich bemühen, Erklärungen dafür zu finden, die mit ihrem christlichen Glauben in Einklang stehen. Schließlich ist die Bibel voller Schilderungen paranormaler und magischer Geschehnisse, und auch die kirchlichen Zeremonien stellen eine sehr wirkungsvolle Form von Magie dar.

Seien Sie über die Einstellung Ihres Pfarrers nicht allzu verärgert. Danken Sie ihm für seinen Rat, sagen Sie ihm aber, daß seine Vorstellungen falsch sind. Dann setzen Sie Ihre Übungen fort und halten über diese Dinge den Mund.

Sie kennen den Grundsatz der Magie: »Wissen, Wollen, Wagen, *Schweigen.*«

Befolgen Sie ihn. Einer der Hauptgründe für diese Verschwiegenheit ist, daß Sie später mit Gedankenkräften arbeiten werden und sicher nicht wünschen, daß das von Ihnen Aufgebaute durch entgegenwirkende Gedanken anderer zerstört wird. Die meisten dieser Ratgeber sind harmlos, können aber viel Verwirrung anrichten. Ein ständig unerwünschte Ratschläge erteilender »Beifahrer« ist in der Magie ebenso lästig wie beim Autofahren.

10 Da Sie nun imstande sind, willentlich mentale Bilder zu projizieren, teile ich Ihnen die grundlegenden Instruktionen für die sogenannte »Astralprojektion« mit. Sie besteht darin, eine sorgfältig aufgebaute Gedankenform zu projizieren und dann mittels eines bestimmten geistigen »Tricks« das Bewußtsein in die projizierte Form zu verlagern.

Die Form, die Sie auf diese Weise aufbauen, wird in der Magie »Lichtkörper« genannt. In bestimmten östlichen Schriften wird sie als *Manumayakosha* bezeichnet, was wörtlich übersetzt »durch Gedankenkraft erschaffener Illusionskörper« bedeutet. Ich bin vielen Menschen begegnet, die diese durch Ausbildung erworbene oder natürliche Fähigkeit besaßen, das Bewußtsein in eine außerhalb von ihnen befindliche Form zu projizieren. Die darin Ausgebildeten tun dies auf eine etwas andere Weise – durch ein bewußtes »Abspalten des Mondes« – als jene, deren Äther- oder Vitalkörper diese natürliche Fähigkeit besitzt, die bei sogenannten Materialisationsmedien die Grundlage zur Erschaffung physischer Materialisationen bildet.

Die Besonderheit des Ätherkörpers bei Materialisationsmedien besteht darin, daß dieser mit seinem materiellen Gegenstück nur sehr locker verbunden ist und deshalb unter bestimmten Bedingungen von diesem abgestoßen werden kann. Da er eine Matrize darstellt, der der physische Körper »aufgeprägt« ist, würde eine totale Projektion des Vitalkörpers den Tod bedeuten. Es handelt sich jedoch um einen »fluidalen« Körper, der so abgespalten werden kann, daß ein kleiner Teil davon immer beim physischen Körper verbleibt. Wenn sich der Vitalkörper auf diese Weise vom physischen

Körper löst, kann er von diesem grobstoffliche Materie »mitnehmen« und sich in einer Form materialisieren, die für das Auge wahrnehmbar ist.

Bei den Materialisationsseancen der Spiritualisten geht dieser Prozeß vor sich, ohne daß er dem Medium bewußt wird oder von diesem auf irgendeine Weise bewirkt wird. Die Spiritualisten glauben, daß die Projektion durch Entkörperte herbeigeführt wird, die die projizierte Materie formen und ihr das Aussehen ihres früheren materiellen Körpers verleihen. Aufgrund meiner eigenen Erfahrungen auf diesem Gebiet bin ich fest davon überzeugt, daß dies manchmal der Fall ist, doch in vielen Fällen besteht kein Anlaß zu der Annahme, daß die Geister Verstorbener etwas damit zu tun haben. Doch ob wir nun eine irdische Hülle tragen oder sie (vorübergehend oder für längere Zeit) abgelegt haben – wir sind in jedem Fall geistige Wesen. Tennyson sagt in einem seiner Gedichte, daß der »Geist im Menschen« der gleiche ist wie der »Geist, der einst ein Mensch war«. Sie sollten sich stets klar darüber sein, daß Sie immer ein geistiges Wesen sind – jetzt und in alle Ewigkeit.

Doch zurück zur Astralprojektion. Sie ist eines der größten Erlebnisse, das Ihnen zuteil wird, wenn Sie den Pfad der Magie eingeschlagen haben. Wenn Sie im Zimmer stehen und auf Ihren schlafenden physischen Körper blicken, dann erfüllt Sie dies mit der tiefen Überzeugung, daß Sie – ganz gleich, was die materialistichen Philosophen sagen mögen – mehr sind als dieser Körper; daß Sie ein Wesen sind, das unabhängig von diesem Körper ist und ohne ihn existieren kann.

Obwohl bei mir dieses Erlebnis vierzig oder mehr Jahre zurückliegt, entsinne ich mich noch gut des Staunens und der erhebenden Gefühle, die mich erfüllten, als ich zum ersten Mal den Lichtkörper projizierte.

Es gibt jedoch gewisse Gefahren und Hindernisse, auf die ich Sie hinweisen möchte, bevor ich Ihnen erkläre, wie Sie die Astralprojektion vollbringen können. Ich erwähne diese Gefahren, damit Sie sich von Anfang an über alle Einzelheiten dieses Prozesses im klaren sind. Unwissenheit erzeugt

Furcht, und Furcht ist bei der magischen Arbeit das größte Hindernis. Wenn Sie die Fallgruben kennen, so können Sie vertrauensvoll voranschreiten, doch wenn Sie nicht Bescheid wissen, dann wird Ihre Vorstellungskraft die unsichtbare Welt mit phantastischen Schreckensgestalten bevölkern. Gemäß dem kabbalistischen Begriff der Ausgeglichenheit stellen in diesem Fall *Vorsicht* auf der Säule der Kraft und *Vertrauen* auf der Säule der Form die ausgewogenen Gegensätze dar, die Sie befähigen, »im Licht zu wandeln«.

Es gibt zwei Arten der Astralprojektion, die sich grundlegend voneinander unterscheiden. Die eine findet völlig unfreiwillig statt; die betreffende Person hat über sie keinerlei Kontrolle. Viel hängt davon ab, ob der »Projektor« aus eigenem Antrieb den Körper verläßt oder ob er durch die Kraft eines anderen herausgeholt wird. Bei meinem ersten erfolgreichen Astralflug wurde ich durch die Kraft meines Lehrers unterstützt. Wenn der Lehrer wirklich etwas von der Sache versteht, kann diese Unterstützung sehr wirkungsvoll sein, doch man darf sich nicht auf diese rein passive Projektion beschränken, will man nicht in eine unzuträgliche Abhängigkeit geraten. Aus diesem Grund wird man Ihnen, wenn Sie der Loge einmal beitreten sollten, das Versprechen abverlangen, sich niemals völlig dem Willen einer anderen Person zu unterwerfen.

Die zweite Art der Projektion besteht darin, daß man bewußt den physischen Körper verläßt. Dies ist schwieriger, hat aber den Vorteil, daß man den Vorgang selbst unter Kontrolle hat. Es gibt eine Zwischenstufe, bei der die Fähigkeit, den physischen Körper zu verlassen, sich plötzlich einstellt, was den Projektor meist mit Angst und Schrecken erfüllt. Das plötzliche Auftauchen dieser Fähigkeit kann daran liegen, daß aus dem Unterbewußtsein Erinnerungen an eine okkulte Ausbildung in einem früheren Leben aufsteigen, doch in vielen Fällen sind auch ein schlechter Gesundheitszustand oder bestimmte psychische Störungen der Grund. Welches im gegebenen Fall die Ursache ist, müssen Experten entscheiden, daß heißt *Männer und Frauen, die mit diesem Phänomen wohlvertraut sind.* Andere sogenannte »Experten« – Ärzte,

Psychiater und orthodoxe Geistliche – haben schon soviel Unsinn in dieser Hinsicht verbreitet, daß wir, die wir seit vielen Jahren auf diesem Gebiet arbeiten, es längst aufgegeben haben, uns um die Meinungen von Leuten zu scheren, die über Dinge, mit denen Sie keinerlei eigene Erfahrungen haben, Urteile abgeben. Kümmern Sie sich also einfach nicht um die Meinungen von »Dr. X« oder »Bischof Y« oder um die spöttischen Bemerkungen irgendwelcher Leute. »Das Gelächter von Narren ist wie das Knistern von Dornen unter einem Kochtopf«, heißt es schon in der Bibel. Falls Sie schon einmal versucht haben, Dornenzweige als Brennstoff zu verwenden, wissen Sie, was gemeint ist: Sie erzeugen eine Menge Qualm und Lärm, aber nur sehr wenig Hitze.

Bei der bewußten Durchführung der »Astralprojektion« gibt es in Wirklichkeit nur zwei Gefahren. Die erste, rein körperliche, ist die Möglichkeit einer Überbelastung des Herzens. Das Herz ist ein sehr robustes Organ und viel belastungsfähiger als viele denken, doch es *kann* überanstrengt und dadurch geschädigt werden. Man soll nichts verallgemeinern, aber grundsätzlich kann man sagen: Falls Sie ein schwaches Herz oder einen Herzfehler haben, sind die üblichen Methoden der Projektion für Sie nicht geeignet; Sie sollten diese Übungen deshalb unterlassen. Es gibt noch andere Methoden zur Erreichung des gleichen Zwecks, die zwar mehr Zeit erfordern, doch ebenso wirkungsvoll sind. Ich werde später darauf zurückkommen.

Die zweite Gefahr besteht darin, daß diese wunderbaren Erfahrungen dazu führen können, daß Sie den Leiden und Sorgen dieser irdischen Sphäre zu entfliehen versuchen, indem Sie sich immer, wenn die Stürme des Lebens etwas stärker wehen, auf die inneren Ebenen zurückziehen. Dies kann eine psychische Störung zur Folge haben, so daß Sie sich mit Recht einem Psychiater anvertrauen müssen. Dies kann jedoch nur passieren, wenn Ihre Grundphilosophie auf falschen Prämissen aufgebaut ist.

Sie wurden in der kabbalistischen Philosophie unterwiesen, und Sie wissen, daß diese Philosophie die Notwendigkeit betont, ein erfülltes Leben auf dieser physischen Ebene zu führen und sich keiner der damit verbundenen Pflichten zu entziehen. Kurze Erholung nach der Arbeit ist gestattet, doch keine ausgedehnten Ruhepausen auf den inneren Ebenen.

In Ihrem Fall sehe ich jedoch bezüglich dieser zwei Gefahren keinen Anlaß zur Sorge. Ihr körperlicher Zustand ist gut, Ihr Herz gesund, und Sie sind hinreichend »erdverbunden«, um gegen die Gefahr der Realitätsflucht gefeit zu sein. Wir können deshalb mit den Instruktionen, die Sie befähigen werden, diese scheinbar feste fleischliche Hülle bewußt zu verlassen, fortfahren.

Ich mache Sie noch einmal darauf aufmerksam, daß der Erfolg auf diesem Teilgebiet der magischen Arbeit von regelmäßigem und beharrlichem Üben abhängt. Jegliche Nachlässigkeit bei dieser Arbeit führt zum Scheitern. Sie dürfen sich bei den Übungen keine zeitliche Grenze setzen. Möglicherweise wird es Ihnen sehr schnell gelingen, den physischen Körper bewußt zu verlassen; es kann aber auch Wochen, Monate oder gar Jahre dauern, bis Sie Erfolg haben. Doch wieviel Zeit Sie auch brauchen: Bedenken Sie, daß die betreffenden Übungen, abgesehen von ihrem eigentlichen Zweck, auch wertvolle Methoden zur Entwicklung Ihrer Visualisierungs- und Konzentrationsfähigkeit sind.

Kürzlich ist mir eingefallen, daß Sie sich vermutlich fragen, wie Sie die Zeit für all die Übungen, die ich Ihnen mitgeteilt habe, aufbringen sollen. Ich erinnere mich, daß ich mir zu Beginn meiner magischen Ausbildung die gleiche Frage stellte. Doch Sie werden sehen, daß das kein so großes Problem ist. Wenn Sie die ersten Übungen einigermaßen beherrschen, werden Sie feststellen, daß Sie immer weniger Zeit benötigen, um zu einem Erfolg zu gelangen und daß Sie für Übungen, die früher zehn Minuten gedauert haben, nur noch eine halbe Minute aufwenden müssen, weil das Unterbewußtsein automatische Gewohnheiten entwickelt hat und die Übungen die notwendige innere Entwicklung bewirkt haben. Doch bei diesen Dingen ist Zeit nicht so wichtig, wie wir hier in unserer irdischen Sphäre denken. Sie brauchen nicht für eine Prüfung zu »pauken«, die zu einem festen Termin stattfindet, sondern Sie machen eine Lehre durch, die beendet sein wird, wenn Sie bestimmte Fähigkeiten erlangt haben. Da es sich um eine Lehre handelt, werden Sie schon lange vor ihrem Abschluß viel praktische Arbeit tun, und, was noch wichtiger ist: Ihre Arbeit wird Teil des großen Planes sein und von den Meistern, denen wir alle dienen, genützt werden.

Wenden wir uns jetzt wieder den Anleitungen zur Projektion des »Lichtkörpers«, zu, wie er in unserer Schule genannt wird. Die beste Zeit dafür ist vor dem Schlafengehen, doch es ist gut, wenn Sie es auch zu bestimmten anderen Tageszeiten versuchen, was natürlich von Ihren Arbeitsgewohnheiten abhängt. Wenn Sie mit Ihren Projektionsversuchen beginnen, denken Sie aber daran, Ihrer Frau zu sagen, was Sie tun werden und schärfen Sie ihr ein, daß es Ihrer Gesundheit sehr abträglich wäre, wenn sie Sie plötzlich stören würde.

Ihre inzwischen erworbene Fähigkeit, »Gedankenformen« zu erschaffen, werden Sie jetzt praktisch anwenden. Sie müssen mit Hilfe Ihres geistigen Sehvermögens eine Gedankenform aufbauen, die als Matrize dient, in die die fluidale »ätherische« Substanz fließt und auf diese Weise die Verbindung zwischen der physischen und der supra-physischen Bewußtseinsebene herstellt. Wie diese Form aussieht, können Sie weitgehend selbst bestimmen. Als ich mit meinen Projektionsexperimenten begann, erschuf ich als Gedankenform eine Gestalt in einem dunkelblauen Gewand mit einer Kapuze auf dem Kopf und einem silbernen Gürtel um die Taille. Am Hals trug sie ein reichverziertes Kreuz der Rosenkreuzer. Ich war damals ein großer Bewunderer von Maria Corelli und ließ mich bei der Erschaffung dieser Gestalt von einer Stelle in einem ihrer Bücher inspirieren. Ich weiß noch, daß mein Lehrer deshalb leicht belustigt war, doch er erhob keinen Einwand. Wie gesagt, können Sie die Gedankenform ganz nach ihrem Wunsch gestalten, doch sollte es natürlich keine groteske oder unpassende Form sein.

Ich möchte vorschlagen, daß Sie eine ähnliche Gestalt erschaffen wie ich, doch brauchen Sie sich nicht genau an meine Beschreibung zu halten. Wie Sie bei Ihrer magischen Arbeit später feststellen werden, gehören Sie bereits einer

Gruppe an, die aus Inkarnierten und Diskarnierten besteht. Diese Gruppe arbeitet stets auf den inneren Ebenen. Da die Gruppe zeremoniell arbeitet, tragen ihre Mitglieder eine bestimmte Kleidung. Wenn Sie sich mit dieser Gruppe bewußt verbunden haben – entweder durch Ihre persönlichen Kräfte oder mit Hilfe der parapsychischen Kräfte eines anderen –, werden Sie wissen, wie die Form aussieht, die Sie erschaffen müssen.

Wenn das Aussehen Ihrer Gedankenform feststeht, können Sie sie mittels der Methode, die Sie gelernt haben, erschaffen und projizieren. Ich visualisierte und projizierte zuerst eine Kugel aus blauem Licht in der Größe einer Orange. War mir dies gelungen, ließ ich sie schnell zur gewünschten Größe anwachsen und die entsprechende Gestalt annehmen. Am Schluß der Übung kehrte ich den Prozeß um und zog schließlich die Lichtkugel wieder in mich hinein.

Es handelt sich dabei *nicht* um den Lichtkörper selbst, sondern nur um die Form, die Matrize, in die dieser fluidale Körper fließen wird. Ich habe die »Materialisationsseancen« erwähnt, bei denen aus der dem Medium entströmenden ätherischen Substanz durch die Gedanken inkarnierter und diskarnierter Personen erkennbare Formen erschaffen werden. In diesem Fall tun Sie beides. Sie stellen das Material zur Verfügung *und* erschaffen die Form, die dieses Material annimmt. Bedenken Sie jedoch, daß Sie keine Form zu projizieren versuchen, die für das physische Auge sichtbar ist; damit werden wir uns erst in einem späteren Stadium der Ausbildung beschäftigen. Tatsächlich wird dieser Versuch nicht häufig unternommen, denn dies gelingt nur Menschen, deren Ätherkörper die bereits früher erwähnte Beschaffenheit aufweist. Dies ist eine wunderbare Leistung, doch es ist nicht notwendig, daß Sie eine solche sichtbare Form projizieren. Die feinere ätherische Substanz, die Sie benützen, reicht für die Arbeit, die Sie tun, völlig aus.

Sie sind nun bereit, einen praktischen Projektionsversuch zu unternehmen. Die Methode, die ich beschreiben werde, habe ich selbst während meiner Ausbildung benützt; daher kann ich mich für ihre Wirksamkeit verbürgen. Was ich nicht vorhersagen kann, ist, wieviel Zeit Sie benötigen werden, bis Sie einen Erfolg erzielen. Dies hängt stark von anderen Faktoren ab; es können nur ein paar Wochen, aber auch Monate oder gar Jahre sein. Bei einem Mann, den ich kannte, dauerte es sieben Jahre, bis er Erfolg hatte, obwohl er eine vorbildliche Beharrlichkeit zeigte. Dies war jedoch ein Ausnahmefall.

Sie haben nun den ersten Teil dieser Projektionsmethode, die Erschaffung der Form, hinter sich gebracht, und nun steht diese Form vor Ihnen. Ihre Aufgabe besteht darin, das, was manchmal »Stern des Bewußtseins« genannt wird, diesen Punkt in Ihnen, den Sie als »Ich« empfinden, darauf zu übertragen. Bei den meisten Menschen befindet sich dieser Punkt der Selbstbewußtheit irgendwo hinter der Nasenwurzel, doch bei manchen auch im Solarplexus. Letzteres ist bei Personen, die in westlichen Schulen ausgebildet werden, nicht oft der Fall, es sei denn, sie sind keltischer Herkunft. Doch wo sich der Stern des Bewußtseins auch befindet – er muß auf die von Ihnen erschaffene Form übertragen werden. Zugleich müssen Sie einen Teil der feinen ätherischen Substanz Ihres Vitalkörpers auf sie übertragen; das heißt, Sie müssen der Form den »Lebensatem« einhauchen.

Atmen Sie, während Sie ruhig dasitzen und die Form betrachten, tief ein und richten Sie dabei Ihre Aufmerksamkeit auf den Boden unter Ihren Füßen, oder, falls Sie auf dem Rücken liegen, auf einen Punkt direkt unter Ihren Fußsohlen. Dies ist die Stelle, wo Ihre Aura Kontakt mit der Erde hat und wo bestimmte ätherische Energien von den planetarischen Sphären in Sie einströmen.

Während Sie Ihre Lungen füllen, stellen Sie sich im Geist vor, daß Sie sich mit Energie aus dem Erdzentrum aufladen und daß diese Energie zu der Stelle fließt, wo sich Ihr Stern des Bewußtseins befindet. Beim Ausatmen projizieren Sie die Energie auf die von Ihnen erschaffene Form und bemühen sich, gleichsam mit dem Kraftstrom mitzuschwimmen und sich von ihm in die projizierte Form hineintragen zu lassen. Es wird Ihnen helfen, wenn Sie sich vorstellen, daß Sie durch eine feinstoffliche Schnur mit ihr verbunden sind und sowohl die ätherische Energie als auch Ihr Bewußtsein an dieser Schnur entlang projizieren. Dies entspricht der ätherischen »Anatomie«, da tatsächlich eine solche Verbindung zwischen dem Vitalkörper und seiner grobstofflichen Entsprechung besteht.

Vielleicht müssen Sie diesen Teil der Übung oft wiederholen, bis Sie Erfolg haben; es kann aber auch sein, daß Sie sich sehr schnell bei vollem Bewußtsein im Lichtkörper befinden. Doch ob es lange oder kurz dauert – die dafür aufgewandte Mühe lohnt sich. Meist ist es so, daß Sie, wenn Sie Erfolg haben, so überrascht sind, daß Sie erschrecken und schnell wieder zurück in Ihren physischen Körper schlüpfen wie ein Kaninchen in seinen Bau. Es besteht jedoch keinerlei Gefahr, und wenn es Ihnen gelingt, nur einen Moment lang im Lichtkörper zu bleiben, werden Sie etwas erleben, was Sie sozusagen in der ätherischen Sphäre »verankert«. Bei manchen ist es ein merkwürdiges »Klicken« ähnlich dem Geräusch eines Lichtschalters. Andere hören im Kopf einen wohlklingenden Ton, der darauf hindeutet, daß Sie sich bei vollem Bewußtsein außerhalb ihres physischen Körpers befinden.

Nun werden Sie die feinstoffliche Schnur, die Sie mit dem physischen Körper, den Sie für eine Weile verlassen haben, verbindet, tatsächlich wahrnehmen. Sie werden feststellen, daß sie Sie in den Körper zurückzuziehen versucht. Deshalb ist es am besten, sich ein gutes Stück von ihm zu entfernen. Sie werden auch bemerken, daß die »Silberschnur« immer dicker wird, je mehr Sie sich dem Körper nähern, und die Anziehungskraft des Physischen immer stärker. Sie werden das Gefühl haben, in einem feinstofflichen ätherischen »Meer« inmitten von wirbelnden Energieströmen zu schwimmen, doch Sie werden auch merken, daß Sie die Macht haben, diesen Kräften zu widerstehen und Ihr Gleichgewicht zu bewahren.

Die Erfahrungen sind individuell verschieden, doch bei meinen eigenen Projektionen befand ich mich immer in einem Bereich, in dem die normalen physischen Dinge sichtbar waren und in ein bläuliches Licht getaucht schienen. Es ist eine Besonderheit dieses Lichtes, daß es keine Schatten wirft; etwas, das man als sehr merkwürdig empfindet, bis man sich daran gewöhnt hat.

Sie werden eine starke Neigung verspüren, einen Freund auf der Erde zu besuchen oder jemanden zu treffen, der seine irdische Hülle verlassen hat, doch ich rate Ihnen, sich anfangs auf die Aufgabe zu beschränken, den Körper bei vollem Bewußtsein zu verlassen. Später können Sie versuchen, diese ätherische Welt zu durchstreifen, doch zunächst handelt es sich nur um überaus wichtige Vorarbeiten.

Wollen Sie, nachdem es Ihnen gelungen ist, den Lichtkörper zu projizieren, in den physischen Körper zurückkehren (und bei Ihren ersten Experimenten sollten Sie nur kurze Projektionen durchführen), dann brauchen Sie nichts weiter zu tun, als sich dem physischen Körper zu nähern. Die Silberschnur wird dann eine immer mehr zunehmende Zugkraft ausüben und Sie schnell in die Ebene des physischen Bewußtseins zurückziehen.

Wenn Sie sich wieder in Ihrem Körper befinden, ist es ratsam, Ihre Erinnerungen an das Erlebnis *sofort* niederzuschreiben. Wenn Sie damit längere Zeit warten, werden Sie feststellen, daß Sie sich nur noch unklar daran erinnern können.

Nun noch zwei *Warnungen* und ein Wort der *Ermutigung*. Führen Sie diese Projektionsexperimente niemals bei abnehmendem Mond durch, da in dieser Zeit die ätherischen Strömungen ungünstig sind. Später werden Sie in der Lage sein, sie zu meistern, doch bei Ihren ersten Versuchen könnten sie Sie behindern. Meine zweite Warnung lautet, während dieser Experimente strenges Stillschweigen zu bewahren. Sie werden genug damit zu tun haben, die physische Welt zu verlassen, so daß Sie die negativen gedanklichen Einflüsse anderer, die nichts von dem Ganzen verstehen, es aber trotzdem leugnen oder mißbilligen, nicht brauchen können. Denken Sie an das letzte Wort des Rosenkreuzerwahlspruchs: »Schweigen«.

Nun die Ermutigung. Vielleicht werden Sie sich allein fühlen und ziemlich verloren vorkommen, wenn Sie zum ersten Mal im Lichtkörper stehen, doch glauben Sie mir, wenn ich Ihnen sage, daß Sie nicht allein sind. Es werden andere in Ihrer Nähe sein, die bereit sind, Ihnen zu helfen. Tatsächlich ist dies immer so, ganz gleich, in welcher Lebenssphäre wir uns befinden. Es stimmt, was Marcus Aurelius vor so langer Zeit gesagt hat: »Nie sind wir weniger allein, als wenn wir glauben, allein zu sein.«

Damit beende ich diesen sehr wichtigen Teil meiner Instruktionen. Bitte schicken Sie mir wieder auf die übliche Weise die Aufzeichnungen über Ihre Experimente und achten Sie dabei auf folgende Punkte: Tag und Zeit des Experiments; Ihre körperliche und psychische Verfassung; die Witterungsbedingungen; andere Punkte, die Ihnen bezüglich des Experiments bedeutungsvoll erscheinen.

11 Diesmal erkläre ich Ihnen, wie Sie den Kontakt mit den Energien, mit denen Sie später in der Loge arbeiten werden, herstellen und diese in sich aufnehmen können. Es ist wichtig, daß Sie nicht nur eine klare Vorstellung von diesen Energien und ihrem Ursprung haben, sondern auch, in gewissem Maß zumindest, imstande sind, mit ihnen Verbindung aufzunehmen.

Im allgemeinen haben es die Logen nicht gern mit Neophyten zu tun, die auf unkontrollierte Weise mit den Energien in Kontakt gekommen sind, denn dann fällt es dem Lehrer zu, die aufgebauten falschen Gewohnheiten zu brechen und den Schüler die Methoden, die bei der magischen Arbeit benützt werden, zu lehren. Ihnen versuche ich diese guten Gewohnheiten beizubringen, *bevor* Sie durch das Tor der Mysterien treten. Heute erkläre ich Ihnen eine sichere, erprobte Methode, die es Ihnen ermöglichen wird, Kontakt mit den Energien aufzunehmen, deren Anwendung Sie in der Loge lernen werden.

Als erstes weise ich Sie darauf hin, daß diese Energien völlig neutral sind. Sie können für gute und böse Zwecke eingesetzt werden, was übrigens für *alle* natürlichen Kräfte gilt. Betrachten Sie sie also nicht als »spirituelle Kräfte«. Freilich sind sie spirituell, doch das sind alle natürlichen Energien, ob sie nun auf der physischen oder auf einer supraphysischen Ebene wirken. Dies hängt ganz davon ab, welchen Gebrauch man von ihnen macht. Damit kommen wir zu den moralischen Grundprinzipien unserer Schule.

Viele Lehren werden als moralisch und spirituell betrachtet, obwohl sie dies in Wirklichkeit gar nicht sind. Deshalb ist die »erste Tugend auf dem Pfad«, wie sie genannt wird, so überaus wichtig. Es ist die Tugend der »Unterscheidungsfähigkeit«, die Sie vor der falschen Anwendung dieser Kräfte durch Sie selbst und durch andere schützt.

Was verstehen wir unter »Moral«? Welche Vorstellung verbinden Sie mit diesem Begriff? Ich würde eine Wette darauf abschließen, daß der erste Gedanke, der Ihnen in den Sinn kommt, wenn Sie dieses Wort hören, mit Sex zu tun hat. Habe ich nicht recht? Dies liegt daran, daß dem Wort im üblichen Sprachgebrauch diese begrenzte Bedeutung verliehen wird. Es ist jedoch wichtig, daß Sie seine viel umfassendere Bedeutung verstehen.

Die allgemeine Bedeutung des Wortes hängt mit den Stammessitten zusammen. Bestimmte Dinge, die für den Stamm als Ganzes gut waren, wurden vom Häuptling und Priester des Gemeinwohls wegen zum Gesetz erhoben. Das Problem war, daß es, wenn der Stamm und die Intelligenz seiner Mitglieder wuchs, immer schwieriger wurde, den Stammessitten (lat. »mores«) Geltung zu verschaffen und daß es in jeder Generation zum Aufstand gegen den strengen Moralkodex kam.

Nun glauben wir gern, daß wir unseren Vorfahren in jeder Hinsicht überlegen sind, doch die traurige Wahrheit ist, daß wir in vielerlei Weise ebenso beschränkt sind wie sie. Sicher wurden große – und manchmal erfolgreiche – Bemühungen unternommen, einer liberaleren Einstellung gegenüber uralten Problemen wie Jugendkriminalität, Prostitution und Homosexualität den Weg zu ebnen, doch wir stecken immer noch in dem alten Gesetzessystem fest, das uns Kirche und Staat im Lauf von Jahrtausenden aufgezwungen haben.

Es gibt Anzeichen dafür, daß sich die unterhalb der heutigen Gesellschaft angestaute Unzufriedenheit in gewalttätigen Aktionen entladen könnte; so stößt jede auf eine Liberalisierung der Gesetze gerichtete Bestrebung, mag sie noch so berechtigt sein, auf den heftigen Widerstand jener Repräsentanten von Kirche und Staat, die der Meinung sind, daß nur die Erhaltung des *status quo* Sicherheit gewährleistet. Diese Angst vor Neuerungen erfüllt viele von uns, doch die Magie lehrt uns: »Die alte Ordnung wandelt sich, macht einer neuen

Platz, und Gott verwirklicht sich auf mannigfache Weise, auf daß nicht eine gute Sitte die Welt verderbe.«

Das soll nicht heißen, daß wir pauschal für eine Demontierung der moralischen und staatlichen Gesetze eintreten, die ja im großen und ganzen sehr gut ihren Zweck erfüllt haben, da in unserem Rechtssystem eine Menge gesunder Menschenverstand seinen Niederschlag gefunden hat, sondern es bedeutet, daß wir uns nach anderen Maßstäben richten müssen als unsere Mitbürger.

Wenn Sie sich die Zehn Gebote ansehen, die in dieser Hinsicht als Richtlinien betrachtet werden, werden Sie feststellen, daß sie alle eine *negative* Aussage haben: »Du sollst nicht...«. Bei den Hebräern hat es vor der Zeit unseres Herrn viele Bestrebungen gegeben, positiveren Lehren Geltung zu verschaffen, und Er hat als meisterhafter Psychologe einige dieser früheren Ideen zu den zwei *positiven* Geboten zusammengefaßt, die mit »Du sollst...« beginnen. Er fügte das positive Gebot hinzu: »Ihr sollt einander lieben.«

In diesen Worten sind die moralischen Gesetze auf höchste Weise verwirklicht; sie sind wahrer spiritueller Sprengstoff, dazu bestimmt, viele staatliche und kirchliche Mauern niederzureißen. Doch hüten Sie sich davor, das Gebot so zu verdrehen, daß es Ihren Zwecken entspricht. Hierfür ein Beispiel. Ein berühmter (oder für manche Leute berüchtigter) Magier stellte die Forderung auf: »Tu, was du willst, sei das ganze Gesetz. Liebe ist das Gesetz, Liebe unter Willen.«

Das gleiche hat der heilige Augustinus mit den Worten ausgedrückt: »Liebe und tu, was du willst.« Doch der verstorbene Mr. Joad hätte wohl gefragt: »Was verstehst du unter *Liebe*?«

Zweifellos hat diese Maxime viele, die sie in die Praxis umzusetzen versuchten, in Leid und Elend gestürzt. Es gibt ein griechisches Sprichwort, das unsere Einstellung zu diesen Dingen ausdrückt: *Medan edan.* »Von nichts zuviel.« Nach unserem Verständnis bedeutet das »Ausgeglichenheit«, und die magischen Schulen lehren, daß »Ausgeglichenheit die Grundlage des Großen Werkes« ist. Deshalb nennen wir die

»bösen« Kräfte die »Könige von Edom, die Herren der unausgewogenen Kraft.«

Dieser Zustand der Ausgeglichenheit ist jedoch keine statische Geisteshaltung, sondern so etwas wie die »Balance«, die ein Künstler manchmal anstrebt: die Ausgewogenheit eines »Stillebens«, die Anordnung zu einem Muster. Es ist eher die Balance eines Trapezkünstlers – eine kinetische Balance, bei der komplementäre Kräfte ins Lot gebracht worden sind. Sie müssen also im Leben eine flexible Haltung einnehmen, doch es muß eine Flexibilität sein, die auf dem Fels wahrer Moralität und nicht auf den herkömmlichen Sitten gründet.

Hüten Sie sich aber davor, Ihre Versuche, diesen Weg zu gehen, zu einer Provokation zu machen, die zu einer Kollision mit den herkömmlichen Sitten führt. Vielleicht würde dies eine masochistische Veranlagung in Ihnen befriedigen, doch es wäre nur eine Energieverschwendung, die Sie bei Ihrer Arbeit nicht weiterbringt.

Ich weise darauf bereits jetzt hin, denn wenn sich die Ergebnisse der Übungen, die ich Ihnen schildern werde, einstellen, werden Sie feststellen, daß man mit den einströmenden Energien sorgsam umgehen muß, und dann werden Ihnen die vorstehenden moralischen Instruktionen von Nutzen sein.

Diese Kräfte, die Sie erfüllen werden, müssen stets, was ihren Ursprung und ihr Wesen betrifft, als göttlich betrachtet werden. Die Übungen, die diese Energien in Sie einfließen lassen, werden die *Übungen der Mittleren Säule* genannt. Wenn Sie das Diagramm des Lebensbaums betrachten, sehen Sie, daß die Sephirot, die Stationen des Baums, in drei vertikalen Reihen angeordnet sind. Die mittlere vertikale Reihe, die aus *Malkuth, Yesod, Tiphareth, Daath* und *Kether* besteht, ist die Mittlere Säule, und alle Stationen dieser Reihe sind mit dem Bewußtseinsaspekt Ihres Selbst verbunden. Malkuth hängt mit dem körperlichen Sinnesbewußtsein zusammen; Yesod mit dem »Unterbewußtsein« oder dem »persönlichen Unbewußten«; Tiphareth ist die Sphäre des Überbewußtseins; *Daath* ist die Sphäre einer anderen Bewußtseinsform; *Kether* schließlich ist der Bereich des absoluten Bewußtseins, des göttlichen Funkens, der das Zentrum und die Quelle unserer Existenz ist. An dieser Stelle warne ich Sie vor einem weitverbreiteten Irrtum. Viele Schüler, die die Instruktionen befolgt und die Energien erweckt haben, behaupten prahlerisch, sie seien mit »nirwanischen Sphären« in Kontakt. Den östlichen Lehren zufolge, aus denen dieser Begriff stammt, ist *Nirwana* der Bewußtseinszustand, in dem der Übergang aus dieser irdischen, bedingten Existenz ins absolute Sein vor sich geht.

Die Neigung, die persönliche Entwicklung in dieser Hinsicht überzubewerten, kann und muß korrigiert werden, indem man sich bewußt macht, daß gemäß der kabbalistischen Lehre »der Baum in jeder Sephira ist«. So werden in Malkuth alle anderen Sephirot erfahren, jedoch »durch den Schleier des Irdischen«. Die Erfahrung der Bewußtseinsform von Kether durch diesen irdischen Schleier ist ein wunderbares Erlebnis, doch es ist *nicht* das volle unverzerrte Bewußtsein, das nur jenen eigen ist, die mit Recht Meister des Lebens genannt werden dürfen.

Damit soll bei Ihnen jeglicher *Hybris* vorgebeugt werden. Das griechische Wort bezeichnet diesen merkwürdigen spirituellen Stolz und Dünkel, der so leicht entsteht, wenn die mächtigen Kräfte des unsichtbaren Universums in die Persönlichkeit einströmen.

Die Übungen sind bereits in meinem Buch *Die hohe Schule der Magie* enthalten, und so werden sie Ihnen schon vertraut sein, doch ich möchte sie noch einmal durchgehen, damit Sie sie besser verstehen.

Zuerst machen Sie sich bitte bewußt, daß Sie sozusagen ein Kanal für die zwei Quellen einfließender Kräfte sind und daß in Ihrem psycho-physischen System die erforderlichen Kontaktpunkte oder Zentren für die Aufnahme dieser Energien vorhanden sind. Es gibt eine Anatomie der inneren Körper (die wie der physische Körper Organe besitzen); zu dieser Anatomie gehören zwei Zentren oder Chakras, die bei diesen Übungen den Vorrang haben. Es handelt sich um das Zentrum in der Aura oberhalb des Kopfes und um das korrespondierende Zentrum in der Aura unterhalb der Füße. Die diesen zwei Zentren entsprechenden Sephirot des Baumes sind Kether und Malkuth. Durch diese zwei Kontaktpunkte oder Zentren ziehen wir die Energien, die wir bei unserer Arbeit gebrauchen werden, in uns ein. Dies geschieht auf folgende Weise:

Visualisieren Sie als erstes eine Kugel aus strahlendem weißem Licht etwa sieben bis zehn Zentimeter über Ihrem Kopf. Da Sie das Visualisieren und Projizieren von Bildern hinreichend geübt haben, dürfte Ihnen diese Übung leicht gelingen. Stellen Sie sich diese leuchtende Kugel so deutlich wie möglich vor und »fühlen« Sie zugleich die *Wärme* der Energie, mit der sie geladen ist und die in Ihre Aura strömt und hinab zum Erdzentrum unter Ihren Füßen fließt.

Wenn es Ihnen gelungen ist, diesen Kontaktpunkt über dem Kopf aufzubauen, müssen Sie den korrespondierenden Punkt unter den Füßen erschaffen. Visualisieren Sie wieder eine Lichtkugel und projizieren Sie diese sieben bis zehn Zentimeter unter die Füße. Doch statt strahlend weiß wie im Kopfzentrum müssen Sie sich die in dieses Erdzentrum einströmende Kraft als eine siedende, anschwellende Energie in den Farben Zitronengelb, Rötlicholiv und Indigo vorstellen und visualisieren, daß diese Farben sich wirbelnd vermischen. Sie werden sehen, daß die Visualisierung des Malkuthzentrums wesentlich schwieriger ist als die Erschaffung des Ketherzentrums über dem Kopf, doch es ist äußerst wichtig, daß sie durchgeführt wird.

Über dieses Basiszentrum gibt es viele falsche Meinungen. Oft wird behauptet, daß man sich vom »Erdmagnetismus« isoliert, wenn man Schuhe mit Gummisohlen trägt. Dies ist nicht der Fall, außer man ist innerlich fest davon überzeugt. Wir alle leben im ätherischen Duplikat dieses Planeten. Wir sind davon umgeben wie ein Fisch von dem Meer, in dem er schwimmt. Die Vorstellung, ein zentimeterdickes Stück Gummi könnte die ätherischen Energien von uns abhalten, ist deshalb töricht. Es gibt tatsächlich bestimmte Kräfte, die vom Boden, auf dem wir gehen, ausstrahlen und deren Eindringen in unsere Aura durch isolierende Substanzen wie Gummi oder Seide, um nur zwei zu nennen, verhindert wird. Doch diese sind für unsere Arbeit ohne Bedeutung, und deshalb können Sie sie während Ihrer Übungen vergessen.

Stellen Sie sich dieses Erdzentrum also als eine wirbelnde Kugel aus vielfarbigem Licht vor und »fühlen« Sie die davon ausstrahlende Hitze. Üben Sie, bis Sie diese Hitze deutlich spüren können. Wenn es Ihnen gelungen ist, dieses Zentrum ebenso klar zu visualisieren wie das korrespondierende über Ihrem Kopf, sind Sie für den nächsten Teil der Arbeit bereit.

Obwohl Sie auf diese Weise bestimmte mentale Bilder erschaffen und diese mit den im Ätherkörper vorhandenen Zentren verbinden, müssen Sie sich klar darüber sein, daß diese Zentren bereits aktiv sind und daß Sie lediglich bestimmte mentale »Kontrollmechanismen« in der Aura errichten, um ihre Aktivität gemäß Ihren Wünschen regulieren zu können. Ich muß Sie jedoch davor warnen, den Versuch zu unternehmen, die betreffenden parapsychischen Energien auf irgendeine andere Weise zu regulieren als auf die nachfolgend geschilderte.

Gemäß der esoterischen Terminologie bewirken die ätherischen Energien »das Brennen der Feuer des Körpers«. In jedem Teil des Körpers brennt eine besondere Art von »Feuer«, und diese Feuer werden ständig automatisch reguliert. Diese Energien, die durch den Äther- oder Vitalkörper zugeführt und koordiniert werden, sind ein Teil dessen, was in der Medizin *vis medicatrix natura* genannt wird; das Ergebnis ihres ausgewogenen Zusammenwirkens ist körperliche Gesundheit. Sie werden später mehr über diesen Aspekt Ihrer Arbeit erfahren.

Ein gesunder innerer Organismus ist überaus wichtig, denn die Seele ist zwar, wie ein Dichter zutreffend sagt, »die Form, die den Körper prägt«, doch wenn das Instrument, das die Seele auf der irdischen Ebene benützt, nicht gesund ist, werden die inneren Kräfte verzerrt und fehlgeleitet, und dies ist ein Hauptgrund für die schwer definierbaren gesundheitlichen Störungen, an denen die Mitglieder mancher esoterischer Schulen leiden. In unserer Schule betrachten wir die Maxime der alten Römer: »Ein gesunder Geist in einem gesunden Körper« als anzustrebendes Ideal. Es gibt natürlich Ausnahmen, doch meist bestätigen sie nur die Regel. Es findet eine Interaktion zwischen den beiden Aspekten des menschlichen Wesens statt, weshalb die psychosomatische Behandlung in der Medizin immer mehr an Bedeutung gewinnt.

Jeder Eingriff in das normale Funktionieren der Körperfeuer ist aus zwei Gründen sowohl töricht als auch gefährlich: Die Zentren der parapsychischen Energie im inneren Körper befinden sich über bestimmten Nervenzentren und Drüsen des physischen Körpers, und wenn man sich auf diese Nerven und Drüsen zu stark konzentriert und sie dadurch anregt, kann dies zu Störungen des Gleichgewichts im Körper und zu ernsten körperlichen Krankheiten führen. Außerdem kann das »Anfachen« der Feuer eine bestimmte schützende Schicht des Vitalkörpers zerstören, und dies kann verschiedenste Probleme im physischen wie im supraphysischen Bereich verursachen.

In der Loge wird man Sie lehren, mit diesen Dingen richtig umzugehen, und ich werde Ihnen in meinen nächsten Instruktionen die Grundregeln, auf denen diese ungefährlichen Methoden beruhen, mitteilen. Diesmal befasse ich mich nur mit der Erschaffung der zwei Kontaktpunkte, mit denen Sie von oben die Sonnenenergien und von unten die Erdenergien anziehen können. Ich verwende den Begriff »Anziehen«, obwohl diese Kräfte ständig in Sie einströmen. *Es geht darum, den Widerstand, den Ihre Persönlichkeit ihnen entgegensetzt, zu verringern.* Im allgemeinen sind wir mit Verdrängungen und starren Denkstrukturen so vollgestopft, daß die Energien abgestoßen werden und nicht durch uns hindurchfließen können. Bei dieser Übung öffnen Sie sich den Energien durch einen bewußten Willensakt und ermöglichen es ihnen, Sie zu durchströmen, so daß sie die physischen Kräfte ins richtige Gleichgewicht bringen und die körperliche und geistige Gesundheit wiederherstellen können. Sollte jemand, der all dies zu wissen und zu praktizieren behauptet, ständig unter irgendwelchen gesundheitlichen Störungen leiden, können Sie im allgemeinen sicher sein, daß er diese Übungen nicht auf die richtige Weise durchführt. Was Sie betrifft, so bin ich überzeugt, daß die Methoden, die ich Ihnen mitteile, Ihnen kaum Probleme bereiten, sondern bald die gewünschten Resultate bringen werden. Ich betone dies, weil Sie sich möglicherweise zu Beginn dieser Arbeit eine Zeitlang körperlich unwohl und vielleicht sogar krank fühlen werden. Der Grund dafür ist die Erweckung der verschiedenen blockierten Energien in Geist und Körper. Sobald der Energiekreislauf hergestellt ist, werden diese unklaren, doch lästigen Symptome verschwinden, und Sie werden feststellen, daß Sie eine wunderbare Vitalität erfüllt, die allmählich die ganze Persönlichkeit erfaßt.

Manchmal kann diese neue Energie auch bestimmte Triebe anregen, die wir möglicherweise zu unterdrücken suchen. Vor allem gilt dies für jene, die der Selbsterhaltung dienen: den Sexual- und den Herdentrieb. Das Gegenmittel besteht darin, neue Kanäle zu schaffen, durch die die einströmenden Kräfte bald frei fließen werden. Auf keinen Fall sollten Sie sich Sorgen machen, wenn Sie merken, daß die erhöhte Vitalität solche Wirkungen in Ihnen hervorruft.

Wegen dieser Möglichkeit warnen manche Lehrer vor diesen Übungen, doch in unserer Schule sind wir der Meinung, daß diese Dinge, wenn man sich ihnen mit der angemessenen Sorgfalt widmet, reguliert und kontrolliert werden können und daß sie deshalb kein besonderes Problem darstellen.

In meinen nächsten Instruktionen werde ich Ihnen sagen, wie man diese Energien in sich aufnehmen und verhindern kann, daß sie irregeleitet werden.

12 In meinen letzten Instruktionen habe ich Ihnen erklärt, wie man die zwei großen Zentren erschafft, durch die man die für die Arbeit erforderlichen Energien in sich aufnehmen kann. Heute gehe ich einen Schritt weiter und sage Ihnen, wie Sie diese Energien in Ihren Äther- oder Vitalkörper lenken können, von dem aus sie auf alle Bereiche Ihrer Persönlichkeit einwirken werden. Denken Sie bitte daran, daß diese Kräfte nicht in den physischen, sondern in den Ätherkörper fließen müssen. Da jede Zelle Ihres physischen Körpers lebendig ist, besitzen sie Bewußtsein von einer sehr rudimentären Art, aber dennoch Bewußtsein, und das Bewußtsein dieser Millionen lebendiger Zellen befindet sich im Ätherkörper. Deshalb wirken Sie, wenn Sie den Ätherkörper mit diesen Energien aufladen, auf diese Zellen ein.

Die parapsychischen Zentren befinden sich im Bereich der Wirbelsäule; sie erstrecken sich bis zur Oberfläche des Ätherkörpers, das heißt, etwa siebeneinhalb Zentimeter über den psychischen Körper hinaus. Es ist sehr wichtig, daß Sie bei diesen vorbereitenden Übungen meine Anweisungen genau befolgen. *Versuchen Sie nie, sich auf die Zentren in der Wirbelsäule zu konzentrieren.* Es kann sehr unerwünschte Folgen haben, wenn die darin schlummernden Kräfte vorzeitig erweckt werden. Glauben Sie mir, ich verfüge in dieser Hinsicht nicht nur über theoretisches Wissen. Denken Sie bei all Ihrer Arbeit mit diesen Kräften immer daran.

Es gibt völlig gefahrlose Methoden, auf diese Zentren einzuwirken. Dabei werden bestimmte Symbolbilder als Konzentrationsobjekte benützt, die ich Ihnen in einem späteren Stadium Ihrer Ausbildung mitteilen werde. Vorläufig halten Sie sich bitte bei der Arbeit mit den Zentren an meine Anweisungen.

Sie werden sich erinnern, daß ich bereits andere Kontaktpunkte erwähnt habe, durch die die Lebensenergien gelenkt werden müssen: *Daath, Tiphareth* und *Yesod.* Denken Sie daran, daß Sie auch hier Ihre Aufmerksamkeit auf die Punkte an der Oberfläche der Aura richten müssen, nicht auf die tatsächlichen inneren Zentren. Auf dem Lebensbaum haben die den parapsychischen Zentren entsprechenden Sephirot bestimmte Farben, doch wenn Sie mit diesen Übungen beginnen, ist es für Sie vielleicht leichter, wenn Sie einfach weiße Lichtkreise auf der Oberfläche des Ätherkörpers visualisieren. Die Sephira Daath befindet sich über der Kehle, Tiphareth über Solarplexus und Herz und Yesod über den Zeugungsorganen.

Studieren Sie diese Anweisungen bitte sehr sorgsam, denn jeder Teil ist von großer Bedeutung; die Übung würde sehr an Wert verlieren, wenn Sie etwas ausließen.

Zuerst erkläre ich Ihnen, welche Haltung Sie einnehmen müssen. Es ist unwichtig, ob Sie flach auf dem Rücken liegen, auf einem Stuhl sitzen oder aufrecht stehen. Am besten ist es, wenn Sie die Gotteshaltung wählen, doch Sie müssen selbst herausfinden, welche dieser drei Haltungen für Sie die beste ist. Ich kenne auch Menschen, die es am besten finden, diese Übung in knieender Haltung durchzuführen. Bei diesen Dingen gibt es einen großen Spielraum; wenn man das ihr zugrunde liegende Prinzip begriffen hat, ist die Haltung von zweitrangiger Bedeutung. Bei den Übungen, die Sie später im fortgeschrittenen Stadium machen werden, müssen Sie bestimmte vorgeschriebene Haltungen einnehmen, und dabei sind Abweichungen nicht erlaubt. Im Moment jedoch können Sie die Haltung wählen, die Ihnen am besten erscheint. Wenn Sie sie gefunden haben, behalten Sie sie aber bitte bei.

Beginnen Sie mit einer einfachen Atemübung. Vergessen Sie vorläufig alles, was Sie vielleicht über Prana und seinen Zusammenhang mit der Atmung gehört haben. Es stimmt, daß man die Aufnahme dieser Art von Lebensenergie beträchtlich steigern kann, wenn man auf eine bestimmte Weise atmet, doch dies ist nicht der Zweck der jetzigen Übungen.

Sie haben durch Visualisierung zwei Zentren aufgebaut, eins über dem Kopf und eins unter den Füßen. Je deutlicher Sie sie gebildet haben, um so wirkungsvoller ist diese Übung. Wenn ein Schüler sein Magisches Tagebuch »gefälscht« hat, stellt es sich spätestens jetzt heraus. Bis jetzt kann er damit davongekommen sein, doch wenn er diese Übungen durchzuführen versucht, gelingt es ihm nicht. Sie haben sich jedoch, wie ich aus anderen Quellen weiß, mit den Grundübungen große Mühe gegeben, und so bin ich sicher, daß Sie imstande sind, sie erfolgreich durchzuführen.

Wenn Sie die gewählte Haltung im Sitzen, Stehen, Liegen oder Knien eingenommen haben, visualisieren Sie das Zentrum über Ihrem Kopf als eine strahlendweiße Kugel. Visualisieren Sie dieses Strahlen so stark, daß es Ihren ganzen Körper durchdringt. Ruhen Sie eine Weile in dem weißen Licht; baden Sie darin und lassen Sie es in Ihren völlig entspannten Körper eindringen. Dann konzentrieren Sie sich auf das Zentrum der strahlenden Kugel. Holen Sie tief Luft und stellen Sie sich vor, daß Sie dabei einen Strom weißen Lichts in sich einströmen lassen. Obwohl Sie durch die Nase physische Luft einatmen, müssen Sie sehen und spüren, wie dieser Strom strahlender Energie aus dem Zentrum der Lichtkugel über Ihrem Kopf in Sie einfließt. Visualisieren Sie, daß Sie das weiße Licht im Solarplexus-Zentrum (Tiphareth auf dem Lebensbaum) speichern. Nun ist die Lunge mit Luft und der Solarplexus mit Energie gefüllt. Atmen Sie aus und stellen Sie sich dabei bildlich vor, daß Sie die gespeicherte Energie in Form eines Lichtstrahls abwärts durch das Yesod-Zentrum in die wirbelnde farbige Kugel unter Ihren Füßen projizieren. Ich habe bewußt nicht das Zentrum über der Kehle erwähnt, das wir der Sephira Daath zuordnen: Daath ist ein Sammelpunkt für völlig andere Arten von Energien, die aus einer anderen Dimension kommen, mit denen wir vorläufig nichts zu tun haben. Daath wird erst später in Erscheinung treten.

Jetzt kommt der zweite Teil dieser Übung. Die aufgespeicherte Energie, die Sie hinab zum Erdzentrum projiziert haben, muß nun durch eine entsprechende Ladung, die aus dem Erdkontaktpunkt unter den Füßen eingezogen wird, ersetzt werden. Visualisieren Sie das vielfarbige Erdzentrum unter den Füßen, atmen Sie wieder ein und stellen Sie sich vor, daß Sie die Energie als einen Strahl orangefarbenen Lichts durch das Yesod- und Tiphareth-Zentrum in das Zentrum über dem Kopf strömen lassen. Atmen Sie aus und lassen Sie beim nächsten Einatmen wieder das strahlend-weiße Licht in sich einfließen. Damit ist die erste Übung beendet. Sie sollten sie anfangs nicht öfter als sechsmal durchführen; vielleicht werden Sie feststellen, daß dies bereits zuviel für Sie ist. In diesem Fall gehen Sie auf die Hälfte herunter, bis Sie sich imstande fühlen, wieder auf das Maximum zu erhöhen.

Wie bei allen diesen Dingen gibt es hier individuelle Unterschiede, wobei es schwierig ist, feste Regeln aufzustellen. Sie müssen selbst herausfinden, welche Vorgehensweise die für Sie beste ist. Eins jedoch steht fest: Sie dürfen diese Übung auf keinen Fall mit irgendwelchen Praktiken aus Arthur Avalons *Schlangenkraft* oder ähnlichen Büchern vermischen. Sollten Sie gegen diese Vorschrift verstoßen, so werde ich Ihnen keine weiteren Instruktionen mehr erteilen und Ihre Ausbildung abbrechen. Nehmen Sie diese Mahnung bitte ernst. Ich weiß, daß die Versuchung, »Blaubarts Kammer« zu betreten, sehr groß sein kann – ich habe es selbst erlebt –, doch es geht nicht nur darum, nicht gegen die Vorschriften zu verstoßen. Diese Energien sind im guten wie im bösen Sinn sehr mächtig, und wenn Sie die Übungen mit solchen, die zu einem anderen Ausbildungssystem gehören, vermischen, bringen Sie die feinstofflichen Kräfte in Ihrem Innern aus dem Gleichgewicht, was körperlich wie psychisch sehr negative Folgen haben kann. Auch in diesem Fall zitiere ich nichts, das ich irgendwo gelesen habe, sondern spreche über eigene Beobachtungen. Ich hoffe also, daß Sie sich strikt an die Anweisungen halten werden, denn nur so ist die Gefahrlosigkeit dieser Übungen gewährleistet. Überdies werden Sie selbst feststellen, daß Sie mit diesen Übungen auch ohne irgendwelche Hinzufügungen genug zu tun haben.

Wenn Sie diese erste Übung völlig beherrschen, können Sie mit der zweiten beginnen, die wieder bei dem strahlenden Zentrum über dem Kopf beginnt.

Nehmen Sie Ihre gewohnte Haltung ein und visualisieren Sie das strahlende Zentrum über dem Kopf, doch stellen Sie sich jetzt vor, daß es einen Lichtstrom aussendet, der Ihren ganzen Körper umfaßt. Nach meinen Erfahrungen gelingt das am besten, wenn man das Zentrum der Strahlung als einen Punkt in einem »Wasserfall aus Licht« visualisiert, als blicke man auf die höchste Stelle eines Wasserfalls und sehe über seiner Mitte die Sonne hervorkommen.

Stellen Sie sich vor, daß das Licht vor Ihnen herabströmt und Ihre Füße umhüllt. Lenken Sie es schnell *durch* das Erdzentrum unter ihnen und lassen Sie es hinter Ihrem Körper über die Schultern und den Nacken zum Zentrum über dem Kopf ansteigen. Atmen Sie während dieser Visualisierung wie folgt: Wenn Sie zu Beginn das Kronenchakra visualisieren, atmen Sie ein, und wenn Sie ausatmen, stellen Sie sich vor, daß das Licht vor Ihnen herabströmt. Wenn Sie wieder einatmen, visualisieren Sie, daß das Licht hinter Ihnen ansteigt. Wenn es ins Kronenchakra zurückgeströmt ist, atmen Sie aus, und wenn Sie danach einatmen, richten Sie Ihre Aufmerksamkeit auf dieses Zentrum. Damit ist ein Zyklus abgeschlossen. Die vollständige Übung sollte mehrmals wiederholt werden, doch anfangs nicht öfter als die erste Übung.

Die nächste Übung ähnelt der ersten, doch jetzt lassen Sie das Licht über die linke Schulter, die linke Seite hinunter, unter die Füße und durch das Erdzentrum strömen und dann die rechte Seite hinauf zum Kronenzentrum. Atmen Sie ein, wenn Sie sich zu Beginn auf das Kronenzentrum konzentrieren; atmen Sie aus, wenn das Licht die linke Seite hinabströmt; atmen Sie wieder ein, wenn es die rechte Seite hinaufströmt, und atmen Sie aus, wenn es ins Kronenzentrum zurückfließt. Machen Sie diese Übung so oft wie die erste.

Nun sind Sie bereit für die letzte Übung: Sie ziehen das strahlend-weiße Licht aus dem Kronenzentrum und stellen sich vor, daß Sie ein breites Lichtband um Ihren Körper winden, als würde eine ägyptische Mumie mit einem Leinenverband umwickelt. Wickeln Sie das Lichtband von der rechten zur linken Seite um den Körper und dann von der linken Seite zur rechten. Tun Sie dies, bis Sie die Füße erreicht haben. Wickeln Sie dann das Lichtband in der gleichen Richtung aufwärts um den Körper, bis Sie über dem Kopf angelangt sind. Atmen Sie bei der anfänglichen Konzentration auf das Kronenzentrum ein, und atmen Sie aus, wenn Sie das Lichtband abwärts um den Körper winden. Wenn Sie aufwärts gehen, atmen Sie ein, und wenn Sie das Kronenzentrum wieder erreichen, atmen Sie aus. Machen Sie diese Übung ebenfalls nicht öfter als die anderen.

Bis jetzt haben Sie die Energie aus dem strahlenden Zentrum über dem Kopf gezogen. Doch dies war nur ein Anfang, die Erschaffung eines Kanals, durch den die Energie fließen kann. Nun müssen Sie die Schleusentore öffnen, damit die Energie Sie mit viel stärkerem Druck durchströmen kann. Dies müssen Sie nach eigenem Ermessen tun. Denken Sie stets daran, daß diese Kräfte, obwohl sie ihrer Herkunft und ihrem Wesen nach göttlich sind, wie jede andere Kraft in diesem manifestierten Universum falsch eingesetzt werden können. Das heißt: Lassen Sie durch die Schleusen nicht mehr Energie einströmen, als Sie bewältigen können.

Wieviel Energie Sie aus dem strahlenden Zentrum in sich einströmen lassen können, müssen Sie selbst spüren. Wenn Sie dieses Zentrum als den positiven Pol der kosmischen Batterie betrachten, dürfte Ihnen klar werden, daß Sie Methoden zur Regulierung dieser ungeheuren Energie benötigen. Dies gilt ebenso für das Zentrum unter den Füßen. Hier ist der Schlüssel zur Kontrolle der einfließenden Energie. Sie haben das Symbol des Lebensbaums studiert und darüber meditiert und sich sicher gemerkt, daß jede Sephira sozusagen einen Baum enthält.

Unser Wachbewußtsein ist hier auf Erden in Malkuth konzentriert und in den meisten Fällen in Malkuth in Assiah. Das bedeutet, daß wir uns normalerweise mit dem dichtesten und restriktivsten Aspekt des Erdreiches identifizieren.

Sie müssen lernen, für die Dauer dieser Übung Ihr Bewußtsein in Yesod von Malkuth zu konzentrieren; das heißt, Sie müssen bei der Anrufung große Zurückhaltung üben. Sie können selbst entscheiden, welche Worte Sie zur Anrufung benützen wollen. Ich benutze die folgenden: »Eine Fülle an

Kraft, Liebe und Weisheit durchströme mich.« Dies ist die Grundform, die je nach der Energieebene, mit der Sie Kontakt aufnehmen wollen, abgewandelt werden muß.

Wenn Sie in Yesod von Malkuth arbeiten wollen, sollte Ihre Anrufung etwa so lauten:»Unendliche Kraft, Liebe und Weisheit, die in allen Dingen sind, mögen jetzt durch den hochheiligen Gabriel in mich strömen und die von mir erschaffenen Bilder gestalten und korrigieren.«

Wenn Sie das Zentrum visualisieren, stellen Sie es sich nicht nur als leuchtende Kugel vor, sondern als eine Quelle starker positiver Energie, die machtvoll in die von Ihnen erschaffenen Kanäle strömt.

Visualisieren Sie auf die gleiche Weise das Erdzentrum als eine Quelle starker Energie. Wenn Sie die Anrufung richtig, das heißt voll Aufrichtigkeit, durchgeführt haben, dann besteht nicht die Gefahr, daß zuviel kosmische Energie durch die Kanäle strömt, sondern es findet eine automatische Regulierung statt.

Sicher werden manche sagen: »Von der Göttlichen Kraft kann man doch nie zuviel bekommen; sie ist doch etwas Gutes.« Die Antwort lautet, daß man sehr wohl von etwas Gutem zuviel bekommen kann, wie in Tennysons *Idylls of the King* der sterbende König Arthur zu Sir Bedivere sagt.

Doch wenden wir uns wieder der Anrufung der Energie zu. Wenn Sie das Einströmen der kosmischen Lebensenergie in die von Ihnen erschaffenen Kanäle richtig regulieren, dann wirkt sie sanft, aber machtvoll auf die verschiedenen Aspekte Ihres Wesens ein; wenn sie, wie dies meist der Fall ist, einige der Komplexe in Ihrem persönlichen Unbewußten auflöst, überflutet die freigesetzte Energie nicht unkontrollierbar Ihr Bewußtsein, sondern Ihr psychisches System absorbiert sie auf eine Weise, daß es von ihr gestärkt und nicht überwältigt wird.

Während vieler Jahre der Arbeit und des Studiums auf diesem Gebiet bin ich zahlreichen Menschen begegnet, die aus Unwissenheit oder Vermessenheit die kosmische Lebensenergie auf unkontrollierte Weise in sich aufzunehmen versuchten. Ich habe die Probleme und in einigen Fällen die

Katastrophen gesehen, die diese Unbesonnenheit zur Folge hatte.

Ich bitte Sie deshalb, diese Anleitungen zur Kontrolle der kosmischen Energie sehr sorgfältig zu studieren. Denken Sie stets daran, daß Sie in diesem Stadium in Yesod von Malkuth, in der Welt von Assiah arbeiten. Sie ziehen diese Urkraft durch die Regenbogenaura der Äthersphäre dieser physischen Welt in sich ein. Denken Sie nicht, daß Sie schon weit fortgeschritten sind. Das Gefühl der Kraft und die klare Wahrnehmungsfähigkeit, die eine Folge des Kontakts mit der einströmenden Lebensenergie sind, führen dazu, daß Sie sich größer vorkommen als Sie sind; dies kann das falsche Ego mit einem gefährlichen Stolz erfüllen.

13 Die Instruktionen, die ich Ihnen heute schicke, enthalten einige einführende Informationen über Rituale und Zeremonien. Wenn alles gut geht, werden Sie Mitglied einer Loge, die sich mit ritueller Arbeit beschäftigt. Deshalb ist es erforderlich, Ihnen eine klare Vorstellung davon zu vermitteln. Der Unterschied zwischen Ritual und Zeremonie besteht darin, daß man mit »Ritual« das bezeichnet, was getan wird, und mit »Zeremonie« die Art und Weise, wie es getan wird, doch im allgemeinen Sprachgebrauch bedeuten beide Begriffe das gleiche.

Bei den Spiritualisten und in bestimmten esoterischen Kreisen herrschen starke Vorurteile gegenüber Ritualen und Zeremonien; deren Anhänger sprechen verächtlich von den »Dogmen, Glaubensbekenntnissen und Ritualen der christlichen Kirche«, während man aus östlichen Quellen stammende seltsame Gebräuche als »Methoden, mit denen unsere orientalischen Brüder arbeiten« bezeichnet, wie ich bei einem Vortrag einmal hörte.

Der Grund für die Abneigung der Spiritualisten gegenüber Zeremonien ist klar: Er ist weitgehend psychischer Art und beruht auf bestimmten subjektiven Faktoren. Es gibt Menschen, die eine ihrem Naturell gemäße Vorliebe für eindrucksvolle Zeremonien haben; diese schließen sich natürlich Gruppen an, die solche Zeremonien durchführen. Andere hingegen finden Zeremonien abstoßend. Es gibt Anhänger und Gegner von Zeremonien und zwischen diesen beiden Extremen die verschiedensten Zwischenstufen.

Nun wissen die meisten Menschen, die sich esoterischen Gruppen anschließen, entweder nichts über Zeremonien, oder sie lehnen sich gegen die formelle, orthodoxe Art und

Weise auf, in der die christlichen Kirchen diese Zeremonien praktizieren. Meist erstreckt sich die Auflehnung gegen bestimmte christliche Bräuche auch auf das System des Gottesdienstes sowie auf die Glaubensüberzeugungen und Dogmen. Da diese Denkweise unlogisch ist, will ich mich etwas eingehender damit beschäftigen, denn mir liegt daran, daß Sie an diesen sehr wichtigen Teil Ihrer Arbeit ohne unbewußte Vorurteile, aber auch ohne eine zu positive Einstellung herangehen.

Das lateinische Wort *Credo* bedeutet »Ich glaube«. Es ist das Glaubensbekenntnis eines Menschen oder einer Gruppe von Menschen. Jede Gruppierung, ob religiös oder weltlich, basiert auf den Glaubensbekenntnissen ihrer Anhänger, die ihr Credo darstellen.

Nun zu den Dogmen. Wenn Sie Ihren Glauben an bestimmte Dinge auf eindeutige Weise formulieren, ist dies ein Dogma, denn dieser Begriff bedeutet einfach, daß Sie aufgrund Ihres Glaubens bestimmte definitive Behauptungen aufstellen.

Rituale und Zeremonien sind Handlungen, die auf eine bestimmte Weise durchgeführt werden. Dies geschieht aber nicht nur auf dem Gebiet der Religion, sondern unser ganzes Leben besteht aus Ritualen. Der Eßtisch wird auf eine gewohnte, rituelle Art gedeckt, indem man Messer, Gabeln und Löffel in einer bestimmten Ordnung hinlegt, die es ermöglicht, das Ritual des Essens in der bestmöglichen Weise durchzuführen. Im Büro oder in der Werkstatt entwickeln wir bestimmte Gewohnheiten, die uns befähigen, unsere Arbeit mit einem Minimum an Anstrengung und einem Maximum an Effizienz zu tun. So ist unser ganzes Leben von Ritualen und Zeremonien bestimmt.

Sogar bei den Quäkern, den größten Gegnern religiöser Rituale, gibt es ein Ritual der »inneren Sammlung«, das darin besteht, bei ihren Gottesdiensten Schweigen zu bewahren; so hat ihr Bestreben, Rituale zu vermeiden, rituelle Formen angenommen.

In spiritualistischen Kirchen wird eine ziemlich verstümmelte Form der Katechumenen-Messe benützt, der erste Teil der christlichen Eucharistie, der in der Frühzeit der einzige Teil des Gottesdienstes war, an dem Ungetaufte und Katechumenen (Taufbewerber) teilnehmen durften.

Seltsamerweise scheinen die Mitglieder esoterisch-religiöser Vereinigungen die wirkliche Macht und Funktion des Rituals nie begriffen zu haben. Ich sage »seltsamerweise«, denn gerade sie müßten doch die Gründe für seinen Gebrauch erkennen, da sie doch behaupten, übersinnliche Fähigkeiten zu entwickeln und anzuwenden. Rituale und Zeremonien entfalten ihre Macht und Wirkung nämlich im psychischen und parapsychischen Bereich.

Die üblichen Einwände gegen den Gebrauch von Ritualen und Zeremonien basieren weitgehend auf Vorurteilen und sind ein Vermächtnis der Reformation. Sie werden mit den Praktiken der römisch-katholischen Kirche gleichgesetzt und deshalb kurzerhand verdammt. Falls Sie Mitglieder der verschiedenen protestantischen Kirchen befragen, würden Sie feststellen, daß nur sehr wenige Laien eine auch nur vage Vorstellung davon haben, was die römisch-katholische Kirche tut und warum sie es tut. Dies ist aus vielen Gründen bedauerlich, vor allem aber deshalb, weil es eine vernünftige Diskussion über diese Dinge so gut wie unmöglich macht. Die östliche orthodoxe Kirche wird selten berücksichtigt, und viele halten sie für eine Art Ableger der römisch-katholischen Kirche.

Weihrauch und Meßgewänder lösen ebenfalls irrationale Vorstellungen aus. Die gleichen Menschen, die Einwände gegen die Verwendung von Weihrauch in der christlichen Kirche erheben, zünden in ihrem Seance- oder Meditationsraum unbekümmert orientalische Räucherstäbchen zweifelhafter Herkunft an.

Etwas eingehenderer Betrachtung bedürfen die Meßgewänder, denn wenn Sie der Loge beitreten, werden Sie auch die feierliche Robe Ihres Grades tragen. In der Frühzeit der christlichen Kirche trugen die Geistlichen das damals übliche »Sonntagsgewand«; natürlich auch aus Sicherheitsgründen, da die Christen ja verfolgt wurden. Im Lauf der Zeit änderte sich die Mode, doch die altmodische Kleidung der Geistlichen blieb erhalten. Später wurde sie mit symbolischen Verzierungen versehen. So entwickelten sich im Lauf der Jahrhunderte die Meßgewänder.

Die Geistheiler in den spiritualistischen Kirchen tragen bei ihrer Tätigkeit weiße Mäntel. Anfangs war das eine Nachahmung der Mäntel, die das medizinische Personal in Krankenhäusern trägt. Solche sterilisierten Mäntel sind in solchen Häusern Teil der antiseptischen Vorkehrungsmaßnahmen und wären in dieser Beziehung auch für Geistheiler nützlich. Viele von ihnen tragen jedoch Mäntel, die eindeutig weder sterilisiert noch weiß sind und in Wirklichkeit eine Art Amtstracht darstellen. Es scheint durchaus möglich, daß sich im Lauf der Zeit auf ähnliche Weise wie die kirchlichen Meßgewänder »Heilgewänder« entwickeln werden.

Schließlich möchte ich Ihre Aufmerksamkeit noch auf die am stärksten antirömische und nicht-sakramentale christliche Institution lenken, die Heilsarmee. Deren verdienstvolle Tätigkeit – eine Arbeit, an die der durchschnittliche Kirchenmann nie auch nur denkt – soll hier nicht geleugnet werden. Glauben Sie bitte nicht, daß ich diese Arbeit in irgendeiner Weise herabsetzen möchte. Es ist jedoch interessant, daß die Heilsarmee zwar die katholischen Meßgewänder aus tiefstem Herzen mißbilligt, jedoch nicht nur ihre Geistlichen, sondern alle ihre Mitglieder mit einer besonderen Uniform ausstattet, also auch mit einem rituellen Gewand!

Vielleicht finden Sie meine Äußerungen über diese verschiedenen Gruppen allzu kritisch, doch manchmal ist es notwendig, die andere Seite des Bildes zu zeigen, um die allgemeinen Ansichten über den Gebrauch oder Mißbrauch dieser Dinge zu korrigieren.

An sich sind sie von zweitrangiger Bedeutung, denn man kann das Abendmahl feiern, seine Andacht verrichten und esoterische Übungen machen, ohne eine besondere Kleidung zu tragen. Doch bei all diesen Dingen sind Rituale und Zeremonien, Weihrauch und besondere Gewänder sehr wertvolle Hilfsmittel, die ihren Sinn haben, wie Sie selbst feststellen werden, wenn Sie der Loge beitreten.

Nun möchte ich noch einiges über die Bedeutung der in

den Logen gebräuchlichen Rituale und Zeremonien und die von ihnen ausgehenden Wirkungen sagen. An erster Stelle steht ihr rein psychologischer Wert. Dadurch, daß Dinge auf eine bestimmte Weise getan werden, wird etwas »vor Augen geführt«. Das Unterbewußtsein funktioniert hauptsächlich aufgrund bildlicher Vorstellungen und mittels der rituellen Handlungen werden ihm solche dargeboten.

Mit den verschiedenen rituellen Handlungen wird eine Geschichte erzählt, und dies auf eine Weise, die für das Unterbewußtsein der Teilnehmer verständlich ist. Das Ritual ist so aufgebaut, daß die den Teilnehmern vermittelten Bilder mit uralten archetypischen Vorstellungen in den Tiefen des Geistes übereinstimmen und daß diese mit Energie geladenen Bilder aus der Tiefe emporsteigen und stark auf die Persönlichkeit einwirken. Dies ist der Hauptzweck der in den magischen Logen durchgeführten Rituale und Zeremonien. Die Energie wird in die bewußte Persönlichkeit gelenkt, wo sie in allen Bereichen ihre Wirkung entfaltet, wodurch sofort oder allmählich eine deutliche Bewußtseinsveränderung herbeigeführt wird.

In vielen Logen werden bei den verschiedenen Ritualen Roben mit einer Kapuze getragen, die über den Kopf gezogen werden kann, so daß der Träger nicht zu erkennen ist. Dies ist sehr hilfreich, weil es die Ablenkung der anderen Teilnehmer verhindert und für Unpersönlichkeit sorgt, so daß keine der verschiedenen Persönlichkeiten hervorstechen kann, denn das Ritual stellt ja eine gemeinschaftliche Handlung dar. Auf ähnliche Weise betonen auch die Gewänder des katholischen Priesters dessen Unpersönlichkeit, denn er führt ein magisches Ritual durch, bei dem seine Persönlichkeit nicht in Erscheinung treten soll. Es gibt noch einen anderen Grund, weshalb die Teilnehmer an magischen Ritualen Roben tragen. Durch das Anlegen einer anderen Kleidung findet eine Einstimmung auf den Geist der Zeremonie statt. Wenn man das zeremonielle Gewand anlegt, wird die Aufmerksamkeit von der äußeren Welt abgezogen und auf die subjektive Welt gerichtet, in der man zu arbeiten gedenkt. Um dies zu verdeutlichen, bitte ich Sie, an Ihre Kindheit zurückzudenken und sich in Erinnerung zu rufen, wie Sie sich mit Hilfe einiger Kleidungsstücke eine Welt der »Räuber und Gendarmen« oder der »Cowboys und Indianer« erschufen. Die Kleidung hilft, einen bestimmten geistigen Rahmen zu schaffen, und während der Zeremonie erinnert sie ständig an die durchzuführende Aufgabe.

Es ist nicht unbedingt notwendig, daß Sie bei der Meditationsarbeit und bei den Übungen, die ich Ihnen aufgetragen haben, eine besondere Kleidung tragen, doch eine »Meditationsrobe« ist dennoch von Vorteil. In der Loge trägt man eine einfache, locker sitzende Robe, in die man leicht hineinschlüpfen kann. Am besten ist es, wenn Sie sich eine mit einer Kapuze versehene Robe beschaffen, die Sie über den Kopf ziehen können. Es ist erstaunlich, wie gut man sich damit von der äußeren Welt isolieren kann.

Nun müssen Sie das von mir Gesagte auf Ihre eigene Weise in die Praxis umsetzen. Obwohl es sehr klare okkulte Regeln gibt, bleibt bei all diesen Dingen vieles der »Findigkeit« der einzelnen überlassen. Machen Sie sich eingehend mit den Prinzipien vertraut und richten Sie sich nach ihnen. In meinen bisherigen Büchern habe ich einige der Prinzipien dargelegt, und *innerhalb der Ihnen auferlegten Regeln* haben Sie die Freiheit, ein wenig zu experimentieren. Scheuen Sie sich nicht davor, doch betrachten Sie dies nicht als Erlaubnis, die Ihnen erteilten Übungen nach Belieben zu verändern.

Abgesehen von dem psychologischen Aspekt haben die Rituale und Zeremonien auch einen sehr realen parapsychischen Aspekt, auf den ich noch kurz eingehen möchte. Wir errichten durch ein magisches Ritual eine innere Struktur, die es uns ermöglicht, die Energien, die wir in die Bereiche der Persönlichkeit einströmen lassen wollen, zu konzentrieren und zu lenken, und dies geschieht durch bestimmte Handlungen und Gesten. Glauben Sie aber bitte nicht, daß die Durchführung eines Rituals ohne eindeutige mentale »Intention« viele Ergebnisse hervorbringen wird, außer vielleicht einem besseren Ideenfluß und einer leichten Energiesteigerung.

Führen Sie jedoch ein Ritual »mit Intention« durch, wie wir sagen, dann erschaffen Sie klare Gedankenbilder. Wer über hellseherische Fähigkeiten verfügt, kann sehen, daß diese Gedankenbilder sich der formbaren Substanz des Astrallichts einprägen. Diese Bilder bilden die Kanäle für die Energien, die wir in unsere persönliche Sphäre herabrufen.

Wir bauen eine Gedankenform auf; aus diesem Grund ist die Terminologie des Baugewerbes gut anwendbar und wird von den meisten rituellen Orden benützt. Sie haben davon sicher schon in Zusammenhang mit den sehr verdienstvollen *Freimaurerlogen* gehört. (Die meisten ihrer Mitglieder dürften vom Aufbau einer Gedankenform noch nie etwas gehört haben, doch das ändert nichts an der Tatsache, daß sie, falls sie mit innerer Überzeugung an Ritualen teilnehmen, solche Formen erschaffen.)

Nun noch ein Wort der Warnung. Was durch ein Ritual aufgebaut wurde, kann auch durch ein entsprechendes Ritual zerstört werden. Deshalb ist es notwendig, über die Erschaffung von Gedankenformen und alles, was damit zusammenhängt, Stillschweigen zu bewahren. Dies ist der wahre Grund, warum die Logen ihre Tätigkeit geheimhalten. Es ist durchaus nicht so, daß niemand die allgemein gebräuchlichen Rituale kennt, denn sie wurden oft veröffentlicht. Wichtig ist, daß die Arbeitsweise der betreffenden Loge geheimgehalten wird, die spezielle Form ihrer rituellen Arbeit.

C. G. Jung hat über die Verschwiegenheit der Okkultisten einige ziemlich kritische Bemerkungen gemacht. Er meint zu Recht, daß es möglich ist, hinsichtlich der geheimen Arbeit eine Art »Schuldkomplex« zu entwickeln und gegenüber jenen, die »nicht zu uns gehören«, eine ablehnende Haltung einzunehmen. Das ist natürlich möglich, doch wenn die Loge gut geleitet wird, werden alle ihre Aktivitäten mit dem Alltagsleben der Brüder in Einklang stehen, und dann bedeutet diese Geheimhaltung nicht mehr als ein Schild an einer Werkstattür mit der Aufschrift: »Zutritt verboten – Hier wird gearbeitet.«

Es ist wohlbekannt, daß viele Geheimgesellschaften für subversive politische Zwecke mißbraucht wurden. In den echten Logen jedoch hat Parteipolitik keinen Platz. Alle Logenbrüder haben die gleichen Rechte und Pflichten, und Ziel der Loge ist die Bildung und Verwandlung des Charakters. Es wird kein Versuch unternommen, sich in politische Angelegenheiten einzumischen, weder offen noch auf versteckte Weise. In der Vergangenheit hat sich immer wieder die Torheit solcher Versuche erwiesen. Ein bekanntes Beispiel dafür sind die Bestrebungen der polnischen Chassiden, die napoleonischen Kriege zu beeinflussen.

Wird durch ein Ritual eine Gruppengedankenform aufgebaut, werden die aus den tieferen Schichten des kollektiven Unbewußten aufsteigenden Einflüsse in Kontakt mit der Gruppe gebracht, und sie laden die Form mit ihrer speziellen Energie auf. Die Funktionäre der Loge konzentrieren sich auf die Kontaktpunkte und werden dadurch zu Kanälen, durch die die betreffenden Energien in die Gedankenform fließen und sie aufladen.

Deshalb wird hinter jedem Funktionär eine bestimmte Figur aufgebaut, die die mit seinem Amt verbundene Macht symbolisiert. Diese telesmatischen Bilder werden von den betreffenden Funktionären sowie den hochgradigen Brüdern visualisiert, und auch durch sie werden die aus dem kollektiven Unbewußten aufsteigenden Kräfte in die Gruppe geleitet. Sie werden »Gottformen« genannt, und Sie werden lernen, solche Formen zu erschaffen. In einem späteren Stadium werden Sie die Fähigkeit erwerben, die Formen mit den Kräften, die sie symbolisieren und denen sie als Kanal dienen sollen, zu verbinden.

Ich bin hierauf nur eingegangen, damit Sie sehen, wie wichtig Ihre Visualisierungsübungen sind. Vielleicht hilft es Ihnen in jenen »Dürreperioden«, in denen sich der Himmel verdüstert und Sie den Eindruck haben, alle schon erlangten Fähigkeiten wieder verloren zu haben.

Ich denke, ich habe Ihnen alles gesagt, was in diesem Stadium Ihrer Ausbildung nötig ist, und ich bitte Sie, eingehend darüber zu meditieren. Es ist von größter Bedeutung, und regelmäßige Meditation wird Ihnen helfen, es zu verstehen.

In meinen nächsten Instruktionen werde ich auf die Schwierigkeiten, die Ihnen die Ausbildung zu bereiten scheint, eingehen und versuchen, sie zu lösen, doch fahren Sie auf jeden Fall mit den Übungen fort, ganz gleich, ob alles glatt geht oder nicht. Begehen Sie nicht den Fehler, sie zu unterbrechen, bis Sie wieder von mir hören. Das Unterbewußtsein kann versuchen, Ihre Arbeit zu vereiteln, und es bedient sich dazu solcher Mittel. Andererseits stehen Sie, da Sie von der Loge ausgebildet werden, natürlich unter deren Schutz. Sollten Sie nicht mehr weiter wissen, zögern Sie nicht, um Hilfe zu rufen – sie wird Ihnen gewährt.

14 Ihrem monatlichen Bericht entnehme ich, daß Sie Schwierigkeiten haben, Ihre Übungen durchzuführen und daß diese Schwierigkeiten aus Ihnen selbst kommen und nicht mit den äußeren Bedingungen zusammenhängen. Der Ton Ihres Briefes läßt darauf schließen, daß Sie stark deprimiert sind und erwägen, das Ganze aufzugeben.

Ich habe mit diesen Schwierigkeiten gerechnet; sie sind ein Zeichen dafür, daß Sie sich wirklich bemüht haben, meine Anweisungen in die Praxis umzusetzen. Lassen Sie mich erklären, warum ich auf diese »Löwen auf dem Weg«, wie sie manchmal genannt werden, gewartet habe. Als Sie mit Ihren Übungen begannen, waren Sie voller Begeisterung und dazu entschlossen, alles in Ihrer Macht Stehende zu tun, um meine Anweisungen zu befolgen. Vielleicht betrachteten Sie, wie ich zu Beginn meiner Ausbildung, das Ganze als ein aufregendes Abenteuer in der Art, wie sie König Arthurs Ritter der Tafelrunde erlebten? Das ist es, doch es muß in der richtigen Perspektive betrachtet werden.

Eigentlich sind die Geschichten um König Arthur und die Ritter der Tafelrunde romantische Darstellungen einer sehr alten und wunderbaren Lehre, und nur oberflächlich betrachtet handelt es sich um spannende Abenteuergeschichten. Haben Sie aber schon einmal an die harte Arbeit gedacht, die ein Ritter während seiner Ausbildung tun mußte? An seine lange Lehrzeit als Page und Knappe, an die anstrengenden Übungen auf dem Turnierplatz mit Schwert und Lanze, mit Speer und Schild? An den Neid, die Eifersucht und die Rivalität zwischen ihm und seinen Gefährten? Alle diese Dinge sowie die grobe Behandlung und die vielen Versuchungen, denen er ausgesetzt war, müssen dem künftigen Ritter viel

Pein bereitet haben, vor allem, wenn er ein sensibler Mensch war. Viele Zeiten des Zweifelns und der Depression müssen der letzten Nachtwache in der dunklen, leeren Kirche vor dem Tag des Ritterschlags vorangegangen sein. Ich rate Ihnen, über all dies zu meditieren. Wenden Sie Ihre Visualisierungsfähigkeit an und stellen Sie sich diese Szenen bildhaft vor: Sie sind Gleichnisse der Zustände, die Sie selbst durchmachen müssen. Sicher erinnern Sie sich daran, daß ich Sie zu Beginn Ihrer Ausbildung darauf hingewiesen habe, daß diese Lehrzeit nicht nur angenehme Seiten hat; daß Sie mit vielen Schwierigkeiten zu kämpfen haben werden. Es war meine Pflicht, Sie darauf aufmerksam zu machen. Mir war völlig bewußt, daß diese Schwierigkeiten, die Sie in ihrer ersten Begeisterung vielleicht bagatellisiert haben, Sie später in Trostlosigkeit und Verzweiflung stürzen würden. Darin scheine ich recht gehabt zu haben, und so müssen wir nun sorgfältig überlegen, welches die Gründe dieser Schwierigkeiten sind, wie sie überwunden und vielleicht sogar in Möglichkeiten, die zu weiterem Fortschritt führen, verwandelt werden können.

Sie sollten diese Dinge als Teil der Ausbildung betrachten, als Werkzeuge zur Umgestaltung Ihrer Persönlichkeit gemäß den Lehren, in die Sie eingeweiht werden.

Diese Persönlichkeit soll zu einem gut funktionierenden Instrument Ihres wahren Selbst werden, und Sie haben die Aufgabe, sie dazu zu machen. Sie müssen sich klar darüber sein, daß das Ich, mit dem Sie sich normalerweise identifizieren, nicht das wirkliche Zentrum Ihres Wesens ist, obwohl es im Mittelpunkt all Ihrer persönlichen Wünsche und Gedanken steht, was sie »ichbezogen« macht. Ihr wahres Zentrum ist jener höhere Aspekt Ihres Wesens, über den ich bereits gesprochen habe. Ihn müssen Sie in einem bestimmten Stadium wieder zum Mittelpunkt Ihrer Persönlichkeit machen, um Selbstverwirklichung zu erlangen.

Die gesamte Ausbildung, die Sie in der Loge erhalten werden, ist auf dieses Ziel ausgerichtet, denn nur wenn Sie Ihren persönlichen Willen völlig diesem höheren Selbst unterordnen, können Sie ein Ritter der göttlichen Legionen werden.

138

»Der König folgt Christus, und wir folgen dem König«, sagen die Ritter in Tennysons Gedicht. Ebenso ist es im inneren Reich, denn das höhere Selbst folgt immer dem innewohnenden Christus, und das Ich muß lernen, seinem inneren König zu folgen.

Sicher finden Sie, daß dies eine Menge frommer und mystischer Ratschläge ist, die Ihnen nicht viel helfen. Das war zu Beginn meiner Ausbildung auch meine Meinung, doch es ist die notwendige Grundlage für das, was ich Ihnen nun sage. Sie werden mit Ihrer Ausbildung auf die Aufnahme in die Loge vorbereitet. Der wichtigste Teil dieser Ausbildung besteht darin, zu lernen, anderen zu dienen, denn in der Loge arbeiten wir als Gemeinschaft, und alle, die an den Ritualen teilnehmen, müssen »Teamgeist« entwickeln. Alles hängt von der Entwicklung dieses Teamgeistes ab, denn aus ihm entsteht das sogenannte »Gruppenbewußtsein«, durch das die inneren Kräfte gelenkt und kontrolliert werden. Deshalb ist das Lernen innerhalb einer Gruppe für Sie so wichtig. In einer Gruppe ist wenig Platz für eigensüchtiges Brillieren; die Fähigkeiten aller Teilnehmer müssen der Arbeit untergeordnet werden, und diese Unterwerfung des Ichs ist es, die manchen Aspiranten so schwer fällt. Wenn Sie in der Loge jedoch wirkliche Arbeit leisten wollen, ist es überaus wichtig, daß Sie die Fähigkeit, sich in die Gruppe einzufügen, entwickeln. Es ist bei der magischen Arbeit genauso wie bei einer Fußballmannschaft, wo Teamgeist nicht bedeutet, daß die einzelnen, aus denen das Team besteht, weniger gut spielen, wenn sie zusammenspielen, als wenn sie allein üben. Wenn Sie mit Ihrer Ausbildung weiter fortgeschritten sind, werden Sie merken, daß es bestimmte Teilgebiete gibt, die Ihnen mehr liegen als andere. Es ist nichts dagegen einzuwenden, daß Sie sich später auf diese spezialisieren, doch ebenso wie der Knappe nicht nur mit dem Schwert umzugehen lernen mußte, sondern auch mit dem Speer, der Lanze und dem Schild, müssen auch Sie bei jenen Arbeiten gute Fertigkeiten entwickeln, die Sie jetzt schwierig und nicht ansprechend finden.

All dies bedeutet, daß Ihr kleines persönliches Ich viele Erschütterungen erleiden wird und daß es versuchen wird, sich zu behaupten. Im allgemeinen tut es dies, indem es Emotionen entwickelt, die genau darauf hindeuten, wo der Schuh drückt. Die häufigste dieser hervorbrechenden Emotionen ist Eifersucht, eine Emotion, die Sie vielleicht in anderen Lebensbereichen, die nichts mit Esoterik zu tun haben, gut beherrschen können.

Falls Sie feststellen, daß Sie auf jemanden eifersüchtig sind, können Sie sicher sein, daß es sich um eine törichte, irrationale Regung Ihres persönlichen Selbst handelt, Ihres »falschen Ichs«, wie es die Psychologen nennen. Oft kommt es vor, daß eine solche Reaktion auf die Arbeit *innerhalb* der Loge auf Menschen *außerhalb* übertragen wird. Viele Anfänger glauben dann voll Stolz, daß sie durch Befolgung der Anweisungen den Fehler überwunden haben. Dies ist aber nur eine der Methoden, mit denen das falsche Ich sich durchzusetzen versucht. Dies ist einer der Löwen auf dem Weg, der besiegt werden muß. Falls Sie merken, daß Sie auf einen Arbeitskollegen, einen Familienangehörigen oder einen Bekannten eifersüchtig sind, sollten Sie sich bemühen, diese Emotion zu eliminieren.

Ich sagte »eliminieren«, doch bei jeder Untugend gibt es als entgegengesetzten Pol eine Tugend und umgekehrt. Die richtige Weise, mit dieser Eifersucht fertigzuwerden, besteht darin, nicht direkt gegen sie anzugehen, sondern die okkulte Methode des Ausgleichens einer unausgewogenen Kraft, die die Untugend der Eifersucht darstellt, anzuwenden, und sie so in eine Tugend zu verwandeln.

Daß Sie auf jemanden eifersüchtig sind, bedeutet, daß Sie sich dessen bewußt sind, daß es bestimmte erstrebenswerte Qualitäten gibt. Natürlich identifizieren Sie diese Qualitäten mit *Ihren* Vorstellungen und Handlungen, doch Ihnen ist klar, daß Menschen bestimmte Qualitäten und individuelle Fähigkeiten besitzen. Nun müssen Sie Ihre Vorstellungen in positivere, unpersönliche Kanäle lenken. Mit »unpersönlich« meine ich nicht eine intellektuelle Würdigung der Arbeit, sondern eine starke Begeisterung für die Arbeit an sich, ungeachtet Ihrer eigenen Beteiligung daran. Außerdem sollten Sie stets bestrebt sein, Ihren Brüdern bei ihrem Teil der

Arbeit zu helfen, genau wie diese bemüht sind, Sie bei Ihrer Arbeit zu unterstützen. Wenn Sie diese Einstellung eine Zeitlang beibehalten, werden Sie sehen, daß sie ein ausgezeichnetes Mittel gegen jede Eifersucht ist. Diese Methode funktioniert auch in allen ähnlichen Fällen.

Die Schwierigkeiten, über die Sie berichten, sind nicht sehr ernst, und da Sie gewissenhaft die Ihnen erteilten Instruktionen befolgt haben, besteht keine besondere Gefahr. Die von Ihnen erwähnten Schwierigkeiten sind wohlbekannt und treten in dem Ausbildungsstadium, in dem Sie sich befinden, häufig auf. Es gibt jedoch noch zwei andere Löwen, die sich Ihnen möglicherweise in den Weg stellen werden. Da sind zunächst die »Gezeiten des Lebens«. Es heißt in der Bibel, daß ein jegliches seine Zeit hat: »Pflanzen hat seine Zeit, ausreißen, was gepflanzt ist, hat seine Zeit; schweigen hat seine Zeit, reden hat seine Zeit.« Das ist nur allzu wahr, doch zu Beginn dieser Ausbildung vergessen wir manchmal dieses Gesetz des rhythmischen Auf und Ab, und oft bemüht sich der Schüler, gegen den Strom zu schwimmen statt mit ihm.

Hier sehen Sie, wie wichtig es ist, die Tugend der Unterscheidungsfähigkeit zu entwickeln: Sie müssen sich dem Strom der inneren Gezeiten anpassen, doch zugleich darauf achten, daß dies nicht zu einer Entschuldigung für mögliche Trägheit wird!

Es gibt vier große Zeitperioden, die Sie, wie alles Leben auf diesem Planeten, beeinflussen. Da Sie den Weg der Magie eingeschlagen haben, werden Sie die Wirkungen dieser Gezeiten jedoch deutlicher zu spüren bekommen als ein Durchschnittsmensch. Ich habe diese Gezeiten in einem meiner früheren Bücher erwähnt, möchte aber noch einmal auf sie eingehen.

Die erste Periode beginnt mit der Windersonnenwende um den 21. Dezember und dauert bis zur Frühlingssonnenwende im März. Sie wird »Zeit des Abbaus« genannt, womit nicht völlige Zerstörung gemeint ist, sondern die Zerstörung alles dessen, was im Leben verbraucht und unausgewogen ist. Sie müssen damit rechnen, daß in dieser Zeit alle Zukunftspläne, die Sie aufgestellt haben, durch heftige Gegenwinde der Prüfung ausgesetzt sind. Diese reißen alles ein, was nicht auf Fels gebaut ist. Dies ist sehr förderlich, denn es gibt uns die Möglichkeit, uns vieles Überflüssigen und Unnötigen, das sich, auch in unserem Innern, angesammelt hat, zu entledigen.

Die nächste Periode beginnt mit der Frühlingssonnenwende und dauert bis zur Sommersonnenwende im Juni. Es ist die »Zeit des Pflanzens und Säens«, in der wir jene Ideen und Ideale anpflanzen und aussäen sollten, die die Zeit des Abbaus überstanden haben. Dann (von der Sommersonnenwende bis zur Herbstsonnenwende im September) kommt die »Zeit des Erntens«, in der wir die Früchte dieser Ideen und Ideale ernten. Es ist eine vielfache Ernte in vielen Bereichen des Lebens und des Bewußtseins; damit wir alle Früchte einbringen, *ist es wichtig, daß sie auch in der physischen Welt erfolgt.* Wer weiter voranzukommen versucht, ohne dies in Betracht zu ziehen, wird es bereuen.

Die letzte Periode ist die »Zeit des Planens«, die bis zur Wintersonnenwende dauert. In dieser Zeit sollte man für die Zukunft planen, die bisherigen Erfolge und Mißerfolge untersuchen und seinen allgemeinen Fortschritt überprüfen. Denken Sie immer daran, daß auch vermeintliche Fehlschläge zum Fortschritt beitragen können. Nur wenn man es aufgibt, sich strebend zu bemühen, ist man wirklich gescheitert. Solange man nach jedem Sturz wieder aufsteht, ist nichts verloren.

Die vier Perioden gehen ineinander über. Es gibt zwischen ihnen keine scharfe Trennungslinie, so daß mit gemischten Einflüssen zu rechnen ist, wenn eine Periode endet und die nächste beginnt. Sie müssen selbst herausfinden, welche Zeiten für bestimmte esoterische Arbeiten am besten geeignet sind. Bedenken Sie jedoch, daß Sie die Fähigkeit entwickeln müssen, gegen den Strom zu schwimmen, indem Sie Ihre Kräfte auf ähnliche Weise nützen wie ein Segelboot, das »in den Wind halst«.

Der andere Löwe wird »Die Dunkle Nacht der Seele« genannt. Er lauert häufiger auf Menschen, die den mystischen Weg gehen, doch er fällt auch jene an, die Anhänger der okkulten Richtung sind. Es handelt sich um eine schwere seelische Depression, um ein Gefühl des völligen Versagens und der Wertlosigkeit. Die Ursache ist zum Teil der unvermeidliche Kontrast zwischen der Ekstase und der Euphorie, die der Kontakt mit den inneren Welten auslöst, und der Finsternis dieser irdischen Ebene. Zum anderen Teil wird dieser Zustand durch nervliche Überbelastung hervorgerufen. Das beste Mittel dagegen besteht auch hierbei darin, die aktiven Übungen sofort einzuschränken und die Entspannungsphase auszudehnen. Halten Sie durch! Wenn die Gezeiten wechseln, werden Sie aus dem »Sumpf der Verzweiflung« wieder herausfinden.

Glauben Sie nicht, daß Sie vor solchen Dingen bewahrt bleiben, nur weil Sie den esoterischen Weg eingeschlagen haben. Meditieren Sie über diese Dinge, und bemühen Sie sich vor allem, die Haupttugend auf diesem Weg – die *Unterscheidungsfähigkeit* – zu entwickeln. Sie werden aus diesem Sumpf ebenso wieder herauskommen wie viele andere.

15 Es ist schon einige Zeit her, daß Sie sich darüber beklagten. Sie verspürten eine spirituelle »Trockenheit«, und es freut mich, daß Sie die Prüfung gut bestanden zu haben scheinen. Wie Ihre Aufzeichnungen zeigen, machen Sie gute Fortschritte. Es kommt oft vor, daß diese »Dunkle Nacht der Seele« kurz vor einem sehr kritischen Punkt in der Ausbildung hereinbricht. So war es auch in Ihrem Fall, denn zu meiner Freude kann ich Ihnen mitteilen, daß mein Vorgesetzter mir anvertraut hat, daß Sie, falls dies Ihr Wunsch ist, um Aufnahme in die Loge ersuchen können. Ich darf Sie bei Ihrer Entscheidung nicht beeinflussen, doch ich bin verpflichtet, Sie darüber in Kenntnis zu setzen, was alles vor Ihnen liegt, falls Sie diesen Schritt tun sollten.

In der Ausbildung habe ich Ihnen nicht nur eine Lebensphilosophie vermittelt, sondern Sie auch mit der Arbeit vertraut gemacht, die Sie tun müssen, wenn Sie in die Mysterien eingeweiht werden. Außerdem sind Sie mit gewissen inneren Kräften in Kontakt gekommen. Diese Kräfte haben Sie auf eine bestimmte Weise geprägt, so daß eine psychische und spirituelle Weiterentwicklung stattgefunden hat.

Nun müssen Sie Ihren Lebensplan nicht nur mit dem Plan Ihres tieferen Selbst, sondern auch mit der Arbeit der Loge, der Sie angehören werden, in Übereinstimmung bringen, denn das Wirken der Loge beruht, wie Sie nie vergessen dürfen, auf *Gruppen*arbeit, nicht auf den Bemühungen von einzelnen, obwohl diese eine wichtige Ergänzung der Gruppenarbeit darstellen. Wenn Sie Mitglied einer Gruppe sind, so hilft Ihnen dies, sich selbst so zu sehen, wie Sie wirklich sind, denn Sie können, wenn Sie Ihre Ergebnisse mit denen der Logenbrüder vergleichen, erkennen, wo Sie Fehler machen, und die Leiter der Gruppe können Ihre Fehler korrigieren.

In der Loge werden Sie als Mitglied eines eng verbundenen Teams arbeiten. Die Rituale, an denen Sie teilnehmen, werden Sie in das »Gruppenbewußtsein« der Bruderschaft integrieren. Diese Gruppenarbeit ist überaus wichtig, doch wird man außerdem noch viel persönliche Arbeit von Ihnen verlangen. Die Kraft, mit der Sie das Gruppenbewußtsein erfüllt, wird Ihnen oft über Zeiten der »Trockenheit« hinweghelfen und Sie dazu befähigen, den Kontakt mit den inneren Kräften aufrechtzuerhalten. Zugleich aber müssen Sie lernen, allein und ohne diese Unterstützung zurechtzukommen. Diese Kombination von Gruppenarbeit und individuellen Bemühungen ist ein äußerst wichtiger Teil der esoterischen Ausbildung.

Sie werden sehen, daß in der Loge sehr strenge Regeln gelten. Nach diesen Regeln müssen Sie sich bei Ihrer Arbeit richten, doch vergessen Sie nie, daß Sie sich den Regeln des Ordens unterwerfen müssen, nicht dem Willen seiner Oberen.

In den Logenversammlungen werden Sie die Möglichkeit haben, alle Fragen und Beschwerden vorzubringen, ohne in Zukunft Repressalien fürchten zu müssen. Hegen Sie jedoch irgendwelche unterdrückten Gedanken des Neides oder Mißtrauens, so werden diese Sie langsam, doch mit großer Kraft, aus dem Gruppenbewußtsein hinausdrängen, und schließlich werden Sie die Gruppe verlassen. Doch ebenso, wie ein fest im Geist verwurzelter Gedanke Sie aus der Bruderschaft hinaustreiben kann, können positive Bestrebungen durch das Gruppenbewußtsein unterstützt werden; diese Unterstützung wird es Ihnen ermöglichen, Bewußtseinsebenen zu erreichen, die Sie im gegenwärtigen Stadium nicht erreichen könnten.

Nun möchte ich Ihnen eine Vorstellung von Ihrer Tätigkeit in der Loge vermitteln, falls Sie sich entschließen sollten, ihr beizutreten. Dazu ist es erforderlich, die Arbeit der esoterischen Orden kurz zu schildern. Zuerst müssen Sie die Vorstellung ablegen, die Logen würden jene unheimlichen und grotesken Dinge treiben, wie sie viele Verfasser okkulter Romane schildern. Natürlich gibt es viele kleine Gruppen, die sich auf die eher spektakuläre Seite der esoterischen Arbeit spezialisieren, doch die Logenarbeit ist eher »langweilig«, bis man unter die Oberfläche vordringt und die wirkliche Arbeit sieht, die vollbracht wird. Dann wird einem auch klar, mit welch mächtigen unsichtbaren Kräften die Loge umgeht.

Nun in aller Kürze eine Darstellung der Arbeit der Bruderschaften. Sie haben derzeit noch keine Möglichkeit, das, was ich Ihnen sagen werde, zu prüfen. Es kann sein, daß Sie viele Jahre lang in der Loge arbeiten müssen, bevor Sie auf Beweise dafür stoßen; deshalb bitte ich Sie, mir vorläufig einfach zu glauben.

Es gibt einen mächtigen Spirituellen Rat jenseits der Schleier von Zeit und Raum, der diesen Planeten in Wahrheit regiert. Ihm gehören jene »Vervollkommneten Geistwesen« an, auf die in allen heiligen Schriften dieser Welt hingewiesen wird und die eine große Hierarchie bilden, die von mächtigen strahlenden Intelligenzen, den »Geistwesen vor dem Thron«, den »Wächtern und Heiligen«, hinab durch viele Seinsgrade bis zu den gewöhnlichen Männern und Frauen reicht, die in ihrem Dienst stehen. Sie erstreckt sich sogar noch tiefer, bis in jenen Bereich, in dem die Elementargeister nach materieller Manifestation streben.

In den echten Mysterienlogen sind alle diese Grade repräsentiert, auch die auf den inneren Ebenen manifesten Mächtigen, die invoziert werden und der Invokation Folge leisten.

In diesen lebendigen Lichtkreis werden Sie bei Ihrer Aufnahme in die Loge eingeführt. Nun werden Sie verstehen, warum wir, denen dieses Privileg zuteil wurde, so bedacht darauf sind, daß jene, die wir für die Lichtarbeit anzuwerben suchen, dessen würdig sind. Was wird von Ihnen verlangt, wenn Sie mit verbundenen Augen vor dem Tor der Mysterien stehen? Ihr Führer wird Sie auffordern, dreimal anzuklopfen, und von innen wird jemand antworten: »Wer klopft an?« Sie werden antworten: »Einer, der Ihrer Loge beizutreten und von Ihren Lehrern zu lernen wünscht.« Dann wird Ihnen die entscheidende Frage gestellt: »Warum wünschen Sie unserer Loge beizutreten und von unseren Lehrern zu lernen?« Auf diese Frage gibt es nur eine Antwort, die Ihnen Ihr Führer vorsprechen wird: »Ich wünsche zu wissen, um anderen dienen zu können.« Diese Worte, die Sie mit dem Mund sagen, müssen Sie mit Ihrem Herzen bekräftigen. Dabei darf es keine Doppelzüngigkeit geben, denn sonst wird die Initiation mißlingen. Auch wenn Sie der Loge beitreten, werden Sie von Ihren Brüdern abgeschnitten sein und im Lauf der Zeit von der Loge ausgeschlossen werden, so wie ein Fremdkörper von einem lebendigen Organismus auf natürliche Weise ausgestoßen wird. Denken Sie darüber sorgsam nach, denn es ist besser, sich vom Tor des Tempels abzuwenden als mit einer Lüge auf den Lippen einzutreten.

Wenn Sie sich entschließen, der Loge beizutreten, müssen Sie bereit sein, sich ihrer Disziplin zu unterwerfen. Da Ihnen bereits einige Lehren vermittelt wurden und Sie schon einige Fertigkeit in der magischen Arbeit erlangt haben, denken Sie vielleicht, daß Sie die Grundausbildung in der Loge nicht brauchen. Falls Sie dies glauben, wäre es ein Irrtum. Der Zweck der Grundausbildung in der Loge besteht nicht nur darin, den Neophyten mit bestimmten Lehren vertraut zu machen, sondern ihn auch, was von größter Wichtigkeit ist, in das Gruppenbewußtsein der Bruderschaft zu integrieren.

Deshalb bestehen alle anerkannten Mysterienlogen auf dieser Grundarbeit, ganz gleich, über welches Wissen und welche Erfahrungen der Neuling bereits verfügen mag. Wenn er solches Wissen besitzt, wird sogar besonders darauf geachtet, daß er sich der Disziplin unterwirft. In meinem Fall war dies so; später erkannte ich, daß dies nicht nur zu meinem Nutzen, sondern auch zum allgemeinen Wohl der Loge geschah.

Sie sollten deshalb nicht den Mut verlieren, falls Sie die Ausbildung anfangs etwas langweilig finden. Denken Sie daran, daß Sie nicht nur dazu dient, Sie in das Gruppenbewußtsein Ihrer Bruderschaft zu integrieren, sondern daß auch Ihr Charakter geschult wird, damit Sie Ihren Platz in den Reihen der Diener des Lichts einnehmen können. Sie müssen Ihre Zeit als Holzhacker und Wasserträger für Ihre Brüder »abdienen« und auch Dienst als Türhüter des Tempels tun, bevor Sie Ihren Platz zwischen den Säulen des Throns des Ostens einnehmen dürfen.

In Ihrer Loge gibt es verschiedene Grade, die Sie durchlaufen müssen. Jeder Grad hat seine eigene Disziplin und seine eigenen Methoden, doch alle führen zur aktiven Teilnahme an der Arbeit der Bruderschaft. Die Bruderschaft ist das irdische Pendant eines unsichtbaren Ordens. All Ihre Arbeit ist darauf ausgerichtet, Sie beim großen Werk der Erneuerung Ihres Selbst zu unterstützen, damit Sie ein Magier werden und sich in die Heerscharen des Lichts einreihen können. Da Ihnen gemäß Ihres Grades alle Hilfsmittel der Loge zur Verfügung stehen, müssen Sie alle Kräfte und Fähigkeiten, die Sie erlangen, in deren Dienst stellen. Denken Sie daran, wenn Ihnen die Last des Alltags zu schwer wird und wenn Ihnen der Weg langweilig und uninteressant erscheint.

Wenn Sie der Loge als Neophyt beitreten, wird man Sie auffordern, einen bestimmten Eid abzulegen. In manchen Logen wird dieser Eid dem Neophyten vor seinem Eintritt gezeigt, damit er weiß, daß man von ihm verlangen wird, nur gemäß dem wahren moralischen Gesetz zu handeln. Man wird nie von ihm fordern, dieses Gesetz bei seiner esoterischen Arbeit zu übertreten oder irgendeiner Person in der Loge unbedingten Gehorsam zu leisten, denn gehorchen muß er nur den Regeln der Bruderschaft, und alle, von jenen, die die Loge leiten, bis zum letzten Lehrling, sind diesen Regeln verpflichtet. Denken Sie stets daran.

Geboten werden Ihnen in der Loge, in die Sie aufgenommen werden, ein einfaches, doch würdevolles Ritual, eine Lehre, die Ihnen viele Fragen beantworten wird, sowie eine Ausbildung, die Ergebnisse zeitigen wird. Diese Ergebnisse hängen natürlich von der Ausdauer und Energie ab, die Sie aufwenden, doch ich kann Ihnen aus eigener Erfahrung versichern, daß dies ein Weg ist, der Sie, wenn Sie ihm mit Ausdauer, Unterscheidungsvermögen und Energie folgen, wie viele andere ins Licht führen wird.

Jenseits dieses Weges liegen die sogenannten größeren Mysterien mit vielen weiteren Graden, doch diese Höhen werden Sie nur erreichen, wenn Sie die Könige der unausgewogenen Kräfte in Ihrem Wesen besiegt haben. Die rauhen Quadern Ihrer jetzigen Persönlichkeit müssen zuerst behauen und geschliffen und zu dem glänzenden Würfel geformt werden, der eine wahrhaft erneuerte Persönlichkeit darstellt.

Unsere nächste Begegnung wird in der Loge stattfinden, wo Sie im Schein der ewigen Flamme über Ihrem Kopf und des Lichts auf dem Altar, das seine Strahlen auf dessen Symbole wirft, den Eid auf die Mysterien leisten werden. Ich werde Ihnen, im Osten stehend, diesen Eid abnehmen und Sie kraft meines Amtes in unsere Bruderschaft aufnehmen.

Das Tor steht offen. Treten Sie ins Licht.

Zweiter Teil

Magie und Kabbala

In ehrerbietigem Gedenken
an
»R. K.«, »D. N. F.«, und »A. V. O.«

1 Omar Chajam beklagte sich einmal, er habe, als er jung war, die Philosophen oft heftig miteinander streiten hören, doch er sei »immer zur gleichen Tür herausgekommen, durch die er hineinging«. Im Lauf der Jahrhunderte haben sich darüber viele Menschen beklagt. Den esoterischen Lehren zufolge hat es jedoch immer ein Grundwissen gegeben, das auf den unmittelbaren persönlichen Erfahrungen von Menschen mit hervorragenden Qualitäten basierte. Dieses aus Erfahrungen gewonnene Wissen wurde von Lehrern kodifiziert und verkündet, die seit der Entstehung menschlichen Lebens auf unserem Planeten eine Vereinigung bilden, die unter verschiedenen Namen bekannt ist wie »Die Bruderschaft« oder »Kollegium des Heiligen Geistes«.

Diese Lehre haben Generationen von Sehern überprüft und ihre Richtigkeit bestätigt. Es ist der *Corpus Hermeticus*, ein Glaube, der sich in jeder Epoche in einer bestimmten Form äußert, die dieser entspricht. Deshalb ist der Esoteriker ein »Geisteswissenschaftler«, der sich bemüht, für diese Grundphilosophie seiner Zeit gemäße Ausdrucksformen zu finden; doch da es sich nicht nur um eine *überkommene Philosophie*, sondern in erster Linie um eine »Theosophie« handelt, die von ihren Anhängern überprüft und verifiziert werden kann, ist es eine lebendige Lehre, die immer wieder neue Perspektiven des Denkens und Handelns eröffnet.

Der Mensch besitzt bestimmte Kräfte und Fähigkeiten, die es ihm ermöglichen, sich von der Richtigkeit dieser Lehre selbst zu überzeugen und mit den inneren Ebenen in Kontakt zu kommen. Da die Menschheit eine Einheit darstellt, schlummern diese Kräfte in jedem Menschen. Diese sogenannten »übersinnlichen« Fähigkeiten sind bei den Menschen in unterschiedlichem Maß entwickelt. In manchen Fällen befinden sie sich dicht unter der Oberfläche, in anderen sind sie so tief verschüttet, daß ihre Erweckung nur in sehr begrenzter Weise möglich ist, doch auch bei solchen Menschen können sie die Basis für eine praktikable, hilfreiche Lebensphilosophie bilden.

Befinden sie sich nahe der Oberfläche, so treten die übersinnlichen Fähigkeiten oft spontan auf. Es gibt eine »Holzhammermethode«, sie zu aktivieren, die seit Jahrhunderten angewandt wird, sich aber von den in den esoterischen Schulen sorgfältig entwickelten und kontrollierten Methoden grundlegend unterscheidet. Auch wenn diese Kräfte sich nicht im Wachbewußtsein manifestieren, muß man sich klar darüber sein, daß sie unter der Oberfläche ständig vorhanden und auf den tieferen unbewußten Ebenen wirksam sind.

Dies ist wichtig, denn das Unterbewußtsein ist auch der Sitz der mächtigen menschlichen Triebe, des »Selbsterhaltungstriebs«, des »Sexualtriebs« und des »Herdentriebs«. C. G. Jung hat darauf hingewiesen, daß es noch einen anderen menschlichen Trieb gibt, den »Religionstrieb«, der ebenso mächtig ist wie die andern. Bisher ist es nicht gelungen, festzustellen, zu welchem Zeitpunkt der menschlichen Evolution religiöse Bräuche entstanden. Der Religionstrieb manifestierte sich auf zweierlei Weise: Bestimmte Menschen machten die unmittelbare Erfahrung, daß es hinter der physischen Welt noch eine andere Realität gibt; aus diesen Erfahrungen entstand eine formalisierte Theologie. Äußerer Ausdruck dieser Theologie waren die Stammesriten und -zeremonien.

Da diese unmittelbaren Erfahrungen nicht jedem zuteil wurden, verschwiegen sie jene, die sie hatten, und bildeten innerhalb der religiösen Institutionen Gruppen. Dies geschah im Lauf der Jahrhunderte bei allen großen Religionen. In diesen »Mysterienbünden« wurden Menschen, die dazu bereit waren, in Methoden eingeweiht, die ihnen die unmittelbare Erfahrung ermöglichten.

In der Frühzeit des Christentums wurde die gesamte riesige Bewegung der Gnostiker aus der Kirche ausgestoßen. Es ist richtig, daß die gnostischen Schulen in ihren Lehren und in ihrem moralischen Verhalten von der Kirche abwichen, doch ob etwas Gutes daraus erwachsen ist, daß die Kirche hier nicht im Sinn des Gleichnisses vom Weizen und vom Unkraut handelte, scheint fraglich. Die Folge dieser Ausstoßung war natürlich, daß alle Beweise für solche unmittelbaren Erfahrungen entweder unterdrückt oder der etablierten Theologie angepaßt wurden. Diese Einstellung hat sich bis zum heutigen Tag gehalten.

In neuerer Zeit werden diese Erfahrungen, die man heute als »außersinnliche Wahrnehmungen« bezeichnet, auf objektive, wissenschaftliche Weise untersucht; solche »parapsychologischen« Forschungen werden auf der ganzen Welt betrieben. Die übersinnlichen Fähigkeiten werden manchmal von amerikanischen Autoren als »wilde Kräfte« bezeichnet und scheinen im normalen Leben auf den ersten Blick wenig Bedeutung zu haben. Sie treten unerwartet auf, und ihre Besitzer haben wahrscheinlich keine Kontrolle über sie.

In der viktorianischen Zeit betrachtete man sie als Einbildungen ungebildeter und primitiver Menschen oder einfach als Schwindel. Diese Einstellung hat sich allmählich geändert. Heute halten zahlreiche Wissenschaftler die Existenz solcher paranormalen Kräfte für möglich. Die Menschheit hat jedoch nicht auf ihre Erlaubnis, an solche Kräfte und Fähigkeiten zu glauben, gewartet, und die Überzeugung, daß es sie gibt, wächst.

Die Anhänger der großen Religionslehrer sind der Meinung, daß diese und ihre engsten Jünger solche Fähigkeiten oft angewandt haben, wenngleich sie behaupten, daß die von ihrem eigenen Lehrer bewirkten paranormalen Phänomene die von anderen Lehrern produzierten überträfen. Sie bezeichnen sogar die von den anderen bewirkten Wunder als Betrug oder als Werk böser Wesen, dazu bestimmt, die Rechtgläubigen zu täuschen.

In der Frühzeit des Christentums war diese Ansicht weit verbreitet, und in vielen kirchlichen Kreisen ist sie es heute noch. Doch abgesehen davon gab es auch immer die Überzeugung, es seien Menschen im Besitz solcher Kräfte, die nicht der orthodoxen Glaubensrichtung anhingen oder gar aktiv gegen sie opponierten. Solche Menschen mit übersinnlichen Fähigkeiten flüchteten sozusagen in eine »Höhle von Adullam« (I Samuel, XXII, 1,2). Ihnen schlossen sich alle an, die zur herrschenden Orthodoxie in Opposition standen, darunter auch sehr fragwürdige Charaktere, was den Orthodoxen einen guten Grund zur Verfolgung bot. Doch durch Verfolgung werden Menschen in ihrem Glauben nur bestärkt. So gab es zu allen Zeiten solche natürlichen Medien und Seher, teils einzelne »weise« Männer und Frauen, teils Anhänger des Hexenkults, der nichts anderes als ein Überbleibsel der alten vorchristlichen Religion war. Als sich das Christentum ausbreitete, wurden die nichtchristlichen Religionen auf verstreute Gruppen reduziert, die in abgelegenen Gegenden ihre Gottesdienste abhielten und deshalb »Heiden« genannt wurden.

Es sollte noch beträchtliche Zeit vergehen, bis sich die Kirche durch diese Überbleibsel der alten Religionen ernstlich beunruhigt fühlte; doch als die Verweltlichung des Christentums einsetzte, begann man diese Widerspenstigen zu verfolgen und versuchte, sie auszurotten. Die beiden verfolgten Gruppen, die Menschen mit übersinnlichen Fähigkeiten und die Heiden, schlossen sich gegen den gemeinsamen Feind zusammen und gewannen dadurch so an Stärke, daß sie zu einer Bedrohung der Kirche wurden. Die daraufhin einsetzende Verfolgung stellt ein sehr dunkles Kapitel in der Geschichte des Christentums dar. Man sollte annehmen, daß die Reformation diesen unglücklichen Menschen Erleichterung brachte, doch die reformierten Kirchen setzten ihre Versuche, die Häretiker auszumerzen, fort. Im siebzehnten und achtzehnten Jahrhundert entwickelte sich eine neue Weltanschauung. Der Glaube an übernatürliche Kräfte schwand, und die Verfolgung von Hexen und Zauberern ließ deshalb nach, flackerte aber bei den Hexenprozessen von Salem im amerikanischen New England wieder auf.

Im neunzehnten Jahrhundert wurde der Glaube an die Existenz übersinnlicher Kräfte in Amerika und auf dem europäischen Kontinent durch den modernen Spiritualismus wiederbelebt. Randgruppen der neuen parapsychologischen Bewegungen vereinigten sich mit den Anhängern der Hexenkulte, die die Verfolgung überlebt hatten. Diese Kulte waren im allgemeinen nichts weiter als entartete Formen der alten nichtchristlichen Religion. Die Hexen betätigten sich wie in alten Zeiten wieder hauptsächlich als Wahrsagerinnen, Giftmischerinnen und Abtreiberinnen. In den meisten Großstädten kann man sie noch heute finden: Sie sagen mit schmierigen Tarotkarten die Zukunft voraus, führen mit Hilfe von »Drachenblut« und Quecksilber »Behexungen« durch und vermitteln häufig unglückliche Mädchen an Abtreiberinnen.

Doch auch den echten Hexenkult, der sich nicht mit solchen Dingen befaßt, gibt es immer noch: Vereinigungen von Menschen, die den Gottesdienst nach den alten nichtchristlichen Riten praktizieren. Sie nützen in unterschiedlichem Maß die übersinnlichen Fähigkeiten von Mitgliedern, die in dieser Hinsicht ausgebildet wurden, haben aber mit den im Mittelalter existierenden Parodien des Hexenkults, die durch die damalige Verfolgung entstanden, nichts zu tun.

Es gibt verschiedene unorthodoxe Glaubensrichtungen, die alle die Existenz übernatürlicher Fähigkeiten anerkennen und in verschiedenem Maß von ihnen Gebrauch machen. So haben die Spiritualisten einen religiösen Kult entwickelt, der hauptsächlich auf den Offenbarungen basiert, die sie von der »anderen Seite« empfangen haben, und die Theosophen haben Teile der östlichen Weisheit in der westlichen Welt verbreitet. Diese Bestrebungen sind auf beträchtliche Akzeptanz gestoßen, denn es herrscht seit altersher die Überzeugung, daß andere eine Weisheit und Macht besitzen, die der Menschheit nicht allgemein zugänglich ist.

Im Westen glaubte man in der vorchristlichen Zeit, diese Weisheit sei im Besitz der Priester der sogenannten »Mysterienkulte«, die einige Zeit vor dem Christentum in den Mittelmeerländern entstanden. Man nahm an, daß vor allem die ägyptischen und chaldäischen Mysterienschulen im vollen Besitz dieses geheimen Wissens seien, und viele große Philosophen des Altertums ließen sich darin einweihen.

Als Kaiser Justinian in der frühchristlichen Zeit die heidnischen Philosophieschulen schließen ließ, dachte man, die

Geheimlehren seien nun endgültig ausgerottet, und die meisten europäischen Gelehrten, die sich mit diesem Thema beschäftigt haben, waren dieser Meinung. Doch die geheime Weisheit hat nicht nur den Untergang des Römischen Reiches überlebt, sondern existiert heute noch.

Parallel zu den ungeheuren Fortschritten auf wissenschaftlichem Gebiet, die für unsere heutige Zeit charakteristisch sind, hat die Zahl der Organisationen zugenommen, die behaupten, im Besitz eines Teils dessen zu sein, was man die »uralte« oder »zeitlose« Weisheit nennt. Viel von dem, was in den heutigen esoterischen Schulen verkündet wird, ist ein Aufguß bestimmter Lehren, die aus dem Osten stammen, wo die einheimische Mysterientradition nie unterdrückt wurde. Manches, was da aus dem Orient zu uns gelangt, ist jedoch lediglich eine oberflächliche Version des wirklichen östlichen Wissens. Nicht jeder »Swami« oder »Rishi« trägt diese ehrwürdigen Titel zu recht.

Es ist für die heutigen esoterischen Schulen bezeichnend, daß sie diese östlichen Lehren so eifrig akzeptieren, doch der Mensch ist nun einmal so, wie er ist, und so hat die Nachfrage zu einem entsprechenden Angebot geführt. Die östlichen Systeme sind jedoch, wie schon C. G. Jung festgestellt hat, für die meisten westlichen Menschen ungeeignet.

Es gibt natürlich keinen Grund, die östlichen Philosophien nicht in Zusammenhang mit den westlichen Denksystemen zu studieren, und einige Philosophen und Theologen (vor allem der römisch-katholischen Kirche) tun dies mit großem Gewinn. Es geht nicht nur darum, die tieferen Aspekte dieser östlichen Lehren wirklich zu verstehen, sondern vor allem die in Zusammenhang mit ihnen entwickelten Übungen bilden das Problem. Diese Methoden, gewöhnlich unter dem Oberbegriff »Yoga« zusammengefaßt, wurden für östliche Bedürfnisse und für die besondere körperliche Konstitution des östlichen Menschen entwickelt. Obwohl man heute eifrig bestrebt ist, uns davon zu überzeugen, daß es zwischen Ost und West keinen Unterschied gibt, bestehen natürlich Unterschiede, die bei der esoterischen Ausbildung berücksichtigt werden müssen. Um einem Abendländer wirklich Nutzen zu bringen, müssen Yoga-Übungen stark modifiziert werden.

Doch so, wie es in der östlichen Esoterik eigene charakteristische Ausbildungs- und Übungsmethoden gibt, die auf bestimmten heiligen Schriften und in vielen Jahrhunderten gesammelten Erfahrungen basieren, haben auch wir im Westen entsprechende Methoden. Sie sind der psychischen und physischen Konstitution westlicher Menschen angepaßt und haben jüdische und christliche Lehren als Grundlage. Die Erfahrungen vieler Generationen von Sehern und Gelehrten haben sich in ihnen niedergeschlagen, zusammen mit aus uralten Zeiten überkommenem Wissen.

Diese prähistorischen Grundlehren und -übungen wurden in geschichtlicher Zeit bereichert, als die Hebräer mit den verschiedenen Mysterienschulen, die während des Altertums in den Mittelmeerländern entstanden, in Kontakt kamen. Die Kontakte der Hebräer mit anderen Völkern, die während der Aufenthalte in Ägypten und Assyrien zwangsläufig zustandekamen, doch auch andere Einflüsse, wie zum Beispiel die den keltischen Druiden zugeschriebene Philosophie (die in Wirklichkeit aus vor-keltischer Zeit stammte), führten dazu, daß der westlichen Tradition wertvolle Elemente hinzugefügt wurden.

In allen esoterischen Systemen, die diesen Namen verdienen, werden zahlreiche Symbole und Symbolsysteme verwendet. Im Osten wurden bestimmte zusammengesetzte Symbole, die »Mandalas«, entwickelt. Ähnliche zusammengesetzte Symbole, »Glyphen« genannt, spielen auch in den westlichen esoterischen Schulen eine große Rolle. Die wichtigste ist »die allumfassende Glyphe des Universums und der menschlichen Seele«, *Otz Chiim* oder »Baum des Lebens« genannt.

Die Symbolik des Lebensbaums entstammt den esoterischen Lehren der Vergangenheit, doch sie wurde während seiner jahrhundertelangen Verwendung als Ausbildungsgrundlage immer mehr erweitert. Der Lebensbaum ist mehr als ein Diagramm – er ist das in bildlicher Form zusammengefaßte Ergebnis jahrhundertelanger Schulung und Erfahrung und zugleich ein System, durch das immer neue Generationen von Schülern in Kontakt mit bestimmten Kräften und Energien kommen können.

Diese Glyphe ist der wichtigste Teil eines von den Hebräern entwickelten esoterischen Ausbildungssystems: der Kabbala. Dieser Name bedeutet »vom Mund zum Ohr«, denn der größte Teil des esoterischen Wissens wurde stets – ergänzt durch schriftliche Aufzeichnungen – durch mündliche Unterweisung weitergegeben. Die schriftlichen Aufzeichnungen wurden – und werden auch heute noch – geheimgehalten und erst im elften Jahrhundert unserer Zeitrechnung veröffentlicht. Doch die innere Lehre wurde weiterhin von den Kabbalisten zurückgehalten, damit sie nicht jedermann zugänglich war.

Viele dieser vorchristlichen Lehren wurden in die frühchristliche Kirche hineingetragen und bildeten, vermischt mit ägyptischen, persischen und griechischen Elementen, das Fundament der großen gnostischen Bewegung in der Anfangszeit der Kirche. Dann stieß die Kirche aus verschiedenen Gründen die Gnostiker aus ihrer Glaubensgemeinschaft aus, so daß die kabbalistische Tradition hauptsächlich in rein jüdischen Kreisen und, in abgewandelter Form, von einigen moslemischen Lehrern weitergegeben wurde.

Als die Macht der Kirche zunahm, waren die Mysterienschulen in unterschiedlichem Maß Verfolgungen ausgesetzt, und als Kaiser Justinian sie abschaffte, ging die Tradition in den Untergrund. Ihr Leuchten durchdrang nur dann und wann die Finsternis des dunklen Zeitalters, das über Europa hereinbrach. Im zehnten und elften Jahrhundert veröffentlichten die kabbalistischen Kreise in Spanien zum ersten Mal einen Teil ihrer Lehren; ihnen entsproß eine Schule des christlichen Kabbalismus.

Unglücklicherweise unternahm man den Versuch, mit Hilfe der kabbalistischen Lehre die Juden zum römisch-katholischen Glauben zu bekehren. Dies hatte zur Folge, daß das Studium der Kabbala von den streng orthodoxen Rabbis jener Zeit verboten wurde, was zu einer lang anhaltenden Antipathie führte, die heute noch existiert, außer vielleicht in den Liberalen Synagogen.

Seit der Zeit Moses de Leons und seiner Schule bekannten sich verschiedene geistige Richtungen zur Kabbala, darunter die »Chassiden«, eine unorthodoxe jüdische Sekte, deren Hauptexponenten im frühen neunzehnten Jahrhundert die »wunderwirkenden« polnischen Rabbis waren. Einige von ihnen versuchten, ihre wunderwirkenden Kräfte in Zusammenhang mit den napoleonischen Kriegen einzusetzen. Eine gute Darstellung dieser Vorgänge findet sich in Martin Bubers *Söhne des Himmels*. Die Sekte der Chassiden gibt es heute noch; sie verfügt in bestimmten Kreisen Amerikas über großen Einfluß.

Eine große Rolle spielte die Kabbala auch in zwei anderen unorthodoxen Schulen: den Alchimisten und den Rosenkreuzern. Beide machten sie zusammen mit der von ihren Vorläufern übernommenen esoterischen Tradition zum Gerüst ihrer Philosophie. Die Araber hatten viele ägyptische Lehren nach Europa mitgebracht, wo sie unter dem Namen »Alchimie« (von Khem, dem koptischen Namen Ägyptens) Verbreitung fanden. Alchimie ist die ägyptische Geheimlehre.

In der Lebensgeschichte des legendären Begründers der Rosenkreuzer, Christian Rosenkreutz, heißt es, daß er nach »Damcar« (vermutlich Damaskus) und später nach Fez reiste, wo er angeblich die Kabbala studierte.

Im allgemeinen wird die westliche esoterische Tradition mit dem Rosenkreuzer-Orden, dessen Lehren zum größten Teil auf einer eigenen Adaption der Kabbala sowie überlieferten Teilen der heidnischen und christlichen Gnosis basieren, gleichgesetzt.

Alle esoterischen Schulen besitzen ein Symbolsystem, das der Mittelpunkt ihrer Lehre ist. Das westliche »Mandala«, wie diese Symbolsysteme im Osten genannt werden, ist *Otz Chiim*, der Lebensbaum. Einige Kabbalisten haben die etwas verstiegene Behauptung aufgestellt, Adam sei im Paradies vom Erzengel Metraton in der Kabbala unterwiesen worden, und der Lebensbaum sei jener Baum, der der Heiligen Schrift zufolge im Garten Eden stand. Das soll natürlich nur besagen, daß dieses Lehr- und Übungssystem uralten Zeiten entstammt und deshalb der Beachtung wert ist.

Solche Behauptungen sind allerdings irrelevant (viele, alles andere als erbauliche Lehren und Praktiken sind ebenfalls sehr alt), und so sollte man sich hüten, solche Thesen aufzustellen, wenn man keine objektiven Beweise dafür vorbringen kann.

Derartige phantastische Behauptungen sind auf dem Gebiet der »okkulten« Philosophien nichts Ungewöhnliches, weshalb die okkulten Lehren von der Allgemeinheit oder zumindest von den intelligenteren Schichten mit einer gewissen Geringschätzigkeit betrachtet werden. Natürlich sind viele unkritische Anhänger dieser Lehren der Meinung, diese Geringschätzigkeit müsse von jenen ertragen werden, deren Anschauungen sich von denen unwissender und voreingenommener Außenstehender unterscheiden. Tatsächlich ist solche Kritik sehr oft unqualifiziert und oberflächlich und dient der Verteidigung des Kritikers, der sich dagegen wehrt, seine geistige Einstellung zu ändern.

Wenn es um derartige Dinge geht, kann sich sehr leicht eine solche Voreingenommenheit in unser Denken einschleichen. Die Feindseligkeit und Ungerechtigkeit, die Kritiker oft an den Tag legen, können dazu führen, daß der Gläubige auf gleiche Weise reagiert. Sehr interessante Beispiele dafür sind in den zahlreichen Büchern zu finden, die über die sogenannten »Schriftrollen vom Toten Meer« geschrieben wurden. Andererseits ist es natürlich durchaus möglich, daß es völlig der Wahrheit entspricht, wenn eine esoterische Schule behauptet, daß etwas sehr alten Ursprungs sei, denn viele dieser Schulen, zumindest im Westen, wurden durch Verfolgung gezwungen, »in den Untergrund« zu gehen und ihre Lehren heimlich weiterzugeben.

Wir müssen deshalb zwischen Geheimniskrämerei und berechtigter Zurückhaltung bei der Weitergabe von Lehren und Übungsmethoden an Außenstehende klar unterscheiden. Es ist interessant, zu beobachten, wie bestimmte Kenntnisse, die einst nur in okkulten Schulen vermittelt wurden, heute freizügig von amerikanischen Werbeagenturen genützt werden. Zunehmend werden moderne psychologische Methoden von skrupellosen Leuten mißbraucht und verfälscht, so daß der

Esoteriker seine Zurückhaltung bei der Weitergabe von Lehren und Praktiken als gerechtfertigt betrachten kann.

Wer einer der echten okkulten Schulen beitritt, wird aller Wahrscheinlichkeit nach feststellen, daß bestimmte Behauptungen über das ehrwürdige Alter ihrer Lehren aufgestellt werden, doch werden solche Angaben, die in manchen Fällen dokumentarisch gut belegt sind, nicht in der Öffentlichkeit bekanntgemacht.

Esoterische Logen, die gute Arbeit leisten, die zu Resultaten führt, tun dies kraft ihres Wirkens und nicht ihrer Urkunden.

Eine Lehre oder Philosophie muß, wenn sie von Nutzen sein soll, mit dem in Einklang stehen, was Jesus über die Schriftgelehrten sagte: »Ein jeglicher Schriftgelehrter, der ein Jünger des Himmelreichs geworden ist, gleicht einem Hausvater, der aus einem Schatz Neues und Altes hervorholt.«

Eine Lehre, die heute verkündet wird, verdient nicht weniger Respekt als eine traditionelle Lehre, die zweitausend Jahre oder noch älter ist. Der Inhalt einer Lehre wird in jeder Zeit auf neue Weise interpretiert und veranschaulicht.

Es gibt einen *Corpus Hermeticus*, eine Grundlehre, die, wie die Logen behaupten, von Lehrern eines hohen Evolutionsgrades »ein für alle Mal verkündet« wurde. Auf diesem Fundament haben Generationen von Eingeweihten ein sich ständig wandelndes Gebäude errichtet. Wie vielen großen Abteien und Kathedralen ist ihm anzusehen, daß es nach und nach erbaut wurde. Um diesen Vergleich mit der Kirchenarchitektur beizubehalten: Teile der esoterischen Tradition mahnen an die ersten aus Flechtwerk und Lehm bestehenden Kirchen, andere an die aus behauen Holzstämmen errichteten angelsächsischen »Hauskirchen« oder an die wuchtigen, flachen Bauten der späteren angelsächsischen und frühen normannischen Zeit, an die hochaufstrebenden gotischen Gotteshäuser des Mittelalters, an die banalen »neugotischen« Kirchen der viktorianischen Zeit und an die Stahl-und-Beton-Experimente der Gegenwart.

Jeder lebendige Organismus besitzt die Fähigkeit, sich

neuen Bedingungen anzupassen und zugleich seine Individualität zu bewahren. Auf die kabbalistische Lehre, wie sie auf uns überkommen ist, trifft dies zweifellos zu. *Die Kabbala ist nicht nur eine von den »Meistern in Israel« stammende theoretische Lehre, sondern auch eine geistige Methode, auf praktische und sich ständig erweiternde Weise das Universum und die menschliche Seele zu betrachten und zu erforschen.*

Nachdem die Kabbala von den Erben der esoterischen Tradition in verschlüsselter Form in die heiligen Schriften der Hebräer eingefügt worden war, wurde sie, bereichert durch Einflüsse aus den ägyptischen, chaldäischen und hellenischen esoterischen Lehren, zum Geheimwissen Israels, das jahrhundertelang von Eingeweihten an Schüler weitergegeben wurde.

Es war die Aufgabe der »Meister in Israel«, der in die hebräischen Mysterien Eingeweihten, ihren Schülern die Schlüssel zu diesem geheimen Wissen auszuhändigen, so daß diese, wenn sie die orthodoxen Schriften lasen, sich selbst Zugang zu den in ihnen enthaltenen Geheimlehren verschaffen konnten. Die Eingeweihten meditierten über diese Lehren, führten die vorgeschriebenen Übungen durch und vermittelten sie dann, ergänzt durch ihre eigenen Erfahrungen und Forschungsergebnisse, ihren Schülern.

Solch individuelle Arbeit stimmte manchmal freilich nicht mit der Tradition überein und führte zu Fehlern, doch diese konnte der Schüler korrigieren, indem er die Glyphe des Lebensbaums in der vorgeschriebenen Weise benützte.

Aus dem bisher Gesagten ist zu ersehen, daß die Kabbala nicht nur eine Wissenssammlung und der Lebensbaum kein Diagramm im gewöhnlichen Sinn des Wortes ist. Sowohl das Wissen als auch die graphische Darstellung sind wichtige und integrale Teile der Kabbala, doch in erster Linie ist sie eine *Anleitung zum Gebrauch des Geistes*, die es dem Eingeweihten ermöglicht, in unmittelbaren Kontakt mit den lebendigen Kräften und Mächten des Universums zu kommen und durch diese mit der ewigen Quelle aller Manifestation.

164

Das System der Kabbala gipfelt, obwohl es ein »okkultes« System ist, in einer erhabenen Mystik und wird dadurch zu einer echten, lebendigen Theosophie. Überdies bewahrt der Kabbalist dadurch, daß er die heiligen Schriften des Alten und Neuen Testaments gleichermaßen nutzt, Kontakt mit den Gruppenseelen der westlichen Völker und entwickelt die Fähigkeit, die Geschicke der westlichen Welt zu beinflussen, nicht, wohlgemerkt, durch äußere politische Mittel, sondern dadurch, daß er in das kollektive Unbewußte Gedankenkeime einbringt, die in der Zukunft Früchte bringen werden.

Der wahre Eingeweihte wirkt auf seine Umwelt nicht nur durch das ein, was er *sagt*, sondern noch viel stärker dadurch, wie er *ist*.

Zum Schluß dieses Kapitels noch eine kurze Darstellung der Geschichte der Kabbala, soweit sie den Wissenschaftlern der westlichen Welt bekannt geworden ist. Das Wort »Kabbala« bedeutet »vom Mund zum Ohr«; das heißt, daß es sich um eine ungeschriebene Tradition handelte, die eine Generation von Eingeweihten an die nächste weitergab. Entgegen der allgemein akzeptierten Ansicht westlicher Wissenschaftler kann eine solche mündliche Überlieferung mit großer Genauigkeit erfolgen; das konnte ich feststellen, als ich diese Dinge in Indien studierte. Doch es kommt immer eine Zeit, in der ein Teil des mündlich Übermittelten niedergeschrieben wird, um es in Form eines privaten Manuskripts unter den Brüdern zirkulieren zu lassen oder um die Öffentlichkeit dafür zu interessieren.

Gelehrte, die sich mit der niedergeschriebenen historischen Kabbala beschäftigt haben, sind zu bestimmten gemeinsamen Schlußfolgerungen gekommen, obwohl sie in anderen Punkten, wie das bei historischen Untersuchungen oft der Fall ist, sehr unterschiedlicher Meinung sind.

Die zwei wichtigsten kabbalistischen Bücher sind der *Sepher Jezirah*, das Buch der Schöpfung, und der *Sohar*, das Buch der Herrlichkeit. Der *Sepher Jezirah* ist das ältere; sein Verfasser soll Rabbi Akiba ben Joseph gewesen sein, Schüler eines Zeitgenossen von Rabbi Gamaliel, der in der Apostelgeschichte erwähnt wird. Inwieweit der *Sepher Jezirah* ältere esoterische Lehren enthält, ist bei den Gelehrten umstritten, doch andere Quellen als rein esoterisch-historische scheinen darauf hinzudeuten, daß der Verfasser, wer immer er gewesen sein mag, in den *Sepher Jezirah* auch in beträchtlichem Maß traditionelles Wissen aufnahm, das durch ägyptische und chaldäische esoterische Lehren, die während der Gefangenschaft assimiliert wurden, gefärbt war.

Der *Sepher Jezirah* wurde jedoch erst im sechzehnten Jahrhundert veröffentlicht. Es war der *Sepher Sohar*, das Buch der Herrlichkeit, der als erster im Westen Aufmerksamkeit erregte. Feindselige Kritiker haben behauptet, dieses Buch sei erst im dreizehnten Jahrhundert von Rabbi Shem Tov de Leon geschrieben worden. Fanatische Okkultisten hingegen behaupten, es stamme aus uralten Zeiten. Die Wahrheit liegt wahrscheinlich, wie so oft, in der Mitte.

Meine Ansicht ist, daß Moses de Leon eine große Zahl im Umlauf befindlicher Manuskripte herausgab, von denen einige lange vor der christlichen Zeitrechnung entstanden waren, während andere in der überaus fruchtbaren talmudischen Periode verfaßt wurden, und daß der Hauptteil dieser Sammlung (ebenfalls aus älteren Quellen) von Rabbi ben Jochai in der Zeit des römischen Kaisers Antoninus (86–161 n.Chr.) zusammengestellt wurde.

Im *Sohar* steht vieles, was dem Geist des Herausgebers entsprungen scheint, einem Geist, der von den allgemein anerkannten Vorstellungen und Ideen seiner Zeit geprägt war, was feindlichen Kritikern natürlich gute Angriffsflächen bietet; doch auch in unserer heutigen Zeit drückt ein Herausgeber dem, was er veröffentlicht, seinen persönlichen Stempel auf – etwas, das sich wohl schwer völlig vermeiden läßt.

Einige Kritiker haben behauptet, daß sich de Leon seinen Unterhalt dadurch verdiente, daß er zahlreiche Abschriften des *Sohar* anfertigte und mit diesen Einnahmen ein zügelloses Leben führte. Waite weist jedoch darauf hin, daß er zum häufigen Abschreiben eines so umfangreichen Buches eine Menge Kopisten gebraucht hätte, wodurch seine Einnahmen so reduziert worden wären, daß ihm nicht viel zum Verschwenden geblieben wäre. Falls er jedoch die Abschriften selbst anfertigte, hätte er keine Zeit gehabt, ein zügelloses Leben zu führen.

Vermutlich zog er aus seiner Arbeit als Herausgeber tatsächlich einigen Gewinn (vielleicht unterstützte ihn ein unbekannter Mäzen bei seiner Arbeit), doch finanzieller Profit dürfte kaum sein einziges Motiv gewesen sein. Daran, daß er angeblich seine Familie vernachläßigte, mag ein Körnchen Wahrheit sein, doch sicher haben dies Übelwollende beträchtlich aufgebauscht. So etwas geschieht in ähnlichen Kreisen auch heute!

Man muß jedoch in Betracht ziehen, daß es in der Zeit, in der Moses de Leon lebte, noch viele andere aus alten Zeiten überkommene verwandte Traditionen gab. Der *Sohar* ist nicht die einzige Quelle. Wieviel aus uralten Zeiten stammendes Heiliges Wissen in den kabbalistischen Werken enthalten ist, können wir nicht entscheiden, doch es steht fest, daß ein Teil dieses Wissens durch sie überliefert worden ist.

Ich erfuhr in diesem Zusammenhang von einem Freund, der Eingeweihter einer schottischen Rosenkreuzer-Bruderschaft ist, daß in deren Lehre und Ritual einige sehr deutliche portugiesische Elemente aus dem elften Jahrhundert enthalten sind. Bei anderen kabbalistischen Bruderschaften sind phönizische Einflüsse zu finden.

Es scheint, daß die aus den Erfahrungen und Erkenntnissen der frühen Hebräer entstandene Grundlehre und -tradition, die uns über Jahrtausende überliefert wurde, durch mannigfache andere Einflüsse bereichert worden ist. In ihrer jüdischen Version ist immer noch viel orthodoxes jüdisches Gedankengut enthalten, das bei der Überarbeitung im elften Jahrhundert Eingang gefunden hat, doch umfaßt sie auch viel uraltes Wissen aus längst vergangenen dunklen Zeiten und, wie man vermuten darf, aus einem untergegangenen Land.

Mit diesem Wissen wollen wir uns in diesem Buch beschäftigen.

2 Auf den vorangegangenen Seiten wurden bereits die sogenannten »wilden Kräfte« erwähnt – anscheinend willkürlich in Erscheinung tretende Fähigkeiten, die in zunehmenden Maß von Psychologen untersucht werden. Es ist typisch, daß diese Forscher für diese Kräfte und Fähigkeiten erst einmal neue Namen erfunden haben, wie »Außersinnliche Wahrnehmung« oder »Psychokinese«. In der ganzen Welt beschäftigen sich die Parapsychologen mit diesen Phänomenen, und in Europa wurde mindestens ein Lehrstuhl für Parapsychologie eingerichtet.

Bei diesen Untersuchungen werden große Personengruppen, vor allem Studenten, getestet, bis man auf jemanden stößt, der eine solche Fähigkeit besitzt. Dieses Vorgehen ähnelt der sprichwörtlichen Suche nach einer Nadel in einem Heuhaufen. Die Seher der esoterischen Schulen sowie Medien und Spiritualisten stehen ihm sehr kritisch gegenüber, doch die moderne Wissenschaft hält sich nun einmal auch auf diesem Gebiet an ihre Methoden und betrachtet nur das, was diesen sehr effizienten Prozeß übersteht, als erwiesen. Das heißt natürlich nicht, daß die auf diesen Untersuchungen basierenden Hypothesen die erforschten Phänomene vollkommen und zufriedenstellend erklären. Man muß die persönliche subjektive Einstellung des Untersuchenden in Betracht ziehen, was eine sehr schwierige Sache ist.

Aus den zahlreichen Forschungsergebnissen, zu denen die Parapsychologen gelangt sind, läßt sich eine klare Schlußfolgerung ziehen: Irgendwo in der mentalen Struktur des Menschen gibt es etwas, das man ein »Dachfenster« nennen könnte, durch das er auf »gefährliche Meere und unheilvolle Welten« hinausblicken kann, doch auch in herrliche, lichterfüllte Bereiche.

Manche Parapsychologen stellen sich die Frage, ob diese Fähigkeiten der Vergangenheit oder der Zukunft des Menschengeschlechts angehören. Sind es Überbleibsel einer primitiven Gabe, die durch zuverlässigere Methoden der Kommunikation wie das gesprochene Wort verdrängt wurde, oder schlummern diese Fähigkeiten in jedem Menschen und sind in allmählicher Entwicklung begriffen?

Die esoterischen Schulen sind der Meinung, daß beides zutrifft und daß es darauf ankommt, welcher Teil des geistigen Apparats benützt wird. Die Fähigkeiten und Kräfte, die man »paranormal« nennt, sind und waren stets Teil des Geistes, doch die Art ihre Manifestation hängt von den Bedingungen ab, unter denen diese stattfindet. Alle Sinneseindrücke, ob physischer oder paranormaler Art, treten *durch* jene Ebenen, die »unterbewußt« oder »unbewußt« genannt werden, in das Wachbewußtsein ein und werden, wenn sie diese Ebenen durchwandern, stets verfärbt und verändert.

Diese »Verfärbung« findet in jedem Fall statt, auch wenn der Beobachter sich noch soviel auf seine »objektive« Einstellung gegenüber der Sache, mit der er sich beschäftigt, zugutehält. Manchmal ist die Verzerrung offensichtlich, und Wissenschaftler erkennen in ihren Beobachtungsergebnissen den sogenannten »persönlichen Faktor«. Doch die eigentliche Verfärbung findet in den tieferen Ebenen des Geistes statt und kann vom Beobachter nicht wahrgenommen werden.

Übertragen wir dies auf die paranormalen Fähigkeiten, leuchtet es ein, daß ihr Erscheinungsbild und ihre Äußerungsformen beim Durchwandern der unterbewußten Ebenen stark verändert und verfärbt werden, und da sie viel tiefere Ebenen durchlaufen als die normalen physischen Sinneseindrücke, ist eine viel größere Verzerrung möglich.

Diese paranormalen Eindrücke erreichen die Ebene des Wachbewußtseins auf zwei Wegen: Erstens über das unwillkürliche oder sympathische Nervensystem; zweitens über das willkürliche oder cerebro-spinale Nervensystem, das sich erst viel später als das erste entwickelt hat.

Manche wissenschaftlichen Schulen ziehen zwischen diesen beiden Systemen eine scharfe Trennungslinie, doch man hat festgestellt, daß beide Systeme praktisch immer zusammenwirken und daß sich nur das Maß ihrer Aktivität ändert. Ein Hauptcharakteristikum des unwillkürlichen Nervensystems ist seine starke Beeinflußbarkeit durch die menschlichen Emotionen. Das cerebro-spinale System hingegen wird durch die vom Wachbewußtsein produzierten Gedanken beeinflußt. Das willkürliche, cerebro-spinale System sollte der Herr und das unwillkürliche System der Diener sein; dies wäre ein Idealzustand, denn bei den meisten Menschen bestimmen, wenngleich in unterschiedlichem Maß, die emotionalen Kräfte die Entscheidungen des Bewußtseins. Es gibt eine Minderheit, bei der sozusagen die Verbindung zwischen den Emotionen und den mentalen Prozessen unterbrochen ist, doch dies führt zu der nüchternen, sterilen Mentalität, die für diese Minderheit so bezeichnend ist.

Alle ins Bewußtsein tretenden paranormalen Eindrücke sind in unterschiedlichem Maß durch die emotionale und mentale Struktur verzerrt und gefärbt. Ist ein Mensch stark von Emotionen beherrscht, so werden die paranormalen Eindrücke hauptsächlich durch das unwillkürliche System transportiert und manifestieren sich auf zufällige, schwankende, dem Willen nicht unterworfene Weise. Dies ist die sogenannte »negative« Medialität, die bezeichnend für Wilde, für ungebildete Menschen und Tiere ist. Die mit dem willkürlichen Nervensystem zusammenhängende »positive« Medialität tritt nur auf, wenn der Besitzer über eine gewisse geistige Entwicklung und Kontrolle verfügt.

Von Leuten, die gegenüber der Entwicklung paranormaler Fähigkeiten eine doktrinäre Haltung einnehmen, wird immer betont, wie wichtig es sei, diese unter Kontrolle zu halten. Es gibt jedoch verschiedene Grade von Kontrolle (kein Medium ist immer imstande, sie völlig zu kontrollieren), und ein sogenanntes »positives« Medium kann unter bestimmten Umständen zu einem »negativen« werden. Diese Verschiebung hängt von Vorgängen im Unterbewußtsein des Mediums ab.

Ein negatives Medium kann von Inhalten seines Unterbewußtseins überschwemmt werden, und seine Beobachtungen auf den inneren Ebenen sind stets stark von diesen beeinflußt. Wird diese Verzerrung berücksichtigt, kann es auf diesem Gebiet trotzdem gute Arbeit leisten und seinen Mitmenschen eine große Hilfe sein. Leider wird ein negatives Medium jedoch häufig zum Mittelpunkt einer Gruppe von Bewunderern. Jede Kritik an seinen Fähigkeiten wird von dieser Gruppe als Ketzerei betrachtet, als empörender Zweifel an den wundervollen Lehren, die sie durch das Orakel empfangen hat. Dadurch wird jede gesunde Selbstkritik, die in diesen Bereichen den besten Schutz darstellt, unterdrückt.

Gelegentlich kommt es vor, daß ein solch negatives Medium beschließt, seine Fähigkeiten in positiver Form zu entwickeln und sich der dazu erforderlichen Ausbildung zu unterziehen.

Seine erste Prüfung besteht darin, daß die paranormalen Fähigkeiten zu seinem Entsetzen völlig verschwinden. Ein solches Medium sagte einmal zu mir: »Ich war über zwei Jahre lang so medial wie eine Ziegelmauer.« Dieser vorübergehende Verlust ihrer Fähigkeit entmutigt manche negativen Medien, die ihre Kräfte in positiver Weise entwickeln wollen, und sie fallen wieder in ihre alte Arbeitsweise zurück. Das ist verständlich, doch wenn sie Ausdauer gezeigt hätten, wären ihre Fähigkeiten in neuer und verbesserter Form zurückgekehrt.

In der Regel fordern esoterische Schulen von ihren Eingeweihten, die positive Kontrolle über ihre inkarnierte Persönlichkeit anzustreben. Dies schließt die Kontrolle über die paranormalen Fähigkeiten mit ein. Aus diesem Grund nehmen sie nicht gern Menschen auf, die Mitglieder sogenannter »Entwicklungszirkel« waren, in denen sie den gewohnheitsmäßigen Gebrauch der negativen Medialität erlernt haben. Werden solche Menschen doch aufgenommen, geschieht meist folgendes: Die durch die Ausbildung gesteigerte mentale Aktivität verlagert das Bewußtsein auf die mentalen Ebenen und das cerebro-spinalen System, woraufhin die Medialität, deren Kanal das unwillkürliche Nervensystem gewesen ist, verschwindet. Dieser Prozeß wird durch die speziellen Übungen, die den Eingeweihten auferlegt werden, bewußt beschleunigt. Östliche Schulen nehmen solche negativen Medien im allgemeinen nicht auf, doch hängt viel von den individuellen Umständen ab.

Medialität manifestiert sich, in ihrer positiven wie in ihrer negativen Form, größtenteils in *bildlichen* Vorstellungen, denn das Unterbewußtsein hat sich in einem Stadium der Evolution entwickelt, in dem es das, was wir unter Sprache verstehen, noch nicht gab. Unter den Begriff »bildlich« fallen nicht nur visuelle, sondern auch akustische und andere Sinneseindrücke. Diese Bilder werden auf ihrem Weg durch das Unterbewußtsein durch dessen Inhalte verzerrt, und so erreichen die aus paranormalen Quellen stammenden Informationen das Bewußtsein in einer verfälschten Form.

Die empfangenen Eindrücke werden entsprechenden geistigen Vorstellungen zugeordnet, genauso wie wir, wenn in einem Gespräch etwas uns Vertrautes erwähnt wird, dazu neigen, uns von der betreffenden Sache eine Vorstellung zu machen, die unserem bereits bestehenden Wissen darüber entspricht. Wenn zum Beispiel jemand während einer Unterhaltung seinen Hund erwähnt, sieht der Zuhörende sofort im Geist seinen eigenen Hund vor sich. Der eine Hund kann sich völlig von dem anderen unterscheiden, doch bis der Zuhörende weitere Informationen erhält, stellt er ihn sich gemäß seinem eigenen Erinnerungsbild vor.

Dieser geistige Mechanismus tritt noch deutlicher in Erscheinung, wenn in einem Gespräch etwas Abstraktes erwähnt wird, und vor allem dann, wenn es sich für den Zuhörenden um etwas völlig Neues handelt. Die in diesem Fall aufsteigenden Vorstellungen können richtig oder auch völlig falsch sein. Solche Vorstellungen, die sich leicht verfestigen, werden in ein mehr oder weniger starres Gedankengebäude eingefügt. Der gleiche geistige Prozeß läuft ab, wenn Informationen durch die paranormalen Sinne empfangen werden, und dies führt zu Problemen. Die paranormalen Eindrücke werden durch das starre Bezugssystem des Geistes verfälscht und infolgedessen auf verzerrte, falsche Weise wahrgenommen. Da jedoch zusammen mit den paranormalen Eindrücken starke Energie von den tieferen Ebenen ins Bewußtsein einströmt, werden solche Wahrnehmungen leicht als sakrosankt betrachtet und dürfen deshalb nicht angezweifelt werden, was oft zu Schwierigkeiten führt. Das Medium glaubt, daß die mit den Wahrnehmungen einströmende Energie ein Beweis dafür ist, daß die Wahrnehmungen *in der Form, in der sie sich ihm darbieten*, richtig sind und verübelt jede Kritik an ihnen.

So ein Medium wird oft zum Mittelpunkt einer Gruppe, die von den Botschaften, die es verkündet, fasziniert ist. So entsteht ein Gedankengebäude, das stark durch das geistige Bezugssystem des Mediums geprägt ist. Dadurch wird verhindert, daß neues Wissen, das das alte verändern könnte, durch den Geist des Mediums einströmt. Außerdem wird das Medium durch einen merkwürdigen, vom Gruppenbewußtsein ausgeübten Zwang daran gehindert, höhere Wahrnehmungsfähigkeiten zu entwickeln.

Da die Benutzung eines Bezugssystems unvermeidlich scheint, haben die esoterischen Schulen ein System ersonnen, das den Vorteil besitzt, so flexibel zu sein, daß es die Aufnahme neuen Wissens gestattet. Überdies zügelt es den Geist der Gruppenmitglieder, wodurch die Herrschaft des Gruppenbewußtseins über das Medium gelockert wird. Dieses flexible Bezugssystem ist der Lebensbaum samt der mit ihm verbundenen Philosophie, diese »mächtige allumfassende Glyphe des Universums und der menschlichen Seele«. Er bildet das theoretische und praktische Fundament der westlichen Tradition. Die westliche Tradition umfaßt auch Elemente, die sich nicht von der hebräischen Kabbala herleiten (darunter keltische und iberische), doch das Wunderbare am Lebensbaum ist, daß er eine Art okkulten »Rosettestein« darstellt. Wenn er als solcher benützt wird, können die Symbole und Glyphen dieser anderen Systeme richtig verstanden und in das kabbalistische System eingefügt werden.

Durch dieses flexible, aus Bildern und Symbolen bestehende System kann die Verfälschung der paranormalen Wahrnehmungen weitgehend vermieden werden. Wenn die paranormalen Eindrücke dieses mentale Sieb erreichen, »erhellen« sie die Symbole, so daß der tiefere Sinn des auf den inneren Bewußtseinsebenen Wahrgenommenen verstanden wird. Dies ermöglicht eine formlose, doch richtige, unmittelbare Wahrnehmung bei körperlichem Bewußtsein. Es liegen Welten zwischen den vagen »Ahnungen« der negativen Medialität und den formlosen, doch klaren Wahrnehmungen eines hochentwickelten Sehers. Gerechterweise muß man jedoch sagen, daß diese unmittelbare Wahrnehmung etwas sehr Seltenes ist. Unter ungünstigen Bedingungen neigen viele Seher dazu, wieder in die negative Medialität zurückzufallen. Jeder, der in diesen höheren Bereichen arbeitet, sollte das Ideal wahrer Seherschaft anstreben und seinen Geist so schulen, daß er immer unabhängiger von äußeren Bedingungen wird.

Die niedere Medialität ist, soweit sie nicht nur »Ahnungen« vermittelt, ein Bewußtseinszustand, in dem vorwiegend Bilder wahrgenommen werden. Dies liegt daran, daß sie mit der Evolutionsphase zusammenhängt, in der das Unterbewußtsein eine vorherrschende Rolle spielte, jener Aspekt des Geistes, der nur ein bildhaftes Vorstellungsvermögen besitzt.

Der Mensch ist ein in hohem Maß kreatives Wesen; er hat durch sein hauptsächlich bildhaftes Denken dem kollektiven Unbewußten der Menschheit zahllose Bilder eingeprägt. Diese Bilder, diese »Schöpfungen von Erschaffenen«, wie sie genannt werden, sind es, die als erstes wahrgenommen werden, wenn die paranormalen Fähigkeiten erwachen, und erst in einem späteren Stadium seiner Entwicklung kann ein Medium ohne sie arbeiten. Doch auch dann beeinflussen und färben die großen archetypischen Bilder des kollektiven Unbewußten seine Visionen, und viel harte Arbeit ist erforderlich, um zu den relativ formlosen Visionen eines Sehers zu gelangen.

Auch für ihn ist der Baum des Lebens eine große Hilfe. Sein Wahrnehmungsvermögen paßt sich dem Symbolsystem des Baumes an. Sind die paranormalen Wahrnehmungen falsch, läßt sich dies daran erkennen, daß die Symbolik nicht mit der Grundsymbolik des Baums übereinstimmt. Der Seher weiß dann, daß seine Vision falsch ist und kann entsprechende Schritte unternehmen.

174

Aus all dem geht hervor, daß regelmäßige meditative Arbeit mit dem Lebensbaum für den Eingeweihten der westlichen Tradition ein wesentlicher Teil der Ausbildung ist. Schließlich wäre noch zu sagen, daß die höhere formlose Wahrnehmung den echten Seher mit jenen verbindet, die den Weg der Mystik gehen. Der Unterschied liegt darin, daß der Seher, obwohl seine Wahrnehmungen formlos sind, immer noch in der Welt der Formen arbeitet.

Im nächsten Kapitel werden wir uns mit jener großen Sphäre des Lebens und der Manifestation, die man die »Astralebene« nennt, und der paranormalen Wahrnehmung in diesem Bereich beschäftigen.

3 Wenn man die Phänomene der Medialität erforscht, erkennt man, daß diese, abgesehen von ihrer Manifestation in der physischen Welt, mit anderen stofflichen Bereichen zusammenhängen, und mit diesen »inneren« Ebenen wollen wir uns in diesem Kapitel befassen. Seher und Medien aller Zeiten haben diese inneren Welten geschildert. Es ist schwierig, all diese Beobachtungen kurz zusammenzufassen, doch ein allgemeiner Überblick dürfte genügen.

Die Beobachtungen stimmen darin überein, daß es eine äußerst feine fluidale Substanz gibt, die nicht zur physischen Welt gehört, jedoch in jedem Atom der physischen Materie vorhanden ist. Sie trägt viele Namen, doch der gebräuchlichste in der westlichen Tradition ist »Astrallicht« oder in der theosophischen Terminologie »Astralplan«. Im Osten wird sie »Kamaloka« oder »Welt der Begierden« genannt. In beiden Traditionen wird sie jedoch als Teil der »mentalen« oder manasischen Welt betrachtet, und man glaubt, daß die beiden Aspekte der Empfindungsebene, Begierde und Intellekt, einer gemeinsamen Welt angehörigen, die als »astral-mentale« oder kama-manasische Welt bezeichnet wird.

Wir müssen uns diese astral-mentale Welt als eine Ebene oder Sphäre fluidaler, beweglicher Substanz vorstellen, durch die Energieströme fließen. Diese Sphäre ist der Sitz von Intelligenzen vielerlei Arten und Grade, von den niedrigsten Bewußtseinsformen über zahlreiche Zwischengrade bis zu den mächtigen Intelligenzen, die von diesen inneren Ebenen aus über alle irdischen Manifestationen herrschen und darüber hinaus auf das dem Planeten innewohnende Leben und Bewußtsein einwirken.

Außerdem schließt man aus den Wahrnehmungen dieser

erhabenen Seher, daß die emotionalen und mentalen Aspekte allen Lebens auf diesem Planeten Teil der entsprechenden Aspekte der Intelligenzen dieser inneren Ebenen sind und daß all dieses Leben und diese Formen vom Immanenten Logos erfüllt sind, der sie existent erhält, dem »durch die Erschaffung der Welt erschlagenen Lamm«, durch dessen ewige Opferung die Welt ernährt und erhalten wird.

Manchmal behaupten Kritiker, die offenbar sehr wenig von diesen Dingen verstehen, daß die esoterische Philosophie »pantheistisch« sei und den Schöpfer mit seiner Schöpfung gleichsetze. Das stimmt nicht, denn in der westlichen Tradition wird Gott stets sowohl als immanent (Seiner Schöpfung innewohnend) als auch transzendent (als höchster Herrscher über alles) betrachtet.

Der esoterischen Lehre zufolge durchdringen die astralmentalen Sphären die physische Welt und erstrecken sich räumlich weit über sie hinaus. Andererseits wird behauptet – und viele Seher haben dies bestätigt –, daß die Substanz dieser Sphäre keine materielle Substanz ist, wie wir sie kennen, sondern eine, die nur in jenem Raum-Zeit-Kontinuum existiert, das »vierte Dimension« genannt wird. Das bedeutet, daß die Materie der inneren Ebenen nicht den gleichen Naturgesetzen unterworfen ist wie die grobstoffliche physische Welt, sondern daß in diesen, wie auf jeder anderen Existenzebene, eigene Gesetze gelten.

Aus diesem Grund benützt der Esoteriker nicht den Begriff »übernatürlich«, denn er ist der Ansicht, daß alles Manifeste nur einen übernatürlichen Aspekt besitzt: den Logos, in dem die Natur aller Ebenen ihren Ursprung hat und in dem alle Naturgesetze ewig gültig sind. Deshalb ist es üblich, die Manifestationen der inneren Ebenen als »paranormal« zu bezeichnen, doch nicht als »übernatürlich«. Bei weiterem Fortschreiten der Evolution wird sich zeigen, daß vieles, was man gegenwärtig als paranormal betrachtet, in die Kategorie des *Normalen* fällt. Wenn der Mensch noch tiefer in die unermeßlichen Bereiche der Schöpfung vorstößt, wird er noch viel mehr entdecken, das sich, wenn er es erforscht, als *normal* erweisen wird. Dem menschlichen Geist sind kaum

Grenzen gesetzt, außer seiner Unfähigkeit, jederzeit über einen bestimmten Punkt vorzudringen, doch sein Horizont erweitert sich ständig.

Eine der erstaunlichsten Eigenschaften dieser supraphysischen Sphäre ist die unglaubliche Formbarkeit ihrer Substanz. Sie ist es, die den esoterischen Schulen ihre praktische Arbeit ermöglicht. Die feinstoffliche Substanz des Astrallichts nimmt jede Form an, die ihr durch die Gedanken empfindungsfähiger Wesen jeglichen Grades eingeprägt wird; so werden in diesen Sphären Myriaden von Bildern aller Art erschaffen. Diese bestehen entsprechend ihrer Herkunft aus zwei klar abgegrenzten Gruppen. Die eine Gruppe entstammt der physischen Welt und ihren Phänomenen, die andere der geistigen Welt jenseits der astral-mentalen Ebenen.

Es wird häufig darüber gespottet, daß die »andere Seite« den Schilderungen der Medien zufolge so »irdisch« und profan aussieht; ein Kritiker sagte sogar, daß die Spiritualisten »den Kosmos zu einer Vorstadt der Erde machen«.

Dies liegt daran, daß das Unterbewußtsein eines Mediums, wenn es den physischen Bereich verlassen und sich in die astral-mentalen Ebenen begeben hat, automatisch Bilder erschafft, die denen der materiellen Welt entsprechen. Die astrale Substanz formt sich gemäß diesen gedanklichen Vorstellungen, und so sieht man sich von einer Szenerie umgeben, die der irdischen sehr ähnelt. Da aber das Unterbewußtsein die gewohnheitsmäßigen Gedanken und Wünsche vieler Jahre enthält, erschafft es automatisch die Bilder, die genau dem Charakter des betreffenden Menschen entsprechen. Deshalb kommt es in diesen feinstofflichen Ebenen so häufig zur Erschaffung »sommerlicher Landschaften«, »dunkler Sphären« oder »grauer Welten«.

Doch nicht nur die diskarnierten Bewohner dieser relativ niedrigen Sphären des Astrallichts erschaffen sich hier ihre Paradiese und Höllen, sondern diese sind auch voller Bilder, die durch die Gedanken von Menschen erzeugt werden, die sich noch in ihrem physischen Körper befinden. So kommen auf diesen inneren Ebenen die bewußten und unbewußten Gedanken vieler Menschen zum Ausdruck. Hier befindet sich das Jungianische »Kollektive Unbewußte«, und das gesamte menschliche Denken wird durch diese große Gedankenform beeinflußt. Da der Mensch »Körper« besitzt, die aus der Substanz dieser astral-mentalen Sphären bestehen, bildet die Menschheit auf diesen Ebenen eine ganz reale Einheit; es ist tatsächlich kein Mensch eine Insel.

Die Lebensenergie, die ständig in diese inneren Sphären und aus diesen in die physische Welt strömt, kommt aus viel höheren Ebenen, manifestiert sich aber in diesen niedrigeren Bereichen in Form jener Energie, die man »Libido« nennt. Diese für das Leben in der astral-mentalen und physischen Welt so wichtige Triebkraft wird durch das kollektive Unbewußte der Menschheit beeinflußt und geprägt. Dies gilt für das Tierreich, das Pflanzenreich, das Mineralreich und ebenso für die seltsame Sphäre, die zwischen der grobstofflichen physischen Welt und den Ebenen des Astrallichts liegt. Dieses Zwischenreich, das die Theosophen »Ätherregion« nennen, ist, wie wir später sehen werden, von größter Bedeutung.

Das Triebleben aller Naturreiche ist von den Energien der inneren Ebenen bestimmt, die durch Intelligenzen aller Grade gelenkt werden; Intelligenzen, die ihrerseits unter der Führung höherer Wesen stehen, deren Wohnsitz die höheren Bereiche der astral-mentalen Welt sind. Die Wesen, die diese Ebenen bevölkern, entstammen den jenseits liegenden geistigen Bereichen. Diese »Gruppenseelen« stellen einen weiteren Aspekt der inneren Welten dar.

Der moderne Mensch betrachtet sich mit einem seltsamen Stolz und Eigendünkel als das einzig wahrhaft intelligente Wesen des Universums. Selbst wenn er intelligentes Leben auf anderen Planeten für möglich hält, ist er davon überzeugt, daß es sich um menschliche Lebensformen handelt oder, falls die in solchen anderen Welten herrschenden Bedingungen dies ausschließen, um Lebewesen, die dem *Homo sapiens* in irgendeiner Weise unterlegen sind.

Was die inneren Ebenen betrifft, so ist der Mensch jedoch nur eine unter vielen sich entwickelnden Lebensformen, und die großen Gruppenseelen der Naturreiche stellen andere

Lebensformen dar. Da aber alles in diesem Kräftestrom eng miteinander verbunden ist, gibt es auch eine enge Verbindung zwischen diesen überirdischen Intelligenzen und dem kollektiven Denken der Menschheit, und dieses beeinflußt natürlich deren Handlungen und Reaktionen.

Es muß betont werden, daß das Astrallicht selbst ohne »Form« ist. Die Formen und Bilder in dieser Sphäre stammen aus den mentalen Bereichen, die es durchdringen. Das Astrallicht selbst besteht aus einer feinstofflichen fluidalen Substanz, die eigenen Gesetzen unterworfen ist. Es ist in erstaunlichem Maß durch mentale Bildekräfte formbar, ganz gleich, ob diese von inkarnierten oder diskarnierten Wesen ausgehen. Einerseits ist es als »kollektives Unbewußtes« eng mit allem auf der Erde inkarnierten Leben verbunden, andererseits ist es das Medium, durch das höhere Intellligenzen gemäß dem Willen des Logos die Geschicke der Welt lenken.

Die Fähigkeit, Bilder im Astrallicht zu sehen, ist relativ leicht zu entwickeln. Manche der klaren Bilder, die viele Menschen kurz vor dem Einschlafen oder Aufwachen sehen und die von Psychologen »hypnogogisch« genannt werden, sind tatsächlich Bilder des Astrallichts. In diesem Bereich arbeiten unausgebildete Medien, doch sie blicken dabei nicht in die wirklichen Astralsphären, sondern diese Bilder sind »Schöpfungen von Erschaffenen«.

Auf ähnliche Weise würde ein Mensch, der im Zentrum einer Großstadt lebt und dieses nie verlassen hat, immer nur die ihn umgebenden künstlichen Bauten sehen und nichts von Wäldern, Bergen und Seen wissen, so daß er eine völlig falsche Vorstellung von der Welt hätte.

Ähnlich ist es bei einem unausgebildeten Medium. Deshalb legen die esoterischen Schulen großen Wert auf eine gründliche Ausbildung, die von medialer Wahrnehmung zur Entwicklung wahrhaft seherischer Fähigkeiten führt. Diese »höhere Medialität« ist nicht mit bildlichen Vorstellungen verbunden, doch bei der praktischen Arbeit verwenden die Schulen das große Symbolsystem des Lebensbaums. Der Lebensbaum ist nicht nur eine große Glyphe oder ein Symbolsystem, sondern im Grunde eine *graphische Darstellung von Beziehungen.* Wenn der Seher in einem bestimmten Stadium seiner Ausbildung aufhört, die Symbole zu benützen, haben sich die Symbol-Beziehungen seinem Geist eingeprägt und bilden das Fundament seiner weiteren Arbeit. Andere esoterische Schulen benützen andere Glyphen, und es steht uns nicht zu, darüber zu urteilen. Das Fundament für uns Anhänger der westlichen Tradition ist jedenfalls der Lebensbaum.

In den höheren Stadien der Medialität »identifiziert« sich der Seher mit dem Wahrgenommenen. In diesem Fall ermöglicht es ihm das Bezugssystem des Lebensbaums, die in diesen hohen Regionen gemachten Erfahrungen zu verstehen und anderen zu vermitteln.

In den niederen astralen Sphären enthalten die wogenden Lichtschwaden Myriaden von Bildern, die durch inkarnierte und diskarnierte Wesen in sie hineinprojiziert wurden, und astrale Kraftströme laden sie mit Energie auf. Dadurch wirken rhythmische Einflüsse auf alles Leben ein, und durch das kollektive Unbewußte verursachen diese Einflüsse im Leben der Menschen jenes Auf und Ab, das die Haupttriebfeder alles guten und bösen menschlichen Strebens ist. So wird von den astralen Sphären aus die Menschheit geführt und gelenkt. Von den niederen Ebenen kommen die Impulse, die im menschlichen Leben das Böse und Disharmonische bewirken; aus dem höheren Astralleben kommen die Einflüsse, die auf unserem Planeten Harmonie, Wahrheit und Liebe fördern.

Wer diese ständig im Verborgenen fließenden Energieströme kennt, kann sie kontrollieren und lenken; dies gehört zur praktischen Arbeit des erfahrenen Esoterikers. Auch hier ist die Arbeit mit dem Baum des Lebens unübertrefflich, denn sie ermöglicht es, im Geist ein Bezugssystem und einen Kanal zur Lenkung dieser starken Kräfte aufzubauen, die ständig die Menschheit und das gesamte Leben auf unserem Planeten beeinflussen.

Die Fähigkeit, die kosmischen Energien der inneren Ebenen zu kontrollieren und zu lenken, muß vom Okkultisten in seiner praktischen Arbeit angewandt werden, doch hier liegt eine sehr wichtige Fallgrube. Man nimmmt allgemein an, daß der Magier über diese Fähigkeiten verfügt und daß es ihm freisteht, sie nach Belieben oder gemäß seiner momentanen Bedürfnisse einzusetzen. Dies ist jedoch ein großer Irrtum, zumindest, was die echten esoterischen Orden anbetrifft. Sicher benützen viele, die diesen Weg eingeschlagen haben, die von ihnen erlangten Kräfte zur Befriedigung ihrer persönlichen Wünsche und Bedürfnisse. Doch der wahre Esoteriker vergißt niemals, daß ihm zu Beginn seiner Ausbildung die Frage gestellt wurde: »Warum wünschst du, unserer Bruderschaft beizutreten?« Damals hat er geantwortet: »Ich wünsche, zu wissen, um dienen zu können«, und dessen muß er sich stets bewußt sein.

Diese Erklärung bedarf vielleicht einer näheren Untersuchung. »Dienen« ist ein Wort, das leicht falsch verstanden werden kann. Der verstorbene Dr. Joad hätte wohl gesagt: »Alles hängt davon ab, was Sie mit ›Dienen‹ meinen.« Das Wort hat verschiedene Bedeutungen, doch für uns ist wichtig, welchen Sinn es im Rahmen einer esoterischen Ausbildung hat. Man kann seinen Mitmenschen dienen, dem Obersten des Ordens und auch Gott. Auch sich selbst kann man dienen. Doch was ist wirkliches Dienen? All dies sind legitime Arten des Dienens; wichtig ist, welche für uns Vorrang hat. Betrachten wir zuerst die letztgenannte Art.

In manchen esoterischen Schulen – vor allem solchen, die eher der Mystik als der wahren Esoterik zugeneigt sind –, ist es üblich, das persönliche Selbst und seine Bedürfnisse zu mißachten, ja zu verachten, was auf einem falschen Verständnis bestimmter mystischer Lehren beruht. Das Schlimme ist, daß viele Menschen gewisse Aussagen großer spiritueller Lehren aus dem Zusammenhang reißen. Dies ist hier der Fall. Es stimmt, daß in einem bestimmten Stadium der esoterischen Ausbildung das persönliche Selbst ins »Meer« des tiefen Selbst eintauchen muß, doch das ist erst möglich, wenn ein bestimmter Grad wahrer spiritueller Entwicklung erreicht ist. Das Bestreben, die Persönlichkeit abzutöten, kann leicht zu einem der größten Hindernisse auf dem Weg werden, und deshalb möchte ich näher darauf eingehen.

Was ist dieses persönliche Selbst, mit dem wir uns

hauptsächlich identifizieren? Was ist sein Zweck? Das Wort »Person« bedeutet »Maske«, was uns an die Schauspieler klassischer Zeiten erinnert, die eine ihrer Rolle entsprechende Maske trugen, also »durch die Maske sprachen«.

In gleicher Weise, behaupten die Esoteriker, spricht und handelt das tiefe Selbst jedes Menschen durch die *Persona*, die Maske des persönlichen Selbst. Doch diese Maske kann nicht nach Belieben aufgesetzt und abgenommen werden, denn in ihr drückt sich das tiefe Selbst aus, das den irdischen Bedingungen von Zeit und Raum sowie zahllosen anderen Einflüssen ausgesetzt ist, die dieses wunderbare Instrument des Selbst verändern und entstellen. Man kann sagen, daß die Persönlichkeit ein »falsches Ich« entwickelt hat, ein Zentrum, um das herum sie aufgebaut wurde und das zu einem bestimmten Zeitpunkt aufgegeben werden muß. *Dies* ist das »Leben«, das hingegeben werden muß, um das ewige Leben zu gewinnen. Doch alles muß in der richtigen Reihenfolge geschehen. Bevor die Persönlichkeit auf diese Weise aufgegeben werden kann, muß sie erst voll entwickelt werden. Nur das Beste darf dem Herrn geopfert werden, und viele sogenannte »Mystiker« täten gut daran, die biblische Lehre zu befolgen: »Ich will dem Herrn, meinem Gott, nicht Opfer darbringen, die ich umsonst habe.«.

Überlegen wir einmal, auf welche Weise der Esoteriker seinen Mitmenschen dienen sollte. Die meisten denken, man diene den Menschen am besten, wenn man sie belehrt, indem man ihnen seine Erkenntnisse vermittelt. Natürlich kann man ihnen auch auf diese Weise dienen, doch wie Christus schon vor so langer Zeit gesagt hat, ist etwas anderes viel wichtiger. Der Esoteriker muß sich immer bewußt sein, daß wahrlich »kein Mensch eine Insel ist«. Er ist durch tieferen Apsekte seines Wesens mit allen Menschen verbunden, und alles, was er sagt, denkt und tut, beeinflußt das Gruppenbewußtsein der Menschheit. So übt jeder einfach dadurch, wie er ist, eine Wirkung auf alle Menschen aus, doch die Wirkung, die von einem ausgebildeten und engagierten Okkultisten ausgeht, ist besonders stark und positiv. So hilft der Okkultist der Menschheit einfach dadurch, wie er ist; er kann wie ein unsichtbares, doch sehr wirksames Ferment wichtige Veränderungen in seiner Umgebung verursachen.

Wir kommen zu jener Art des Dienens, über die so viele törichte und kindische Meinungen verbreitet sind: dem Dienst, der den Adepten und Meistern des esoterischen Weges geleistet wird. In neueren okkulten Büchern ist die Vorstellung von »Meistern« und Adepten so entstellt worden, daß sie für ernsthafte Denker inakzeptabel wurde. »Der Mensch wünscht sich innigst einen Gebieter«, heißt es. In der Zeit des Faschismus und Nationalsozialismus hat sich gezeigt, daß sehr viele Menschen bereit sind, sich von anderen das Denken abnehmen lassen. Sie scheinen nicht den Mut zu haben, ihr Schicksal selbst in die Hand zu nehmen und stützen sich gern auf andere, die ihnen den Weg zeigen und sie, wenn nötig, antreiben.

Wenn diese Haltung auf dem Gebiet der Esoterik eingenommen wird, kann sie leicht zu einer spirituellen Versklavung werden, die genauso schlimm ist wie jede andere Knechtschaft. Dies ist das letzte, was sich die Adepten wünschen. Sie brauchen reife Männer und Frauen (wobei bedacht werden muß, daß Reife nicht immer eine Sache des Alters ist), die auf eigenen Beinen stehen und nicht auf krankhafte Weise von ihren Oberen abhängig sind. Die in dieser Hinsicht gebräuchlichen Begriffe fördern eine solche Abhängigkeit. Die Worte *Chela* und *Guru*, die in den östlichen esoterischen Systemen so häufig benützt werden, übersetzt man gemeinhin mit »Schüler« und »Lehrer«. Diese Übersetzung würde zutreffen, wenn die Schüler-Lehrer-Beziehung in den östlichen und westliche Systemen das gleiche bedeutete, doch die östliche esoterische Ausbildung beruht weitgehend auf einer Jüngerschaft, die dem westlichen Geist fremd ist. Gerechterweise muß erwähnt werden, daß die echten esoterischen Schulen des Ostens nicht die servile Unterwürfigkeit fordern, die für soviele Aspiranten des Hinduismus bezeichnend ist.

Die echten esoterischen Lehrer verlangen von ihren Anhängern keinen sklavischen Gehorsam, doch sie fordern, daß der Schüler »die Regeln befolgt«. Hier dürfte es sich für jene

Leser, die die Mönchsorden der christlichen Kirche kennen, um etwas Vertrautes handeln. Die Gemeinschaften von Mönchen oder Nonnen leben und arbeiten »unter Obedienz«. Viele protestantische Kritiker dieses Systems scheinen der Meinung zu sein, daß die Mitglieder dieser Gemeinschaften dem Vorstand ihres Klosters unbedingten Gehorsam geloben müssen. Das ist falsch. Eine bestimmte Disziplin ist natürlich erforderlich, denn keine Gemeinschaft kommt ohne irgendeine Form von Kontrolle aus, doch was von dem Novizen gefordert wird, wenn er sein Gelübde ablegt, ist Gehorsam gegenüber der »Ordensregel«, und dieser Regel ist die gesamte Gemeinschaft, vom höchsten bis zum niedrigsten Mitglied, verpflichtet.

Wenn wir einen der Orden, die Benediktiner, als Beispiel nehmen, dann sehen wir, daß das gesamte Leben der Gemeinschaft durch die Regel bestimmt ist, die der Gründer des Ordens, der Heilige Benedikt, aufgestellt hat und daß sich alle Brüder bereitwillig an diese Regel halten. Jede Entscheidung des Vorstands der Gemeinschaft kann von einem Bruder ohne Bedenken angefochten werden, wenn er der Meinung ist, daß damit gegen die Regel verstoßen wurde.

In den esoterischen Schulen wird in Wirklichkeit der Ordensregel Gehorsam geleistet, die hinter der äußeren Schule steht, denn die esoterischen Schulen sind »Ableger« der großen Orden, die im Verborgenen wirken. Vielleicht läßt dies manchen noch mehr zweifeln, ob er einer esoterischen Schule beitreten soll, doch die Ordensregel wird stets bekanntgegeben, und jeder kann deshalb entscheiden, ob sie seiner moralischen und ethischen Einstellung entspricht.

Jede Abweichung von den Ausbildungsmethoden ist untersagt. Alle vorgeschriebenen Übungen müssen durchgeführt werden, denn sie sind Teil der Ausbildung. Die Lehrer sind jedoch stets bereit, dem Schüler bei Schwierigkeiten zu helfen, wenngleich von diesem verlangt wird, sich zuerst selbst zu bemühen, sie zu bewältigen. Der Schüler muß sich stets bewußt sein, daß Disziplin unter anderem bedeutet, die Regeln freiwillig und freudig zu erfolgen und sich nicht wie ein störrisches Maultier dagegen aufzulehnen.

Schließlich kommen wir zur höchsten Form des Dienens: dem Dienst an Gott. Hier gibt es zwei verschiedene Stadien, die beide von großer Wichtigkeit sind. Im ersten Stadium hat man ständig danach zu streben, das persönliche Bewußtsein zu erheben, um – und sei es nur in geringem Maß – in Berührung mit der ewigen Macht, Liebe und Weisheit zu kommen. Von Beginn seiner Ausbildung an wird esoterischen Schülern gelehrt, sich darum zu bemühen und »Geist, Seele und Körper ständig als lebendiges Opfer darzubieten«. Im Ritual des Kabbalistischen Kreuzes geschieht mit körperlichen Gesten und den Worten *Ateh, Malkuth, ve Geburah, ve Gedulah le Olam*: »Dein ist das Reich, die Kraft und die Herrlichkeit in Ewigkeit.«

Führt der Schüler beharrlich seine Übungen durch, erfährt er im Verlauf seiner Ausbildung und der Entwicklung seiner inneren Kräfte »Erleuchtungen«, in deren Licht er lernt, das gesamte Leben von einer anderen Warte aus – *sub species eternitas* – zu betrachten. Schließlich erkennt er auf dem Zeichenbrett des Baumeisters unseres Universums den Plan, der aller Evolution zugrundeliegt. Nun muß er von dem Berg, den er erklommen hat, wieder ins gewöhnliche Leben hinabsteigen und sich bemühen, gemäß dem Willen, der sich in diesem Plan ausdrückt, zu leben und zu arbeiten. Nur dann kann der Schüler wahrhaft Glück und Ruhe finden gleich den erlösten Seelen, die zu Dante sagten: »In Seinem Willen ist unser Friede.« So vereinigt sich am Ende der Pfad der Esoterik mit denen der Mystik, des Okkultismus und der Naturmystik. Ebenso, wie in den Heiligen Mysterien auf dem himmlischen Altar Brot und Wein geopfert und dann an die Gläubigen am irdischen Altar verteilt werden, damit sie das Leben und die Kraft des Ewigen in sich aufnehmen, opfert der Aspirant sein Selbst, um Erleuchtung und Kraft für sein Wirken zu erlangen. Nur so dient er dem Allerhöchsten auf rechte Weise und findet in diesem Dienen vollkommene Freiheit.

4 Es ist nicht beabsichtigt, hier in allen Einzelheiten auf die moderne Psychologie einzugehen, denn im Gegensatz zum alten Gallien besteht sie aus wesentlich mehr als drei Teilen. Doch die zahlreichen psychologischen Schulen leiten sich hauptsächlich von den drei Systemen her, die mit den Namen Freud, Adler und Jung verbunden sind. Diese modernen psychologischen Theorien unterscheiden sich von der akademischen Psychologie des neunzehnten Jahrhunderts vor allem dadurch, daß in ihnen das Konzept vom menschlichen Selbst eine ungeheure Erweiterung erfährt. Die alte Psychologie betrachtete den Menschen als ein völlig bewußtes Wesen, als eine »abgekapselte Entität«, deren Psyche nur aus bewußten Gedanken, Emotionen und Bestrebungen bestand.

Die Entstehung zahlreicher unorthodoxer philosophischer und religiöser Richtungen und vor allem der moderne Spiritualismus und die Theosophie machten es notwendig, die neuen Fakten in das vorhandene psychologische System einzufügen. Dabei stellte man fest, daß das System selbst stark verändert werden mußte, damit all die neuentdeckten Aspekte des menschlichen Geistes hineinpaßten.

Dem englischen Parapsychologen F.W.H. Myers verdanken wir das Konzept des sogenannten »subliminalen Bewußtseins«. Das Wort »subliminal« ist von »limen« (Schwelle) abgeleitet. Myers stellte die These auf, daß das Bewußtsein nur einen Teil der Psyche darstellt. Nach seiner Meinung ist es nur das »Erdgeschoß«, sozusagen die Schwelle des gesamten Gebäudes. Darüber und darunter befinden sich nach seiner Theorie andere psychische Ebenen, über die das Bewußtsein wenig Kontrolle hat. Von diesen »subliminalen« und »supraliminalen« Bereichen gehen aber ständig bestimmende Einflüsse und Wirkungen aus. (Die Bezeichnung »supraliminal« wurde von Myers anfangs für das Wachbewußtsein benützt, doch später nahm sie eine andere Bedeutung an). Myers machte anfangs keinen Unterschied zwischen den Ebenen des subliminalen Bewußtseins, doch andere übernahmen seine Ideen und entwickelten das Konzept von den »unterbewußten« Schichten der Psyche.

Die neue psychologische Theorie wurde von den konservativen Psychologen jener Zeit heftig angegriffen, durch Freud und seine Pionierarbeit jedoch untermauert und ausgebaut. Als seine Theorien über die Welt hereinbrachen, stießen sie auf starken Widerstand und wurden von vielen Menschen als höchst suspekt betrachtet; um zu verstehen, warum dies so war, ist es notwendig, auf seine wichtigsten Ideen kurz einzugehen.

Freud war Arzt und Psychologe. Bei der Arbeit mit seinen Patienten entwickelte er bestimmte Ideen, um diesen abnormale psychische Vorgänge bei Geistesgestörten zu erklären. Dabei erkannte er, daß ein großer Teil des psychischen Verhaltens normaler Menschen auf die gleiche Weise erklärt werden konnte. Er stellte wie Myers und viele andere fest, daß der unterhalb der Bewußtseinsschwelle liegende Teil der Psyche, das »Unterbewußtsein«, durch jeden über die fünf Sinne empfangenen Eindruck beeinflußt wird. Alle derartigen Eindrücke sowie die durch sie hervorgerufenen Emotionen und Gedanken werden in diesen tiefen Ebenen des Bewußtseins registriert.

Da gemäß dem jeweils gültigen Moralkodex viele dieser Emotionen und Gedanken für das Bewußtsein jedoch nicht akzeptabel sind, entstand ein sogenannter »endopsychischer Zensor«, der die Aufgabe hat, das Aufsteigen solcher nicht akzeptablen Inhalte des Unterbewußtseins ins Bewußtsein zu verhindern – eine Art in nur einer Richtung durchlässiges Sieb, das ins Unterbewußtsein absinkende Eindrücke passieren läßt, doch das Wiederaufsteigen dieser nicht akzeptablen Gedanken und Emotionen ins Bewußtsein unterbindet.

»Aus den Augen« heißt aber keineswegs »aus dem Sinn«. So entdeckte Freud, daß diese unerwünschten Emotionen und

Gedanken in den Tiefen des Unterbewußtseins sehr lebendig und aktiv sind und daß sie – ein sehr wichtiger Punkt – das Wachbewußtsein ständig beeinflussen. Bei der Arbeit mit seinen Patienten fand Freud heraus, daß diese Inhalte des Unterbewußtseins unter dem ständigen Druck von Kräften stehen, die in die tiefsten Schichten des Bewußtseins eindringen. Diese Kräfte sind Abspaltungen einer dynamischen Energie, die die erhaltende Kraft der gesamten Persönlichkeit ist, des Bergsonschen *Élan vitale*. Diese Triebkraft nannte Freud »Libido«, und in Zusammenhang mit ihr machte Freud seine wertvollsten und spektakulärsten Entdeckungen. Er stellte fest, daß die einfließende Energie sich in drei Hauptströme aufteilt und daß diese die Kräfte hinter den drei »Trieben«, dem Selbsterhaltungstrieb, dem Sexualtrieb und dem Herdentrieb sind.

Freud beschäftigte sich hauptsächlich mit dem Sexualtrieb; deshalb gerieten seine Ideen unverdienterweise in Verruf. Im allgemeinen versteht man unter Sexualität etwas ganz Bestimmtes und Begrenztes, doch Freud benützte diesen Begriff in einem viel weiteren Sinn, der die mannigfachen Ausdrucksformen der Kreativität umfaßt, von der die körperliche Sexualität nur ein Teil ist.

Er entwickelte eine Technik, die ihm Zugang zu den Tiefen des Unterbewußtseins verschaffte und es ihm ermöglichte, seine Funktionsweise zu studieren. Diese Technik (»Psychoanalyse«) ermöglichte es ihm, durch freies Assoziieren und Deutung der Träume des Patienten hinter den »Zensor« vorzudringen und ins Unterbewußtsein verdrängte Inhalte bewußt zu machen. Er stellte fest, daß dadurch starke emotionale Energien, die diese verborgenen Gedankenkomplexe an sich gebunden hatten, freigesetzt werden und daß dies positive Wirkungen auf den Patienten hat. Freud entdeckte auch, daß sich bestimmte Gedankenkomplexe vom bewußten Denken abspalten und verselbständigen können. Diese Abspaltung hat oft sehr ernste Folgen, denn die abgespaltenen Komplexe können zu schweren Persönlichkeitsveränderungen führen. Klassische Fälle wie die multiple Persönlichkeit der »Sally Beauchamp« (oder in neuerer Zeit der von

Evelyn Lancaster, deren Geschichte in den Büchern *The Three Faces of Eve* und *Strangers in My Body* geschildert wird) zeigen, welche Ausmaße eine Schizophrenie annehmen kann.

Es wurde Freud und seinen Mitarbeitern klar, daß einer der Faktoren, die die Abspaltung bewirken, die Verdrängung von Dingen, die gegen die Normen des Wachbewußtseins verstoßen, ins Unterbewußtsein ist. Statt zuzugeben, daß bestimmte Gedanken und Emotionen selbsterschaffen und natürlich sind, weigert sich das Wachbewußtsein, sie anzuerkennen und bewußt zur Kenntnis zu nehmen und schiebt sie ins Unterbewußtsein ab, wo sie die einströmende Nervenenergie blockieren oder in abnormale Kanäle umleiten. Freud war der Meinung, daß die psychischen Störungen verschwinden, wenn diese Komplexe bewußt gemacht werden; dies bestätigte sich auch in vielen Fällen.

Zwei Mitarbeiter Freuds, Alfred Adler und Carl Gustav Jung, fanden jedoch, daß Freuds Ansicht, die Sexualität sei die Hauptursache psychischer Erkrankungen, nicht hinreichend bewiesen sei und entwickelten eigene abweichende Theorien. Adler hob den »Machtkomplex« stark hervor und hielt diese Manifestation des Selbsterhaltungstriebs für die Ursache zahlreicher psychischer Störungen, die Freud der Sexualität zuschrieb. Wenn Resultate ein Kriterium sind, dann haben diese bewiesen, daß er recht hatte, und die Psychologen seiner Schule haben viel gute Arbeit geleistet.

Nach meiner Ansicht übertrifft jedoch das von Jung entwickelte tiefenpsychologische System die seiner illustren Kollegen bei weitem; außerdem stimmt es mit den Auffassungen der Kabbalisten viel mehr überein als die beiden anderen. Es sei nur kurz darüber gesagt, daß Jung die sogenannte Libido als eine Kraft erkannte, von der alle physischen Kräfte oder Lebenskräfte Manifestationen sind. Diese Lebensenergie fließt zwischen den beiden Polen, dem bewußten und dem unbewußten Aspekt der Persönlichkeit, hin und her. Tritt im bewußten Selbst ein Mangel an dieser Libido auf, so führt dies zu einem Energieüberschuß im Unbewußten; wenn die Lebensenergie aus dem Unbewußten (der Quelle, aus der sie in die menschliche Persönlichkeit strömt) überfließt, manifestiert sie sich in Polaritäten. Hier liegt eine Entsprechung zu den zwei Säulen des kabbalistischen Lebensbaums mit den obersten Sephirot Chockmah und Binah vor.

Freud betrachtete das Unbewußte als einen Bereich, in den Emotionen, Gedanken und Erinnerungen, die dem bewußten Selbst inakzeptabel sind, verdrängt werden. Darin stimmte Jung mit ihm überein, doch seine Forschungen führten zu dem Schluß, daß es auch der Sitz des kollektiven Unbewußten ist, in dem die Erfahrungen unserer Vorfahren gespeichert sind. Man kann das bewußte Selbst als ein Anhängsel des Unbewußten betrachten, ebenso wie der sichtbare Teil eines Eisberges das Anhängsel der größeren, unter Wasser befindlichen Eismasse ist. Eine noch bessere Analogie stellt eine Gebirgskette dar. Die einzelnen Erhebungen stellen jeweils ein individuelles Bewußtsein dar, die Gipfel das kollektive Unbewußte der verschiedenen Völker und menschlichen Gruppierungen, und die Masse der Gebirgskette entspricht dem animalischen und pflanzlichen Leben des Planeten. All dies zusammen hat ein gemeinsames Fundament: die Erde.

Wenn das Bewußtsein ein Anhängsel des Unbewußten ist, dann befinden sich in diesem die Quellen des Lebens, und die Libido ist nicht als eine blindlings ins Bewußtsein einströmende Energie zu betrachten, sondern als eine *lenkende* Kraft mit bestimmten Charakteristika.

Diese lenkende Kraft übt einen ständigen auf Weiterentwicklung abzielenden Druck aus, der das bewußte Selbst erkennen läßt, daß es Chancen und Möglichkeiten gibt, die verwirklicht werden können. Doch diese Erkenntnis kann zu einer einseitigen Einstellung gegenüber dem Leben führen. Die sich ständig ändernden äußeren Umstände erfordern geistige Flexibilität, und wenn eine starre, einseitige Einstellung diese verhindert, gerät der Mensch in einen ewig gleichen Trott, wodurch der Zustrom von Lebenskraft so eingeschränkt wird, daß verschiedene psychische Störungen und Krankheiten entstehen können. Die schlimmste Form ist die im Fall der Evelyn Lancaster aufgetretene völlige geistige Dissoziation, doch es gibt auch zahlreiche weniger schwere.

Die Reaktion der Libido auf solche inneren Konflikte kann darin bestehen, daß sie sich in die Tiefen der Persönlichkeit zurückzieht. Dies bedeutet, daß dem bewußten Selbst ein großer Teil der benötigten Lebenskraft entzogen wird, so daß es nicht mehr fähig ist, mit dem Leben fertig zu werden; es kämpft, wo es diplomatisch sein sollte, und ist diplomatisch, wo es kämpfen sollte, ist aber nicht imstande, so lange konsequent bei einer Verhaltensweise zu bleiben, daß sie wirklich von Nutzen sein könnte. Durch die Regression der Libido ins Unbewußte entwickeln sich aber bestimmte Heilungskräfte, und wenn die latenten Energien genügend stark geworden sind, können sie das Bewußtsein überschwemmen. So eine Eruption des Unbewußten kann, wenn sie richtig gesteuert wird, die Starrheit des bewußten Selbst lockern und den betreffenden Menschen befähigen, eine neue Einstellung gegenüber den äußeren Umständen zu finden. Die Aktivität der Lebenskraft ist einem bestimmten Rhythmus unterworfen. Auf eine Zeit der Progression folgt eine Zeit der Regression, und diese *Enantiodromie*, wie Heraklit diesen Wechsel nannte, ist normal. Probleme entstehen, wenn zu stark an einem der beiden Pole festgehalten wird.

Vieles, was der Mensch erlebt, ist ihm unangenehm und widerlich. Diese Erfahrungen werden vom »Zensor« unter die Schwelle des Bewußtseins verdrängt, so daß sie sich nicht in bewußten Gedanken, Worten und Taten manifestieren können. Diese Verdrängung ist etwas Normales und Notwendiges. Schwierigkeiten stellen sich ein, wenn das bewußte Selbst die Haltung einnimmt: »Über all dies bin ich erhaben; ich bin nicht dafür verantwortlich. Solche Gedanken und Gefühle lasse ich nicht zu.« Das Verdrängte ist »aus den Augen«, aber keineswegs »aus dem Sinn«. Es bindet einen Teil der einströmenden psychischen Energie an sich und bildet sozusagen ein »Widerstandsnest« in der Persönlichkeit. Es führt einen ständigen Krieg gegen das Wachbewußtsein und versucht immer wieder, ins Wachbewußtsein aufzusteigen und es zu beeinflussen. Im täglichen Leben manifestieren sich diese Versuche als irrationale Worte und Handlungen, deren Ursache nicht erkenntlich ist.

Deutlicher zeigen sich diese verdrängten Komplexe im Schlafzustand, als könnten, um bei unserer Analogie zu bleiben, die Bewohner des »Widerstandsnests« sich nachts freier bewegen. In den Träumen des Individuums steigt das Verdrängte in symbolischer Form ins Bewußtsein auf. In ihrer wirklichen Form würde sie der Zensor nicht passieren lassen, doch als Symbole verkleidet gelangen sie an ihm vorbei in die bewußten Ebenen. Freud und Jung haben Techniken der Traumdeutung entwickelt, die es ihnen ermöglichten, die verborgenen Komplexe, die die neurotischen Störungen ihrer Patienten verursachten, zu erkennen. Die ersten Psychoanalytiker waren der Meinung, daß diese, zusammen mit der Methode des »freien Assoziierens«, ausreichten, um eine Heilung herbeizuführen. Jung gab sich damit jedoch nicht zufrieden. Er war der Ansicht, daß es nicht genügte, den Damm niederzureißen, der die aufgestauten Komplexe blockierte, sondern daß es auch notwendig war, neue Kanäle zu schaffen und die einströmende Libido so zu lenken, daß keine derartigen Probleme mehr entstehen konnten.

Einer anderen Theorie Jungs zufolge können die Menschen in zwei Haupttypen eingeteilt werden, den extrovertierten (nach außen gewandten) und den introvertierten (nach innen gewandten). Reine Typen sind selten; im allgemeinen weist die menschliche Persönlichkeit überwiegend Züge einer dieser Kategorien auf. Beide Typen stellen eine normale Lebenseinstellung dar, doch können beide bestimmte psychische Krankheiten entwickeln, wenn ihr Verlangen, den Problemen und Belastungen des Lebens zu entfliehen, extreme Formen annimmt.

In den Träumen beider Typen tauchen häufig Symbole auf, die in der Kindheit der Menschheit – oder auch in späteren Epochen der Menschheitsgeschichte – eine praktische Rolle gespielt haben, dem Durchschnittsmenschen jedoch im allgemeinen unbekannt sind. Diese Symbole scheinen sehr reale Energiequellen innerhalb des Selbst darzustellen. Sie werden »Archetypen« genannt und sind von großer Bedeutung, weil sie anzeigen, in welche Richtung die Libido zu fließen bestrebt ist. Hat ein solches Symbol eine zusammengesetzte Form, dann nennt man es Glyphe oder »Mandala«. Man hat die Glyphe als »Wappen« der Kräfte bezeichnet, mit denen man es zu tun hat, und die Erschaffung solcher Glyphen ist eine normale Aktivität der menschlichen Persönlichkeit. Bei Neurotikern und Psychopathen scheinen solche Glyphen im Traumzustand oder spontan im Wachzustand auf und stellen Hinweise auf die die Neurose verursachenden Kräfte dar.

Wenn wir den Lebensbaum, der ein sehr altes Mandala ist, genau betrachten, zeigt sich, daß er mit den Ideen Jungs stark übereinstimmt – oder sollte man sagen, daß die Lehren der Jungschen Schule sehr den alten Lehren ähneln?

Es gibt noch andere Lehren des Schweizer Tiefenpsychologen, auf die nicht näher eingegangen werden kann, weil es hier zuviel Platz erfordern würde, doch sei soviel gesagt, daß sie »auf den Baum gelegt« werden können, was bedeutet, daß sie mit dem Schema dieser mächtigen Glyphe übereinstimmen.

Einen Punkt gibt es jedoch in den Lehren Jungs, den wir noch erwähnen möchten: sein Konzept vom »Selbst«. Wir neigen dazu, uns hauptsächlich mit dem Ego, dem »Ich bin« zu identifizieren: dem persönlichen Selbst. Doch Jung meint, daß dieses empirische, falsche Ego aufgegeben werden muß oder, besser gesagt, durch ein neues Bewußtseinszentrum ersetzt werden muß, in dem die bewußten und unbewußten Aspekte der Persönlichkeit im Gleichgewicht sind. Diese Notwendigkeit betont auch die auf dem Baum des Lebens basierende Philosophie: das falsche Ego hinzugeben, um ein erfüllteres Leben zu gewinnen.

All dies zeigt, daß die von C. G. Jung entwickelte Tiefenpsychologie den Lehren und Praktiken der Mysterienschulen und vor allem denen der kabbalistischen Tradition sehr nahe steht.

Ein so komplexes Lehrgebäude kann natürlich nicht in ein paar Absätzen auf angemessene Weise dargestellt werden, doch hoffen wir, dem Leser eine gewisse Vorstellung davon vermittelt zu haben. Zusammenfassend sei dazu noch gesagt, daß Jung das Unbewußte nicht nur als Abfallhaufen der

Psyche betrachtet, von dem die reinen Wasser der Lebenskraft verunreinigt werden, wenn sie ihn durchfließen, weshalb alle möglichen Hindernisse errichtet werden, um ihnen den Weg zu versperren, sondern auch als Nährboden, aus dem die Lebenskräfte in alle Teile des Selbst strömen. Wie Jung selbst erklärte, dient sein System in erster Linie der Schaffung einer ausgeglichenen, integrierten Persönlichkeit.

Dies ist auch das erklärte Ziel der Philosophie, die auf dem Lebensbaum basiert – der mächtigen, allumfassenden Glyphe des Universums und der menschlichen Seele.

5 Wie die Alten sagten, wurde den in die Mysterien Eingeweihten als höchste Gunst die Freiheit von Todesfurcht zuteil. Mag dies auch im Fall der leicht zugänglichen Eleusinischen Mysterien etwas zweifelhaft sein, so traf es auf die in die tieferen Mysterien Eingeweihten sicher zu.

Natürlich gab es zu jener Zeit auch einen niedrigen, mit Astrologie kombinierten Spiritismus, und vielen, die an Seancen teilnahmen, lieferten diese verstandesmäßige Beweise für die Existenz anderer Daseinsbereiche außer der physischen Welt. Manche mögen sie sogar zu der Überzeugung gebracht haben, daß es ein ewiges Leben gibt, wie die erhabeneren Mysterien es tun.

In beiden Fällen waren die schon erwähnten »wilden Kräfte« der Faktor, der diese Überzeugung bewirkte, obwohl natürlich hinsichtlich ihrer Anwendung und Beherrschung bei beiden Richtungen beträchtliche Unterschiede bestanden. Doch das Wesentliche war immer die *unmittelbare Erfahrung*. Bei den echten Mysterienschulen wurde großer Wert darauf gelegt, daß der Eingeweihte selbst die Gesetze erkannte, die dem Beobachteten zugrundelagen; dem gleichen Zweck dienten bei den anderen Richtungen *chthonische* (»unterweltliche«) Kulte, die durch viele fremde Elemente verfälscht und verunreinigt waren. In beiden Fällen ging es jedoch um die *unmittelbare Erfahrung* paranormaler Phänomene; eine Erfahrung, die zur Befreiung von Todesfurcht führte. Doch es ist möglich, daß man den Wald vor lauter Bäumen nicht sieht, und so war es in beiden Fällen. In den Mysterienschulen verhinderte häufig die Überbetonung des Intellekts diese unmittelbare Erfahrung, während die emotional betonten Unterweltskulte mit ihren obskuren Beschwörungen ebenfalls die Macht einbüßten, ihren Anhängern unmittelbare Erfahrungen zu vermitteln. So ging man sowohl bei den Mysterienschulen als auch bei den chthonischen Kulten dazu über, sich auf die Botschaften zu stützen, die bestimmte Personen mit paranormalen Fähigkeiten empfingen, die Seher, und falls es sich um Frauen handelte, Pythia oder Orakel genannt wurden.

Im Bereich der Mysterienschulen waren die Orakel von Delphi und Dodona wahrscheinlich die berühmtesten, während bei den chthonischen Kulten »der weise Mann« und »die weise Frau« wegen ihrer medialen Fähigkeiten als Informationsquelle zunehmend an Bedeutung gewannen. Der Verlust der unmittelbaren Erfahrung hatte jedoch in beiden Fällen sehr nachhaltige Folgen. In den Mysterienschulen führte er zu sterilem Philosophieren und bei den chthonischen Kulten zu Streitigkeiten zwischen den Anhängern verschiedener Medien, die die schlimmsten Aspekte des menschlichen Wesens zum Vorschein brachten.

Es war eine der anziehendsten Seiten des Christentums, daß es allen seinen Anhängern die Möglichkeit der unmittelbaren Erfahrung bot. Seine höchste Botschaft war das Werk des sühnenden Gottessohnes und die Möglichkeit, in unmittelbaren lebendigen Kontakt mit Ihm zu treten. Seine zweite Botschaft war die Verkündung der Wiederauferstehung, verbunden mit dem Beweis für das Überleben des körperlichen Todes, und die Proklamation einer neuen Ordnung. Die Mächte des Bösen waren besiegt und der Mensch ihren Klauen entrissen. Dies war die gute Nachricht, die das Christentum in der ganzen Welt verbreitete. In dieser Atmosphäre lebendigen Glaubens offenbarte sich den kleinen christlichen Gemeinden, daß die Kraft, die Er ihnen verheißen hatte und die für sie die höchste Weisheit und Tröstung darstellte, den Menschen befähigte, »unsichtbare Dinge« auf unmittelbare Weise wahrzunehmen. So zählt Paulus in seinem ersten Brief an die Korinther die »Gaben« oder *Charismata* auf, die dem Menschen zuteil werden, doch weist er wie alle großen religiösen Lehrer darauf hin, daß die »geistlichen Gaben« eigentlich parapsychologische Gaben sind. Sie sind nicht im Sinne dessen, was man die ethische Bedeutung dieses Wortes nennen könnte, *geistlich,* sondern, wie Paulus sagte, »Stückwerk«. Das einzig Wahre ist, die Kräfte des Herzens und des Geistes darauf zu richten, Gott und den Menschen zu dienen. »Die größte unter ihnen aber ist die Liebe«, sagt der Apostel.

Andererseits aber war diese unmittelbare Erfahrung für die Kirche in ihrer Anfangszeit eine große Hilfe, da sie jedermann die Möglichkeit bot, individuell mit unsichtbaren Dingen in Kontakt zu kommen, und solange diese Möglichkeit anerkannt wurde, wurde die Kirche immer stärker.

Als dem Christentum Menschen zuströmten, die in die Mysterien der älteren Religionen eingeweiht waren, entstand eine innere Lehre, die auf den hebräischen Traditionen und den Lehren, die Christus seinen Jüngern erteilt hatte, basierte, jedoch durch griechische, persische und ägyptische Einflüsse bereichert wurden und aus der sich der Christliche Gnostizismus entwickelte. Diese gnostische Bewegung ist immer starker Kritik ausgesetzt gewesen. Diese war zum Teil berechtigt, denn nicht alle gnostischen Schulen entsprachen den von Christus gestellten Anforderungen, doch es gab auch ganz andere, die die gehässigen Angriffe des »Heiligen« Irenäus und anderer nicht verdienten.

Weitere Elemente im komplizierten Gewebe der frühchristlichen Kirche stellen Klemens von Alexandria und Origenes dar. Wenn man ihre Schriften sorgsam studiert, erkennt man, daß es innerhalb der Kirche einen inneren Kreis von Menschen gab, die nicht nur unmittelbare Erfahrungen mit übernatürlichen Dingen hatten, sondern auch Erben eines über Jahrtausende hinweg übermittelten uralten Wissens waren.

Mit zunehmender Säkularisation der Kirche und der Ausdehnung ihrer Macht in politische Bereiche wurde die unmittelbare Erfahrung der äußeren Organisation untergeordnet; die Bewahrer tieferer Lehren wurden aus der Kirche ausgestoßen, doch die »geistlichen Kräfte« manifestierten sich weiterhin sporadisch. So beklagt der angelsächsische Theologe und Geschichtsschreiber Beda (»der Ehrwürdige«) im neunten Jahrhundert in seinen Schriften, daß die meisten »Gaben« verlorengegangen seien, weist aber darauf hin, daß die Gabe des Heilens immer noch erhalten sei. Die »Gaben« manifestierten sich im Lauf der Jahrhunderte immer wieder, doch sporadisch und meist auf unkontrollierte Weise. Dies gilt nicht nur für die großen katholischen Religionsgemeinschaften des Ostens und Westens, sondern auch für viele der häretischen und schismatischen Sekten, die sich im Lauf der Zeit von ihnen abspalteten. Bei vielen von ihnen kam es, zumindest anfänglich, zu solchen Erfahrungen der inneren Realitäten, doch fehlte ihnen zumeist ein fester Rahmen. So wurden sie als Beweis für die Richtigkeit der abweichenden Lehre oder als Zeichen göttlicher Auszeichnung für den Menschen betrachtet, dem sie zuteil wurden. In der römisch-katholischen und orthodoxen Kirche wurden unmittelbare Erfahrungen dieser Art mißbilligt, weil Mystiker eine starke Abneigung gegen sie hegen, wenn sie auf paranormalem Weg erlangt werden. Der Mystiker im Osten wie im Westen, der die Vereinigung mit der Höchsten Wirklichkeit anstrebt, betrachtet solche Dinge als »Nichtigkeiten« der irdischen oder supranormalen Welt.

Als das wissenschaftsgläubige »Zeitalter der Vernunft« anbrach, begann man, die unmittelbaren Erfahrungen der Mystiker und die Berichte über ähnliche Erfahrungen in der Bibel einer kritischen rationalen Prüfung zu unterziehen. Man war der – wie wir glauben, irrtümlichen – Meinung, der Mensch als denkendes Wesen sei in diesem Stadium seiner Entwicklung imstande, diese subjektiven Erfahrungen objektiv zu beurteilen. Ungeachtet der biblischen Mahnung, daß es »schmählich und töricht ist, eine Sache zu beurteilen, von der man nichts weiß«, kamen die Wissenschaftler der viktorianischen Zeit zu dem Schluß, daß alle Berichte über unmittelbare Erfahrungen auf Leichtgläubigkeit und Selbsttäuschung beruhten.

Angesichts der feindseligen Einstellung der etablierten Wissenschaft gegenüber den christlichen Lehren mutet es seltsam an, daß die Oberen der Anglikanischen Kirche mit den Rationalisten ein unheiliges Bündnis gegen jene schlossen, die über die Gaben verfügten, die sie selbst hätten besitzen sollen. »Enthusiasmus« in jeder Form war ihnen etwas zutiefst Verhaßtes, wie die Rüge zeigt, die Wesley von einem anglikanischen Bischof erteilt wurde.

Doch das Rad der Zeit läßt sich durch Unterdrückung nicht zurückdrehen, und parapsychische Kräfte können nicht durch den Machtanspruch eines Wissenschaftlers oder Prälaten aus der Welt geschafft werden. So entstanden Bewegungen, die sich mit der unmittelbaren Erfahrung des Supranormalen beschäftigten, unter anderem die moderne Theosophie, der moderne Spiritualismus und die locker miteinander verbundenen Organisationen der Neugeist-Bewegung. Obwohl von Kirche und Wissenschaft heftig bekämpft, haben sie zahlreiche Anhänger gewonnen und sich gefestigt, verfallen jedoch in letzter Zeit, zumindest in einem Fall, zunehmend in die alte Gepflogenheit, Anhänger, die mit ihren Führern nicht der gleichen Meinung sind, zu ächten und auszustoßen. Doch sie ernten die Früchte der Saat, die ihre Brüder in dunkler Vergangenheit gesät haben, die Alchimisten, die Rosenkreuzer und viele andere, die die goldene Tradition der unmittelbaren Erfahrung bewahrt haben. »Ohne höhere Vision geht der Mensch zugrunde«, heißt es, und so degenerieren die alten Kulte der Naturreligionen zu orgiastischen Riten; die Kirche verliert die Kraft und Fähigkeit, den Geboten des Herrn zu gehorchen und Geltung zu verschaffen, und die rationale Philosophie und Wissenschaft werden steril und können die tieferen Bedürfnisse der menschlichen Seele nicht stillen.

Drei Hauptentwicklungswege gibt es, die der Suchende einschlagen kann. Zwei davon, die Naturmystik und die Mystik, sind emotionale Wege, während der dritte ein geistiger Weg ist. Natürlich ist es unmöglich, sie klar voneinander abzugrenzen, denn selbst bei einer stark intellektuellen Betrachtung des Universums und der menschlichen Seele schwingen emotionale Untertöne mit, und auch ein überaus emotional betonter Mystiker gebraucht seinen Intellekt. Dies sind jedoch die drei Hauptwege. Im Osten werden sie *Raja-Yoga*, *Bhakti-Yoga* und *Inana-Yoga* genannt. Es gibt natürlich noch andere Methoden wie *Mantra-Yoga*, *Laya-Yoga*, *Karma-Yoga* usw., doch sind dies alles Seitenpfade, die in einen der drei Hauptwege einmünden.

Wir sind uns durchaus bewußt, daß manche Schüler diese Einteilung der Yogawege als ungenau bezeichnen werden, doch sie basiert auf meinen eigenen Erfahrungen, als ich in Indien mit einer Gruppe hinduistischer Okkultisten zusammenarbeitete, und sie stimmt ziemlich genau mit dem westlichen System überein.

Von den westlichen Wegen halten wir den des Geistes, den Hermetischen Pfad, für den wichtigsten, denn der Mensch mag zwar in lebendigen Kontakt mit den elementaren Naturkräften kommen oder in mystischen Kontakt mit der spirituellen Realität, doch ohne Schulung des Geistes führen alle solche Kontakte unvermeidlich auf der physischen Ebene zu Verfälschung und Mißbrauch.

Auf allen diesen Wegen zu Gott manifestieren sich die parapsychischen Fähigkeiten, doch auf dem Hermetischen Weg werden sie geübt und entwickelt. Auf den beiden anderen treten sie mehr oder weniger unkontrolliert in Erscheinung, und auf dem mystischen Weg gelten sie sogar als hinderlich. Früher war man der Ansicht, Emotionen sollten auf ein Mindestmaß reduziert werden, doch die moderne Psychologie hat erkannt, daß sie die Antriebskräfte hinter allem menschlichen Streben und aller menschlichen Entwicklung sind; ohne sie wird der menschliche Geist unfruchtbar und untauglich.

Ebenso verheerend können sie allerdings wirken, wenn man sie nicht beherrscht. Ein Land kann verwüstet und unbewohnbar werden, wenn man zuläßt, daß es von Wasser überschwemmt wird. Wasser muß durch Schleusen, Dämme und Kanäle reguliert und gelenkt werden; dann kann man mit ihm eine Wüste fruchtbar machen. Dieser Regulierung dient in der Sphäre des Selbst die große Glyphe des Lebensbaums, mit deren Grundprinzipien wir uns hier beschäftigen wollen. Da wir uns hauptsächlich mit dem Hermetischen Weg befassen werden, sollten wir vielleicht kurz die beiden anderen Wege betrachten.

Der Weg der Naturmystik, der Grüne Strahl, wie er manchmal genannt wird, ist, wie die beiden anderen Wege, sowohl mit Vorteilen als auch mit Gefahren verbunden. Es ist ein Weg der unmittelbaren Erfahrung – der Erfahrung Gottes in den Erscheinungsformen der Natur durch lebendigen Kontakt mit den Bildekräften unseres Planeten, die für das menschliche Leben von großer Bedeutung sind. Nimmt der Mensch nicht zumindest in geringem Maß die elementaren Energien auf, so ist er auf der physischen Ebene unfruchtbar und nicht lebenstüchtig. Zum Glück können wir nicht umhin, durch das automatische Funktionieren unseres physischen Körpers eine Mindestmenge dieser Energien aufzunehmen, doch wenn wir ein erfülltes Leben führen wollen, benötigen wir mehr als diese.

In Zeiten sozialer Unterdrückung und Unfreiheit werden die Elementarkräfte gedrosselt, so daß sie sich im Menschen anstauen. Dann sucht sich die unterdrückte Energie neue Ventile. Wenn sie einen schwachen Punkt findet, kann es sein, daß sie die Schranken einreißt, das kollektive Unbewußte überflutet und schwere Zerstörungen anrichtet. Um dies zu verhindern, öffnen die Eingeweihten des Grünen Strahls bestimmte Kanäle im kollektiven Unbewußten, durch die die Elementarkräfte kontrolliert und gelenkt in die menschliche Seele strömen. Dadurch wird die Menschheit erleuchtet und mit neuer Kraft erfüllt, die sie zu neuen Bemühungen anspornt. In England geschah dies während der Regentschaft Elizabeths I. und noch einige Male zu anderen Zeiten. Ein hervorragendes Beispiel dafür ist natürlich die europäische Renaissance. Wenn die Barrieren zu stark sind, kann es jedoch geschehen, daß diese Elementarkräfte alte Formen der Naturmystik mit neuem Leben erfüllen und daß der Hexenkult wieder Anhänger anzieht. Ein Volk, das diese Unterdrückungen zuläßt und die Elementarkräfte einschränkt, leidet an einer Neurose, die eine ständige potentielle Gefahrenquelle darstellen kann.

Es muß jedoch darauf hingewiesen werden, daß diese Vorgänge, wie alles im Bereich des Manifesten, einem natürlichen Rhythmus unterworfen sind, und daß es immer Zeiten gibt, in denen die Elementarkräfte nach Manifestation in den Seelen der Menschen drängen, ebenso wie es Zeiten gibt, in denen sie abnehmen und sich zurückziehen. Die echten Eingeweihten des Grünen Strahls lernen mit diesen wechselnden Strömungen umzugehen und sie zum Wohl der Menschheit zu lenken, doch gibt es viele Menschen außerhalb der Reihen der Naturmystiker, die mit diesen Kräften sporadisch und auf unkontrollierte Weise in Kontakt kommen. Dies ist vor allem bei den Kelten der Fall und erklärt zum Teil die Unbeständigkeit, die für viele von ihnen so bezeichnend ist. Wenn ein Kelte mit diesen Kräften in Kontakt ist, greift er nach den Sternen, und nichts scheint ihm unmöglich. Verliert er aber diesen Kontakt, dann ist er launisch und depressiv und keiner Belastung gewachsen.

Der Weg des Grünen Strahls bietet Menschen, die sich durch ihr Naturell von ihm angezogen fühlen, die Möglichkeit, ihren körperlichen Zustand zu verbessern, ihren Kontakt mit den Elementarkräften unter Kontrolle zu bringen und zu verhindern, daß die heftigen Schwankungen dieser Kräfte sie beeinflussen. Außerdem ist es ein Weg, auf dem die Seele über die Erscheinungsformen der Natur Zugang zu Gott finden und sich mit »Ihm, der unerreichbar im Licht wohnt«, vereinigen kann.

Leider hat dieser Weg, wie alle anderen, auch negative Aspekte. Deshalb ist er häufig, zum Teil auf ungerechtfertigte Weise, falsch dargestellt und auch mißbraucht worden. Vor allem war dies in jenen Teilen der Welt der Fall, in denen das Christentum eng mit dem Staatsapparat verbunden und deshalb in der Lage war, auf Andersdenkende starken Druck auszuüben. Obwohl dies keine Entschuldigung für die im Namen des Gottes der Liebe begangenen Untaten sein soll, ist diese Haltung begreiflich, wenn man bedenkt, welchen Bedingungen das frühe Christentum im römischen Imperium ausgesetzt war.

Die Lehre des Grünen Strahls umfaßt sehr tiefe Erkenntnisse über die dunklen Aspekte der Sexualität, was ebenfalls seinen Eingeweihten stets die Feindschaft des orthodoxen Christentums eingetragen hat. Eben dieser Aspekt ist es natürlich, der so leicht verfälscht und mißbraucht werden kann, wie dies im Mittelalter in Europa geschah. Daß etwas mißbraucht werden kann, ist kein Grund, seine korrekte Anwendung zu unterlassen, doch es ist verständlich, daß die Kirche diese Tendenzen zu unterdrücken versuchte.

Menschen mit einer humanistischen Bildung und Erziehung neigen dazu, die negativen Seiten des Lebens im alten Rom zu bagatellisieren. So idealisiert Rudyard Kipling in seinen Büchern die römische Kultur, doch das Böse war im alten Rom allgegenwärtig. Vor allem zeigte es sich in der Arena, in der die Mythen der Götter und Göttinnen – Pasiphae und der Stier, die Ermordung der Titanen und anderes dieser Art – Tausenden von Zuschauern dargeboten wurden, nicht als Schauspiel, sondern völlig real, wie der römische Dichter Martial schreibt. Auch Apulejus erwähnte viele Jahre später in *Der Goldene Esel* solche Darbietungen. Man bedenke, daß diese Dinge in aller Öffentlichkeit gezeigt wurden, nicht wie heute in den Freudenhäusern von Port Said oder Alexandria zum Amüsement europäischer Touristen der untersten Klasse. Es waren unter anderem diese Zustände, die die Haltung der christlichen Kirche gegenüber dem Heidentum bestimmten, wobei allerdings das Kind mit dem Bad ausgeschüttet wurde. Es ist für uns vor allem deshalb so schwierig, uns ein Urteil über die frühchristliche Zeit zu bilden, weil wir dazu neigen, das Heidentum von der Warte des zwanzigsten Jahrhunderts aus zu betrachten, und dies kann zu völlig falschen Schlüssen führen.

Die Möglichkeit des Mißbrauchs schließt jedoch den rechten Gebrauch einer Sache nicht aus. Es gibt Aspekte der Sexualität – oder besser gesagt, der Polarität –, die von großem Wert sind. Um diese geht es in einigen Lehren des Grünen Strahls. Sie sind von großer Bedeutung und an sich moralisch einwandfrei, doch ihr Mißbrauch kann schreckliche Folgen haben, wie Berichte über das mittelalterliche Hexentum zeigen. Man muß zwar bedenken, daß die Methoden, mit denen angebliche Hexen verhört wurden, so grausam waren, daß ein großer Teil ihrer »Geständnisse« als wertlos zu betrachten ist, doch trotzdem gibt es genügend Beweise dafür, daß nicht alle Hexen und Hexer, wie viele Spiritualisten glauben, harmlose medial begabte Menschen gewesen sind.

Dies sind die negativen Aspekte des Grünen Strahls, die

jedoch kein Kriterium für den Charakter und die Arbeit der Menschen darstellen, die diesen Weg gehen, der ebenso ins Licht führt wie jeder andere. Viele seiner Eingeweihten haben sich auf dem Gebiet der Kunst um die Wiederbelebung von Vergangenem verdient gemacht, und die keltische Renaissance in Irland um die Jahrhundertwende ist vor allem Eingeweihten des Grünen Strahls zu verdanken.

In neuerer Zeit haben die Freudianische und Jungianische Psychologie die große Bedeutung des Kontakts mit den elementaren Lebenskräften und der Arbeit der Eingeweihten des Grünen Strahls im Reich von *Adonai ha aretz*, dem in der Natur manifestierten Göttlichen, bestätigt.

Nun wäre noch kurz auf den Weg des Purpurnen Strahls einzugehen: den Weg der Mystik. Seine Anhänger sind in allen großen Religionen der Welt zu finden, ebenso die Anhänger anderer Wege, doch haben die christlichen Kirchen gegenüber den mystischen Traditionen immer eine ablehnende Haltung eingenommen und erst in jüngerer Zeit versucht, sich mit den mystischen Lehren nicht-christlicher Religionen auseinanderzusetzen. Es muß anerkennend erwähnt werden, daß es vor allem Theologen der römisch-katholischen Kirche sind, die diesen Versuch unternehmen.

Die Kirche hat jedoch die Aktivitäten der Mystiker in ihrem Bereich stets mit Argwohn betrachtet und sie der Neigung zum Monismus oder Pantheismus verdächtigt, und die Äußerungen einiger Mystiker haben sie in diesem Verdacht bestärkt. Im großen und ganzen waren aber die katholischen Kirchen im Westen und im Osten ein guter Nährboden für die Entwicklung einer eindeutigen christlich-mystischen Tradition und Praxis. Im Islam ist der Sufismus der mystische Weg, in der hinduistischen Religion der *Bhakti-Yoga*.

In den christlichen Kirchen wurde der Weg der Mystik zuweilen der Dreifache Weg der Reinigung, der Erleuchtung und der Vereinigung genannt, und es gibt darüber eine ansehnliche Zahl von Büchern, von denen einige in der Bibliographie am Endes dieses Buchs genannt sind.

Entgegen der allgemeinen Ansicht hat der Weg der Mystik nichts mit sentimentalem Idealismus oder Weltflucht zu tun.

Gewiß wendet sich der Mystiker von der Vielfalt der Dinge ab und sucht die Einheit, doch nicht, weil er den Schwierigkeiten und Problemen dieser Welt zu entfliehen wünscht, um Frieden zu finden. Vielmehr geht er einen Weg hohen Strebens und strenger Disziplin und sucht durch innige Verehrung Gottes die Einheit, damit durch ihn der ganzen Welt geholfen werde. »Eigennützige Erlösung gibt es nicht«, lautet ein altes katholisches Sprichwort. Der wahre Mystiker sucht nicht persönliche Erlösung, sondern strebt danach, sich durch Liebe und Verehrung mit jenem Willen in Einklang zu bringen, dem zu dienen vollkommene Freiheit bedeutet.

Diese Haltung ist weit entfernt von dem Mystizismus, der heutzutage im Osten wie im Westen so verbreitet ist. Wer dies bezweifelt, sollte die Schriften der heiligen Theresa von Avila, Ruysbroeks oder des heiligen Johannes vom Kreuz lesen. In ihnen wird er entdecken, was wahres mystisches Streben bedeutet.

6 Es gibt verschiedene Aspekte der Kabbala, und jeder Schüler wird sich gemäß seiner persönlichen Veranlagung zu einem davon hingezogen fühlen. Um jedoch eine ausgewogene Arbeit zu gewährleisten, ist es unbedingt erforderlich, auch über die anderen einigermaßen Bescheid zu wissen. Gewöhnlich wird die Kabbala in vier Teile untergliedert:

1. die dogmatische Kabbala
2. die buchstäbliche Kabbala
3. die praktische Kabbala
4. die ungeschriebene Kabbala

Wir werden uns mit diesen vier Teilen nicht in dieser Reihenfolge beschäftigen, sondern, ausgehend von der äußeren Darstellungsform der kabbalistischen Philosophie, zu ihrem inneren Kern vordringen. Dies geschieht aus zwei Gründen. Der Schüler geht von bekannten Begriffen und Konzepten aus und beginnt sich dann mit solchen zu beschäftigen, die auf vielerlei Weise zu seinem bisherigen Denken in Widerspruch stehen; wenn er die späteren Stufen dieses Systems erreicht, wird er jedoch feststellen, daß er neue Konzepte und ein neues Vokabular entwickelt hat, die ihm ihr Verständnis ermöglichen.

Beginnen wir mit der dogmatischen Kabbala: der äußeren Lehre, die in den klassischen schriftlichen Quellen, über die wir im ersten Kapitel dieses Buches gesprochen haben, enthalten ist. Man muß jedoch bedenken, daß der *Sohar* und der *Sepher Yetzirah* keine Einzelwerke sind, sondern Zusammenfassungen verschiedener Werke.

Jede wirkliche Philosophie muß versuchen, auf bestimmte Fragen eine Antwort zu finden, wie das Wesen und die Eigenschaften des Allerhöchsten, die Geheimnisse der Schöpfung, die Lebensgesetze und die Natur und die Bestimmung des Menschen. In der dogmatischen oder niedergeschriebenen Kabbala sucht man diese Antworten in einem festen System von Bezügen und Konzepten, das Lebensbaum genannt wird. Dieses Bezugsdiagramm oder »Mandala« ist der Schlüssel zur gesamten kabbalistischen Lehre.

Das Grundprinzip, auf dem die ganze kabbalistische Lehre und Denkweise basiert, ist »Ausgewogenheit«. Bei seiner Arbeit mit der Kabbala wird der Schüler immer wieder feststellen, daß dieses Prinzip ein Schlüssel ist, der viele verschlossene Türen öffnet. So beginnt denn auch ein Standardwerk über die Kabbala mit den Worten »Das Buch der verborgenen Mysterien ist das Buch über die Ausgewogenheit der Kräfte.«

Wenden wir uns dem zweiten Teil unserer Aufstellung zu, der »buchstäblichen« Kabbala. Hier betreten wir eine Gedankenwelt, in der die festen Markierungen logischen Denkens aufgehoben sind und in der eine Maxime der Roten Königin in *Alice in den Spiegeln* Gültigkeit zu haben scheint: »Wenn ich dreimal sage, daß etwas so ist, dann ist es so.«

Die Okkultistin Dion Fortune hat einmal gesagt, die Methoden der buchstäblichen Kabbala ähnelten der Verwendung eines elastischen Maßbandes für Messungen; bei usueller Betrachtungsweise scheint dies ein sehr treffender Vergleich. Diese besondere geistige Arbeitsweise beruht darauf, daß jeder Buchstabe des hebräischen Alphabets einen Zahlenwert hat. Dies ist auch beim griechischen Alphabet der Fall, weshalb diese seltsame Methode auch bei diesem angewandt werden kann.

Es gibt drei Hauptmethoden zur Entzifferung der buchstäblichen Kabbala. Die erste, mit der wir uns beschäftigen wollen, ist die *Gematria*. Sie beruht darauf, daß Worte mit dem gleichen Zahlenwert einander erklären. So haben, zum Beispiel, die Worte *Achad* (Einheit) und *Aheba* (Liebe) den Zahlenwert 13. Einheit und Liebe drücken also die gleiche Idee aus. Natürlich gibt es bei dieser Methode unendlich viele Möglichkeiten, doch wer sich in der Arbeitsweise der modernen Psychologie auskennt, wird bestätigen, daß die Methode der alten Rabbis nicht so verrückt ist, wie es den Anschein haben mag.

Noch deutlicher ist dies beim nächsten Teil der buchstäblichen Kabbala, der *Notarikon* genannt wird. Hier wird jeder Buchstabe eines Wortes als Anfangsbuchstabe für ein neues Wort benützt. Wenn wir als Beispiel das englische Wort »Man« (Mensch) nehmen, so können wir mit dieser Methode den Satz bilden: »Many are near« (Viele sind nahe). Die Art und Weise, wie diese Methode zum Teil angewandt wurde, veranlaßte die mittelalterlichen Rabbis, die Kabbala abzulehnen: Sie wurde benützt, um Juden zum Christentum zu bekehren, und noch heute herrscht in manchen Kreisen diese Ablehnung.

Die dritte Methode der buchstäblichen Kabbala heißt *Temurah*. Sie besteht darin, einen Buchstaben durch den im Alphabet folgenden oder vorangehenden zu ersetzen, so daß ein völlig anderes Wort entsteht. Es gibt zweiundzwanzig Varianten dieser Buchstabenvertauschung, deren wichtigste »Kabbala der neun Kammern« genannt wird.

Es gibt noch eine zweite Form von *Notarikon*, bei der aus den Anfangsbuchstaben eines Satzes Worte gebildet werden. Eines der berühmtesten derartigen Worte ist *Agla*, ein in der zeremoniellen Magie benutztes Machtwort, das aus den Anfangsbuchstaben des Satzes »Athath gabor leolam, Adonai« (Du bist mächtig in Ewigkeit, o Herr) besteht.

Alle diese Methoden der buchstäblichen Kabbala ähneln den heute in der Psychotherapie angewandten Methoden der Traumanalyse und stellen eine Möglichkeit dar, unbewußte Gedankenkomplexe bewußt zu machen. Darin liegt ihr Wert. Außerdem gleichen solche künstlichen Worte und Sätze, die auf der Entsprechung von Buchstaben und Zahlen im hebräischen Alphabet beruhen, chemischen Formeln, mit denen dargestellt wird, aus welchen Elementen chemische Verbindungen bestehen. Obwohl dieser Bereich der buchstäblichen Kabbala voller Fallen ist, vor denen man sich hüten muß, sollte man sich in gewissem Maß mit ihm beschäftigen, um die Psychologie zu verstehen, die dem geheimen Wissen der Hebräer zugrundeliegt.

Der nächste Teil der kabbalistischen Arbeit ist jener, der zu allen Zeiten die größte öffentliche Bekanntheit erlangt hat: die praktische Kabbala, die sich mit zeremonieller und talismanischer Magie beschäftigt. Leider haben in klassischen Zeiten und im Mittelalter viele höchst abergläubische und entartete Ideen und Praktiken in diesen Teil der Kabbala Eingang gefunden, und die Menschen haben sich hauptsächlich aus niedrigen Motiven mit ihm befaßt. Doch trotz allem Schwindel und aller Torheit, die mit ihm verbunden sind, liegt ihm eine wahre und hohe Lehre und Praxis zugrunde, mit der Menschen, die bereit sind, sich zu schulen und zu läutern, hohe spirituelle Ziele erreichen können. In einem anderen Kapitel werden wir uns eingehender mit diesem Thema beschäftigen.

Der letzte Teil der Kabbala ist die sogenannte »ungeschriebene Kabbala«, ein aus uralten Zeiten überkommenes Wissens- und Übungssystem, das nicht hebräischer Herkunft ist. Die Kabbala wurde zur Übermittlung dieser tiefen esoterischen Lehre benützt, doch sie stammt aus vielen anderen Quellen. Zu verschiedenen Zeiten haben Menschen behauptet, die ungeschriebene Kabbala enthüllt zu haben, doch obgleich Lehren, die bis dahin wenigen vorbehalten waren, publik gemacht wurden, sind die wirklichen Mysterien nicht offenbart worden.

Die wirklichen Mysterien können nur erfahren, nicht gelehrt und durch Worte vermittelt werden. Die Erkenntnis dieses geheimen Wissens kann nur Menschen vermittelt werden, die bereit sind, sich von ihm ergreifen zu lassen. Dies muß auch in einer eigenen Sprache geschehen, die eine Verständigung möglich macht. Die ungeschriebene Kabbala benützt die Konzepte und Symbolformen der Kabbala als Alphabet einer neuen Sprache. Diese neue Sprache kann nur Menschen gelehrt werden, die imstande sind, solcher »Erleuchtungen« teilhaftig zu werden.

Die Mysterien teilen sich auf ganz natürliche Weise in die Kleineren und die Größeren Mysterien auf. Die Kleineren Mysterien werden in einer Form gelehrt und vermittelt, daß sie verstandesmäßig begriffen werden können. Die richtige

Anwendung dieser Lehren bringt den Schüler so weit, daß seine Lehrer ihm Erkenntnisse vermitteln können, die ihn befähigen, die Sprache der Größeren Mysterien zu verstehen.

Aus diesem Grund wurden in den Mysterienschulen verschiedene Grade oder Stufen geschaffen. Bei den Kleineren Mysterien wird das Wissen der einzelnen Grade ungeachtet des moralischen oder ethischen Niveaus der betreffenden Person vermittelt. Im allgemeinen wird von den Oberen jedoch darauf geachtet, daß ungeeignete Personen nicht wegen ihrer intellektuellen Qualifikation automatisch befördert werden. Natürlich kommt es manchmal vor, daß solche ungeeigneten Personen bis zum Tor der Größeren Mysterien vorrücken, doch da sie nicht imstande sind, die Realität dieser Bereiche wahrzunehmen, können sie nicht weiter voranschreiten.

Um das mit einem einfachen Vergleich zu veranschaulichen: Jemand kann sich sehr genaue Kenntnisse über das Funktionieren eines Motorrads angeeignet haben, doch wenn er damit fahren will, ohne gelernt zu haben, wie man es im Gleichgewicht hält und lenkt, ist er dazu nicht imstande. Erwirbt er jedoch nur die Fähigkeit, damit zu fahren, kann er in große Schwierigkeiten geraten, wenn er keine Ahnung hat, wie es funktioniert und aus welchen Teilen es besteht. Ein guter Motorradfahrer muß sowohl das Wissen als auch die Fähigkeit besitzen. Ebenso ist es bei Eingeweihten.

In den Kleineren Mysterien erwirbt er die Grundkenntnisse und bereitet sich auf die Erkenntnisse vor, die man ihm in den Größeren Mysterien durch Erfahrungen vermitteln wird. Würden dies angehende Mysterienschüler besser verstehen, so würde es ihnen viel Zeit und Energie ersparen, und sie fielen nicht so leicht auf skrupellose »Lehrer« herein, die sich mit hochtrabenden Titeln schmücken und behaupten, alle möglichen Fähigkeiten zu besitzen.

Es muß auch darauf hingewiesen werden, daß jemand, der höhere Grade in den Großen Mysterien erlangt hat, keineswegs vor Rückschritten bewahrt ist. Er kann zwar aufgrund der Funktion, die er innehat, seinen Grad behalten, doch nur, indem er sich wie ein Seiltänzer durch ständiges Balancieren im Gleichgewicht hält. Aber nur, wenn er imstande ist, »im leeren Schrein zu meditieren«, kann er sich relativ sicher fühlen.

Diese Größeren Mysterien, die der Kern der ungeschriebenen Kabbala sind, stellen das Zentrum dar, um das alle Schulen der Kleineren Mysterien gruppiert sind. Die Eingeweihten der Größeren Mysterien bilden eine Bruderschaft, die sich »Große Weiße Loge« oder »Kollegium des Heiligen Geistes« nennt und bei ihrer Arbeit die kulturellen Unterschiede zwischen den Völkern berücksichtigt. So gibt es eine östliche Tradition, »die vom Ganges«, und eine westliche Tradition, »die von den Anden«. Diese Namen stammen aus einer alten Rosenkreuzer-Quelle, denn der wahre Orden ist aus der westlichen Tradition hervorgegangen. (Es handelt sich nicht um eine der Bruderschaften, die mit Zeitschrifteninseraten Werbung betreiben.)

In der zweiten Hälfte des neunzehnten Jahrhunderts kam es zu einer Wiederbelebung der westlichen Tradition. Es entstanden neue, auf den alten Fundamenten basierende Bewegungen, die Teile des zeitlosen Wissens verbreiteten. Die bedeutendste war der »Hermetic Order of the Golden Dawn« (Der Hermetische Orden der Goldenen Morgendämmerung), aus dem die meisten westlichen esoterischen Vereinigungen hervorgegangen sind.

Zur gleichen Zeit entsproß auch der östlichen Tradition eine neue Organisation, die »Theosophische Gesellschaft«. Diese Organisation, die ihre Lehren öffentlich verbreitete, hat bis weit ins zwanzigste Jahrhundert hinein einen starken Einfluß auf jene Kreise gehabt, die, wenngleich vielleicht unbewußt, nach tieferen Lehren über das Leben und die Bestimmung des Menschen suchten.

Der ursprüngliche »Order of the Golden Dawn« scheiterte an Eifersucht und Ehrgeiz, doch verschiedene abgespaltene Gruppen existieren heute noch und arbeiten mit unterschiedlicher Effizienz; hinter ihnen und durch sie wirken die Meister der westlichen Tradition.

7 Im Mittelpunkt der kabbalistischen Philosophie steht das Diagramm oder »Mandala« des Lebensbaums. In diesem Kapitel wollen wir das Diagramm in seiner Gesamtheit betrachten; mit seinen einzelnen Teilen werden wir uns später beschäftigen.

Der Baum besteht aus zehn Stationen oder *Sephirot*, die zu einem bestimmten Muster angeordnet sind. Sie sind durch zweiundzwanzig Linien miteinander verbunden; die zehn Kreise und die verbindenden Linien stellen die zweiunddreißig Pfade dar.

Der Baum kann als Orientierungssystem benützt werden, denn die Kabbalisten sind der Meinung, daß die zehn Sephirot sämtliche Aspekte der Manifestation widerspiegeln und die zweiundzwanzig sie verbindenden Pfade die subjektiven Erfahrungen der menschlichen Seele auf ihrem Weg. (Es soll jedoch noch andere »geheime Pfade« geben).

Vertikal betrachtet, bilden die Sephirot die sogenannten Drei Säulen. Einigen Schulen zufolge gibt es nur zwei Säulen des Tempels, Jachin und Boaz, doch gemäß der kabbalistischen Lehre drei. Die beiden äußeren Säulen verkörpern danach die kosmische Kraft beziehungsweise die Formen, aus denen das Universum besteht, während die mittlere Säule das Bewußtsein im manifesten Universum darstellt. Es heißt, daß die Schöpfungskraft von einem zentralen Punkt, genannt *Kether*, einfließt und dann in Form eines Lichtblitzes zu den Sephirot der beiden äußeren Säulen strömt. Die erste Station, die sie erreicht, ist *Chockmah*, von wo sie sich zu *Binah*, der obersten *Sephira* der gegenüber befindlichen Säule der Form bewegt. Darauf strömt sie wieder auf die andere Seite zur Sephira *Gedulah* oder *Chesed*, wie sie auch genannt wird, und wieder zurück zu *Geburah* (oder *Pachad*) auf der Säule der Form. So fließt die Schöpfungskraft weiter, bis sie sich schließlich in *Malkuth*, der untersten Sephira, manifestiert.

Der Baum des Lebens ist also in jeder der sogenannten Vier Welten errichtet, mit denen wir uns an anderer Stelle ausführlicher beschäftigen werden.

Während dieses kreativen Prozesses bildet sich durch das Gleichgewicht, das zwischen den gegenüberliegenden Säulen entsteht, die Mittlere Säule. Durch diese Mittlere Säule manifestiert sich das Bewußtsein, für das das manifeste Universum mit all seinen sichtbaren und unsichtbaren Aspekten die riesige Bühne bildet, auf der das Spiel des Lebens stattfindet. Zugleich wird dieses Spiel durch die Struktur dieser kosmischen Bühne bestimmt und gelenkt. Mit anderen Worten: Das Leben ist nicht etwas vom Universum Getrenntes, sondern ein integraler Bestandteil davon. Manifestation ist nur der Weg, auf dem sich das aus dem Nichtmanifesten hervorgehende Leben durch Höherentwicklung vervollkommnet.

Dieser Schöpfungsprozeß ist durch die Glyphe des Lebensbaums symbolisiert. Die Sephirot symbolisieren die Punkte, an denen sich das objektive Universum manifestiert, und das sich entwickelnde Leben nimmt, wenn es aus ihm hervorgeht, alle ihre Qualitäten an.

Überall, wo Manifestation stattfindet, wird das Leben durch den besonderen Aspekt des Universums gefärbt, in dem diese Manifestation vor sich geht. Deshalb finden sich die den Baum symbolisierenden Entsprechungen auch in jedem sich entwickelnden Bewußtsein. Also gibt es in jedem menschlichen Wesen einen mikrokosmischen Baum, und das persönliche Bewußtsein ist mit dem universalen Selbst ebenso verbunden wie das Wasser einer von Land umschlossenen Bucht mit dem Meer, dessen Teil es ist. Denken wir daran, daß Paulus sagt: »Wir sind alle Gottes Kinder«, und an anderer Stelle: »In Ihm leben wir und bewegen uns und haben wir unser Sein.«

Wenden wir uns den Verbindungspfaden zwischen den Sephirot zu. Sie stellen die Qualitäten des Bewußtseins im

Universum und im Menschen dar. Wenn wir den Baum zur Meditation benützen, lernen wir, in unserem inneren Bewußtsein auf diesen zweiundzwanzig Pfaden zu wandeln. Der Kabbalist (und damit meinen wir nicht den trockenen Pedanten, der sich mit der äußeren Form der Kabbala beschäftigt, sondern den echten Anhänger der Tradition, die in den esoterischen Schulen des Westens von Generation zu Generation weitergegeben wurde) nützt so den Baum für seine innere spirituelle Entwicklung.

Verwendet man die Glyphe des Lebensbaums als Meditationssymbol, dann ist es von großer Bedeutung, daß jede Sephira eine bestimmte Farbe hat. Damit hängen bestimmte Lehren zusammen, auf die wir im Moment nicht näher eingehen können. Es sei nur darauf hingewiesen, daß diese Farben im gesamten kabbalistischen System und somit auch bei der praktischen Arbeit eine große Rolle spielen.

Es gibt vier solche Farbskalen, eine für jede der Vier Welten von *Atziluth*, *Briah*, *Yetzirah* und *Assiah*.

Die Sephirot *Chockmah*, *Chesed* und *Netzach* bilden, wie man auf dem Diagramm sieht, eine Reihe oder »Säule«, die ihnen gegenüberliegenden Sephirot *Binah*, *Pachad* und *Hod* eine zweite. Dazwischen befindet sich die Mittlere Säule mit den Sephirot *Kether*, *Daath*, *Tiphareth*, *Yesod* und *Malkuth*. Die unterste, *Malkuth*, bildet das Fundament des ganzen Baumes und ist mit allen anderen Sephirot verbunden.

Dies ist der äußerste Punkt der Manifestation. Das sich entwickelnde Bewußtsein, das auf der kosmischen Bühne seine Rolle spielt, wendet sich hier von seinen äußeren Aktivitäten ab und macht sich auf den Rückweg zur Quelle. Es kehrt dorthin, wo es seinen Weg als Teil des Lebensstroms begonnen hat, als individualisiertes Bewußtsein zurück. Da auf der materiellen Ebene die Entwicklung zum individualisierten Wesen stattfindet, ist diese Welt von größter Bedeutung. Ein großer Kabbalist hat sie als Markierungsboje der Manifestation bezeichnet. Das sich in Entwicklung befindliche menschliche Leben muß sie erreichen und passieren, bevor es zu der Quelle zurückkehren kann, aus der es am Morgen der Manifestation hervorgegangen ist.

Jeder Versuch, die physische Ebene zu umgehen, ist töricht, denn ihre Lektionen müssen gelernt, die auf ihr stattfindenden Kämpfe ausgetragen, ihre Begrenzungen akzeptiert und genützt werden. Diese Bedeutung der physischen Welt und somit des physischen Körpers, den wir brauchen, um in dieser Welt zu bestehen, wird in der Kabbala immer wieder betont. Der Kabbalist ist, wie der wahre Christ, gehalten, in ihr das Seine zu tun und nicht zu versuchen, ihr zu entfliehen. Weder der Kabbalismus noch das Christentum haben je die Weltflucht befürwortet, obwohl beide Systeme im Lauf der Zeit von den Irrlehre des Manichäismus infiziert worden sind.

Diese Lehren betrachten sowohl die physische Welt als auch den physischen Körper als an sich Böses, als Schöpfungen eines unvollkommenen, dunklen Nebengottes. Erlösung kann ihnen zufolge nur durch Verzicht auf alle materiellen Dinge, ein asketisches Leben und das Streben, in die Bereiche des Lichts zurückzukehren, erlangt werden. Viel von dieser Einstellung findet sich in den gnostischen Lehren des frühen Christentums und auch in der »Lehre von den zwei Wegen«, die in zwei frühchristlichen Dokumenten, der »Didache« und der »Epistel des Barnabas«, enthalten ist; ebenso in den Gemeinschaftsregeln der Kumran-Gemeinde am Toten Meer und im Alten Testament selbst. Auch die Bemerkungen des heiligen Paulus über die zwei Gesetze in seinem Innern beruhen auf dieser Vorstellung. Dies dürfte hauptsächlich darauf zurückzuführen sein, daß sowohl die jüdische als auch die christliche Religion bestimmte persische Lehren übernommen haben.

Es ist verständlich, daß diese Lehre auf Menschen, die aus irgendeinem Grund zur Weltflucht neigten, sehr anziehend wirkte, weil sie diese Flucht rechtfertigte. Die Schulen des esoterischen Kabbalismus betrachten sie jedoch als Irrlehre. So wurde sie denn auch in ihrer weiterentwickelten gnostischen Form von der Kirche im nizäischen Glaubensbekenntnis verworfen, in dem Gott »der Schöpfer des Himmels und der Erde und *aller sichtbaren und unsichtbaren Dinge*« genannt wird.

Wir haben uns mit diesem Punkt so eingehend beschäftigt, weil wir zeigen wollen, wie weit diese Lehre von den wirren eskapistischen Ideen vieler moderner esoterischer Schulen entfernt ist, womit wir jedoch nicht behaupten wollen, daß die Lehren der Kabbalisten immer frei von solchen dualistischen Vorstellungen waren. Die Geheimlehren sind zu allen Zeiten von der vorherrschenden Denkweise beeinflußt worden. In bestimmten Perioden sind auch calvinistische Ideen, die in hohem Maß von dualistischen Vorstellungen bestimmt waren, in die obersten Schichten der Geheimlehren eingedrungen, wovon die eigentliche Lehre jedoch unberührt geblieben ist.

Die Bedeutung der Sephira Malkuth haben wir so hervorgehoben, um deutlich zu machen, wie sehr sich die vernünftige und ausgewogene Einstellung gegenüber der physischen Ebene, die in den kabbalistischen Lehren zum Ausdruck kommt, von der vieler Esoteriker unterscheidet.

Wenden wir uns nun einem der wichtigsten Aspekte des Lebensbaums zu. Es gibt zwei Arten, Dinge aufzubewahren. Die eine besteht darin, alles wahllos aufeinanderzuhäufen; die andere ist, jeden Gegenstand sorgfältig einzupacken und so abzulegen, daß man ihn, wenn man ihn braucht, leicht finden kann. Meistens verfahren wir nach der ersten Methode. Der einzige Grund, warum unsere Gedanken nicht noch verworrener sind, ist der, daß die natürliche Struktur unseres Geistes uns zwingt, sie in eine gewisse Ordnung zu bringen, ebenso wie die Form eines Lagerraums uns zwingt, größere Möbelstücke auf eine bestimmte Weise aufzustellen, um sie unterzubringen. Wie wir in einem früheren Kapitel gesehen haben, hat der Geist eine ganz besondere Struktur, nach der wir uns bei der Speicherung erworbenen Wissens richten müssen.

Dies lehrt uns der Lebensbaum, weil er mit dieser Struktur weitgehend übereinstimmt. Wir können ihn deshalb als eine Art »große Registratur« betrachten, die es uns ermöglicht, das erworbene Wissen zu ordnen und aufzubewahren. Dieses Ordnungssystem besteht aus zehn Hauptabteilungen, den zehn Sephirot, und zweiundzwanzig Unterabteilungen, den sie verbindenden Pfaden.

Beschäftigen wir uns zuerst mit den Hauptabteilungen und den Möglichkeiten, sie zu nützen. Jede Sephira verkörpert eine bestimmte Tugend, und alle Personen, Bedingungen und Einflüsse können einer davon zugeordnet werden. Doch alles Gute kann in diesen niederen Welten übertrieben werden; so gibt es auch für jede Untugend – die Tugend in ihrer unausgewogenen Form – einen bestimmten Platz auf den zehn Stationen des qliphotischen Baumes. Nehmen wir als Beispiel eine Sephira und betrachten wir sie genauer.

Wenn wir Chesed auf der rechten Säule des Baumes wählen, so sehen wir, daß sie der Sitz der *konstruktiven Aktivität* ist. (Der Schüler sollte sich Karteikarten mit den entsprechenden Zuordnungen anfertigen und diese bei der Arbeit benützen.) Legen wir auf die entsprechende Karteikarte das Symbol von Chesed: ein Quadrat. Es wird mit klarer blauer Farbe ausgemalt. Wenn wir die erforderliche Fähigkeit besitzen, können wir in das Quadrat einen majestätischen bärtigen König zeichnen, der auf seinem Thron sitzt. Damit drücken wir die beschützenden, ordnenden und erhaltenden Kräfte aus, die mit dieser Sephira verbunden sind.

Wenn wir uns nun umblicken und bestimmte Aktivitäten finden, die mit Schutz, Ordnung und Erhaltung zusammenhängen, ordnen wir sie in diese Rubrik ein, zum Beispiel die Planungsämter der Stadt und des Landes, die Naturschutzorganisationen und die staatlichen Behörden. Auch die unseren physischen Körper aufbauenden Prozesse gehören in diese Rubrik, sowie Menschen, die diese Eigenschaften verkörpern. In dieser Rubrik fassen wir alles zusammen, was mit diesem Aspekt des Lebens verbunden ist.

Dies wiederholen wir bei jeder Sephira, bis wir ein automatisch funktionierendes unbewußtes Klassifikationsschema errichtet haben. Es muß hier noch einmal darauf hingewiesen werden, daß die Kabbala nicht nur ein philosophisches System ist, sondern vor allem eine besondere Methode, den Geist zu gebrauchen. Ein Pedant mag sich mit der äußeren Geschichte oder mit der philosophischen Stichhaltigkeit der Kabbala beschäftigen, doch der wahre Esoteriker wendet die Methode an und kann sich dadurch ein viel ausgewogeneres und objektiveres Urteil über ihre Möglichkeiten bilden.

Sehr wichtig ist, daß man dabei keine Station des Baumes nur für sich betrachten darf; jede hängt mit allen anderen zusammen, und die Sephirot auf den zwei seitlichen Säulen vor allem mit den gegenüberliegenden.

Wenn wir bei unserem Beispiel bleiben, ist es deshalb jetzt erforderlich, uns mit der Sephira *Pachad* (Geburah) zu beschäftigen. Sie verkörpert die Stärke oder Härte. Ihr Symbol ist das Fünfeck, in das wir einen mächtigen Krieger in einem Streitwagen zeichnen können. Im Gegensatz zu den positiven, aufbauenden Tendenzen vom Chesed haben wir es hier mit einer Kraft zu tun, die Bestehendes auflöst oder zerstört – etwas, das viele Menschen als überaus negativ betrachten. Das ist jedoch ein Irrtum, denn die zerstörerische Kraft von Pachad stellt das nötige Gegengewicht zu den aufbauenden Kräften von Chesed dar.

Hier können wir nun ähnliche Betrachtungen anstellen wie im vorigen Fall. Stellen wir uns vor, daß wir auf dem Weg zur Arbeit durch eine Straße gehen und unser Blick auf eine Reihe von Häusern fällt, die mit Hilfe von Bulldozern und Kränen abgerissen werden. Dies ist eine Aktivität, die in den Bereich von Pachad oder Geburah fällt. Es gibt Menschen, die Aufbauen und Organisieren als gut und Niederreißen und Zerstören als böse betrachten, doch in diesem Fall besteht kein Zweifel, daß die Aktivität von Pachad als positiv zu bezeichnen ist. In einem Gedicht von Tennyson heißt es: »Die alte Ordnung wandelt sich, macht einer neuen Platz, und Gott verwirklicht sich auf mannigfache Weise, auf daß nicht eine gute Sitte die Welt verderbe.«

Die Existenz der verfallenen Häuser ist ein Beweis dafür, daß die erhaltende Kraft von Chesed aus dem Gleichgewicht geraten ist und daß die Kraft von Pachad eingesetzt werden muß, um sie niederzureißen und das Gleichgewicht wiederherzustellen.

Doch die Kraft von Pachad kann ebenso aus dem Gleichgewicht geraten. Auch hierfür ein Beispiel. Auf unserem täglichen Weg zum Bahnhof haben wir bemerkt, daß ein guterhaltenes Haus seit einiger Zeit leersteht. Als wir eines Tages vorbeikommen, sehen wir, daß junge und alte Rowdies begonnen haben, die Zäune niederzureißen, die Fenster einzuschlagen und das Haus zu demolieren, so daß es bald nicht mehr bewohnbar sein wird. Dies ist ein Beispiel für das unausgewogene Wirken von Pachad. Wenn nun Bautrupps anrücken und das Haus instandsetzen, so ist darin die ausgleichende Wirkung von Chesed zu sehen, die die mutwilligen Zerstörungen beseitigt und die Kraft von Pachad wieder ins Gleichgewicht bringt.

Wenn man den Baum zur Meditation benutzt, muß man nacheinander sämtliche Sephirot auf diese Weise betrachten. Dabei muß man beachten, daß die gegenüberliegenden Sephirot jeweils eine Einheit bilden; diese Einheit muß bei der praktischen Arbeit mit dem Baum stets bedacht werden. Auf diese Weise entstehen mehrere sogenannte »funktionale Dreiecke«. Das oberste ist das Überirdische Dreieck, das aus den Sephirot Kether, Chockmah und Binah besteht. Es ist die Wurzel und das Fundament der gesamten Manifestation, und zwischen ihm und den anderen Sephirot befindet sich ein Abgrund, der sogenannte »Abyssus«. Das bedeutet, daß alle weitere Manifestation eine andere Qualität besitzt als diese drei und daß eine vollkommene Veränderung des Bewußtseins erforderlich ist, um die überirdischen Sephirot ganz zu verstehen. Diese drei – Kether, die Quelle, Chockmah, der Vater und Binah, die Mutter – sind die Instanzen, die den restlichen Baum regieren. Chockmah wird als die positive männliche Kraft der Manifestation betrachtet, Binah als ihre passive weibliche Kraft. Diese drei Sephirot befinden sich am oberen Ende der drei Säulen des Baumes. Nun kommen wir zu der mysteriösen Station, die Daath genannt wird. Sie scheint nicht in Verbindung mit dem übrigen Baum zu stehen, ist jedoch offenbar eine elfte Station, obwohl in den kabbalistischen Schriften immer betont wird, daß es nur zehn Sephirot gibt. Dies ist ein Geheimnis, doch man darf annehmen, daß Daath mit dem Bewußtsein zu tun hat. Einem kabbalistischen Sprichwort zufolge ist Kether die Sephira Malkuth des Nichtmanifesten, das heißt, daß in jeder der Vier

Welten die letzte Phase der Manifestation die Quelle und den Beginn der nächsten darstellt.

Wir können also Daath als das die Welten miteinander verbindende Bewußtsein betrachten. Daath in Atziluth ist mit Daath in Briah verbunden, und dieses mit Daath in Yetzira, bis die Welt von Assiah erreicht ist. Diese Verbindungsstation in allen Welten kann man sich als Spitze einer Pyramide vorstellen, deren Fundament aus Kether, Chockmah und Binah besteht, und diese Spitze ragt in eine andere Dimension hinein.

Das nächste Dreieck bilden Pachad, Chesed und Tiphareth, und das dritte besteht aus Netzach, Hod und Yesod.

Malkuth, die zehnte Sephira, ist der Punkt, an dem alle Kräfte des Baumes zusammenfließen und ihre Wirkungen entfalten und von wo alles im manifesten Universum entwickelte Leben zu der Quelle, aus der es gekommen ist, zurückkehrt.

In den Stationen der Mittleren Säule sind die Energien der zwei äußeren Säulen ausgeglichen. Wenn man sich mit einer Sephira auf einer äußeren Säule befaßt, muß man stets nicht nur die gegensätzliche Sephira auf der gegenüberliegenden Säule in Betracht ziehen, sondern auch die ausgleichende Station des betreffenden Dreiecks.

Immer, wenn wir uns mit dem Baum beschäftigen – ob wir ihn als Meditationssymbol benützen oder ihn als eine graphische Darstellung der im manifesten Bereich wirksamen Kräfte betrachten – müssen wir den Baum als Ganzes sehen, auch wenn wir uns gerade auf einen bestimmten Aspekt von ihm konzentrieren.

8 Die kabbalistische Philosophie ist eine Emanationsphilosophie, wodurch sie in direktem Gegensatz zu den
Ideen des orthodoxen Christentums steht. Diese Gegensätz-
lichkeit beruht jedoch auf bestimmten Mißverständnissen
und schwindet unter dem Einfluß moderner Erkenntnisse immer mehr. Die alte Vorstellung, daß Gott der persönliche Ur-
heber der Schöpfung sei, wandelt sich, seit die ungeheuren
Dimensionen der Schöpfung immer mehr sichtbar werden.

Im Grund stimmt es natürlich, daß Gott alles erschaffen
hat, doch hinsichtlich der Art und Weise, wie dies geschehen
ist, vertritt die Kabbala eine Meinung, die sich von den Vorstellungen des exoterischen Judaismus, die vom orthodoxen
Christentum übernommen wurden, unterscheidet. Der Haupt-
einwand der christlichen Theologen gegen die Emanationsphilosophie lautet, daß sie zum Pantheismus führt, der leicht
mit der Vorstellung, Gott sei einfach die Gesamtheit der Natur, gleichgesetzt wird. Doch dies lehrt die Kabbala nicht. Sie
lehrt, daß Gott sich in der Natur manifestiert und ihr inne-
wohnt, doch auch, daß alle Manifestation, ganz gleich auf
welcher Ebene, nur eine Ausdrucksform Gottes ist, der transzendent über alles herrscht. In dieser Philosophie gibt es
keine scharfe Trennung zwischen Geist und Materie. Die Materie wird als das »leuchtende Gewand Gottes« betrachtet, als
eine Ausdrucksform Seines Wesens, und deshalb sind alle
Dinge ihrem innersten Wesen nach heilig. Dies steht in kla-
rem Widerspruch zu den manichäistischen Anschauungen,
die in manchen Teilen des Christentums noch heute lebendig
sind, unter anderem in Form des Puritanismus.

Angenommen, die Emanationsphilosophie wäre richtig –
wie kann man sich dann den Vorgang der Schöpfung vorstel-

len? Hier kommen wir zu den »wirkenden Kräften«, durch die die Schöpfung stattfindet, und zu den Erscheinungsformen dieser Schöpfung. Man muß sich klar darüber sein, daß diese Bereiche der Schöpfung, die »Welten« genannt werden, keine Planeten oder dergleichen sind. Wir weisen darauf hin, weil sogar Menschen, die es besser hätten wissen müssen, manchmal diesem Irrtum verfallen sind. Wir wollen diesen Begriff deshalb genau definieren. *Eine »Welt« ist in diesem Zusammenhang eine bestimmte Erscheinungsform des göttlichen Wirkens.*

Die erste dieser Welten ist Atziluth oder die archetypische Welt. Sie ist der Bereich der göttlichen Ideen, die hinter aller Manifestation stehen. Hier bringt der göttliche Geist jene Konzepte hervor, die später in allen Bereichen der Manifestation auf vielfältige Weise Gestalt annehmen. Nach Meinung der Kabbalisten gehört der Lebensbaum allen »Welten« an. Hier präsentiert er sich in seiner feinsten Form: als im göttlichen Geist enthaltener Plan. Das heißt nicht, daß der Lebensbaum in der Atziluthwelt als Figur erscheint, sondern daß die im Baum dargestellten Beziehungen hier ihren Ursprung haben.

Als nächstes kommen wir zur Welt von Briah. Sie wird in der Kabbala auch die Welt der Throne genannt und geht aus der Atziluthwelt hervor. Briah ist sozusagen die nächste Stufe zur materiellen Welt. Man nennt sie manchmal auch die Schöpferische Welt, denn hier beginnen sich die Archetypen der Atziluthwelt zu objektivieren, weil in dieser Sphäre die Erzengel den göttlichen Gedanken ihre erste substantielle Gestalt verleihen. Es ist eine Welt, in der die Urkraft der Manifestation zu wirken beginnt.

Man darf sich die Erzengel natürlich nicht als übermenschliche Wesen vorstellen, die eine menschliche Gestalt und Flügel besitzen, wie viele einfältig-fromme Menschen glauben. Das gleiche gilt auch für die Engel und für die subhumanen Lebensformen.

Die dritte Welt ist Yetzirah, die Welt der Formbildung. Hier besitzt die Substanz der Manifestation noch keine materielle Form. Diese Sphäre ist das Reich der Wesen, die man

Engel nennt. Die Baumeister des Universums treffen hier sozusagen ihre Vorbereitungen für die Umwandlung der göttlichen Archetypen in die physische Erscheinungsform, die in Assiah, der vierten Welt, stattfindet.

Es heißt, daß Assiah aus den gröbsten Elementen der vorhergehenden drei Welten besteht. Dies ist so zu verstehen, daß die Substanz dieser Welten (die, wohlgemerkt, nicht materiell sind) eine graduell unterschiedliche Dichte aufweist, und die Folge davon ist eine graduell unterschiedliche Dichte der physischen Materie. Da der Lebensbaum allen vier Welten angehört, weisen die Beziehungen, die er widerspiegelt, eine ähnliche Abstufung auf. Da die vier Welten einander durchdringende Seinszustände sind, finden sich in Assiah die feinen und groben Aspekte aller vier, und die stärkste Verdichtung des Stofflichen findet in Malkuth statt, der Sephira am Fuß des Lebensbaumes.

Hier, in der Welt von Assiah, stoßen wir auf ein weiteres sehr wichtiges kabbalistisches Konzept. Es heißt, daß sich unterhalb von Assiah das Reich der Qliphoth befindet. Die Qliphot sind, kurz gesagt, die unausgewogenen Energien des Lebensbaumes, die in den Wassern des Chaos einen »Gegenbaum« mit zehn Stationen bilden, die den zehn heiligen Sephirot entsprechen.

Dieser Bereich der Qliphoth ist während des Manifestationsprozesses entstanden, der zur Entwicklung des Universums führte. Dieser begann damit, daß die Urkraft aus der nichtmanifesten Sphäre in die Sephira Kether strömte und, als sie sich weiter ausbreitete, die anderen Sephirot bildete, bis sie Malkuth erreichte. Als die kosmische Lebenskraft in die einzelnen Sephirot strömte, kann es jedoch keine Ausgewogenheit gegeben haben; dieses Gleichgewicht konnte erst nach der Emanation der korrespondierenden Sephira entstehen. Während der Entwicklung einer Sephira bildete sich ein Überschuß an Energie, der zu den »Wassern unter der Erde« abfloß. Deshalb gibt es im Universum diese Sphäre der unausgewogenen Kräfte, das »Reich der Könige von Edom, die regierten, bevor es einen König in Israel gab«. Nun war und ist alles manifeste Leben in hohem Maß disharmonisch, zumindest hier in Malkuth von Assiah. Diese Unausgewogenheit bedeutet, daß sich in der chaotischen Welt der unorganisierten Energie, dem Reich der Qliphot, Zentren des Ungleichgewichts gebildet haben. Da das positive Übel der Welt eine Folge der Unausgewogenheit der Übeltäter ist, fließt jede Disharmonie zu ihrem eigenen Ort und verbindet sich mit dem entsprechenden Aspekt der Qliphot. So haben sich im Lauf der Zeit mächtige Komplexe positiven Übels gebildet, die durch die schrecklichen Energien der Wasser unter der Erde aufgeladen werden.

Es gibt drei Wege, Macht zu erlangen. Der erste besteht darin, zur Quelle aller Macht zu gehen und sich zu bemühen, zu einem Kanal dieser Macht zu werden; der zweite ist ein Versuch, ein Loch zu stopfen und ein anderes aufzureißen, indem man mit den Kräften der Manifestation »jongliert«; der dritte Weg ist, ein Kanal für die Wasser des Chaos zu werden, durch den die unausgewogenen Kräfte dieser Sphäre eine furchtbare Wirksamkeit entfalten können.

Nach den Kategorien der Jungianischen Psychologie kann man die Qliphot als die unausgewogenen Aspekte der Archetypen des kollektiven Unbewußten betrachten. Die Wasser unter der Erde üben einen ständigen Druck aus, und dieser Druck sucht sich Kanäle, durch die er entweichen kann. So kann es sein, daß sich ein fanatischer Diktator von einer unwiderstehlichen Macht erfüllt fühlt, die ihm alles möglich erscheinen läßt. Die ihn durchströmenden qliphotischen Energien werden jedoch immer stärker und beginnen ihn schließlich zu beherrschen, so daß er nicht mehr imstande ist, vernunftgemäß zu handeln.

Die Energien werden zu inneren Diktatoren und treiben ihn zu Taten, die er in vernünftigen Momenten nicht begehen würde. Er begeht immer mehr Fehler und falsche Handlungen, und die unausgewogenen Kräfte, die er in seinen Anhängern geweckt hat, führen dazu, daß sich Illoyalität und Zwist im Volk immer mehr ausbreiten. Schließlich zerfällt das ganze diktatorische System, und er kann sich nicht mehr an der Macht halten.

Eine esoterische Schule ist der Meinung, daß Christus, als

er am Kreuz hing, sein Werk dadurch vollbrachte, daß er die angesammelten unausgewogenen Kräfte an sich zog und sie, um der Welt zu helfen, in ausgewogene Energie verwandelte, wodurch die psychische Atmosphäre dieses Planeten sich völlig veränderte und ein neuer Weg geschaffen wurde, auf dem sich der Mensch Gott nähern konnte.

Der vorhin verwendete Begriff »positives Übel« bedarf vielleicht einer Erläuterung. Im kabbalistischen Denksystem bedeutet »Übel« etwas anderes als im normalen Sprachgebrauch. Man geht davon aus, daß es ein sogenanntes »negatives Übel« gibt, das einfach die Reaktion auf die Energien des kreativen Logos darstellt. Reibung, die man, zum Beispiel, bei der Konstruktion von Autos möglichst gering zu halten trachtet, ist zugleich ein überaus wichtiger Faktor. Würde eine Straßenoberfläche keinerlei Reibungsqualität aufweisen, so würde die Energie des Motors die Räder durchdrehen lassen und man würde mit dem Auto überhaupt nicht vorankommen. Jeder Autofahrer, der sein Fahrzeug schon einmal aus einer Schneewehe oder aus einer sumpfigen Wiese herausmanövrieren mußte, wird dies bestätigen. Deshalb wird das negative Übel als notwendige Reaktion auf das Wirken der schöpferischen Kräfte betrachtet, ohne das keinerlei Schöpfung möglich wäre.

Wir entsinnen uns, daß das *Buch der Verborgenen Geheimnisse* das »Buch vom Gleichgewicht der Kräfte« genannt wird. Die allen vier Welten angehörenden Sephirot befinden sich im Gleichgewicht, weil eine auf die andere sozusagen eine Zugkraft ausübt, um die Ausgewogenheit herzustellen, die das Ideal der Manifestation darstellt. Hier befindet sich die Quelle des »Dualismus«, denn wenn wir nur an die entgegengesetzten Eigenschaften der Sephirot dächten, wären wir geneigt, einige von ihnen als Übel zu bezeichnen, doch wenn wir in Betracht ziehen, daß diese Zugkraft der Herstellung eines dynamischen Gleichgewichts dient, wird klar, daß der scheinbare Antagonismus eine Täuschung ist, der einer falschen Betrachtungsweise der Manifestation entspringt. In der Zeit jedoch, in der dieses dynamische Gleichgewicht hergestellt wird, kommt es zu einer Freisetzung unausgewogener Energie, die zum entsprechenden Zentrum in der Sphäre der Qliphot – dem »Bereich der Hölle«, wie sie manchmal genannt wird – fließt.

Wenn wir uns diesen ganzen Prozeß der Manifestation als einen mächtigen Energiestrom vorstellen, der von einem schöpferischen Zentrum ausgeht und schließlich dorthin zurückkehrt, dann können wir das negative Übel als Widerstand in der Sphäre der Manifestation gegen das gestaltende Prinzip dieser Energie betrachten, als Gegendruck und Reibung, die es diesem Prinzip ermöglichen, sich zu verwirklichen. Es handelt sich also um einen Teil des Schöpfungsprozesses, der notwendig ist, damit die Manifestation stattfinden kann. Ein weiterer Widerstand entsteht dadurch, daß der Druck der schöpferischen Kraft noch nicht völlig aufgehört hat, wenn eine neue Phase der Aktivität beginnt, so daß die neue Aktivität von Anfang an behindert wird. All dies ist jedoch Teil des kosmischen Plans.

Kein Teil des kosmischen Plans ist hingegen das sogenannte »positive Übel«; das heißt, es hat nicht, wie das negative Übel, innerhalb dieses Plans eine wesentliche Funktion zu erfüllen. Man kann es als eine Störung bezeichnen, die durch die unausgewogenen Handlungen der Lebewesen entsteht, denn im gesamten Universum (und nach Meinung der Kabbalisten in der gesamten Schöpfung) gilt das Prinzip des freien Willens, und hier hat das positive Übel seine Wurzeln. Die Lebewesen mit ihrem freien Willen neigen dazu, die unausgewogenen Kräfte für ihre eigenen Zwecke einzusetzen. Dadurch wird das positive Übel zu einem Fremdkörper im Himmlischen Menschen (wie der gesamte Bereich der Manifestation von den Kabbalisten genannt wird). Ebenso wie ein physischer Körper kann der Makroprosopos einen Fremdkörper entweder absorbieren oder abstoßen. Wenn möglich, wird das positive Übel vom Energiekreislauf des Universums absorbiert – durch einen Prozeß, der der in der modernen Psychotherapie angewandten Abreaktion entspricht. Dieser Prozeß, der in der dichtesten Sphäre der Manifestation stattfinden muß, um zu gelingen, wird durch hochentwickelte Wesen bewirkt, welche dies als ihre natürliche Aufgabe betrachten und im Lauf der Evolution eine solche Abreaktion immer wieder herbeigeführt haben. Manche Kabbalisten glauben, daß der Strom der Manifestation vor etwa zweitausend Jahren auf der physischen Ebene seinen tiefsten Punkt erreichte und daß es dem Logos des Lichts damals hätte möglich sein müssen, das sich entwickelnde Leben so zu erfüllen, daß es sich von da an bis zur Vollkommenheit entwickeln und in Ausgewogenheit zu seiner Quelle hätte zurückkehren können. Doch die Macht des positiven Übels war trotz der Bemühungen hochentwickelter Wesen so groß, daß die Gefahr bestand, daß der Prozeß vorübergehend ins Stocken geriet, so daß dem sich entwickelnden Leben auf unabsehbare Zeit die Rückkehr nicht gelungen und der ganze kosmische Plan aus dem Gleichgewicht geraten wäre.

So mußte die Inkarnation des Logos das Gleichgewicht wiederherstellen, und dies tat Er, indem Er die unausgewogenen Kräfte an sich zog und sie durch eine göttliche Alchimie auf eine Weise verwandelte, daß das sich entwickelnde Leben den Tiefstpunkt überwinden und den Rückweg antreten konnte. Was vorher wenigen vorbehalten war, wurde nun eine Möglichkeit für viele, denn er schuf einen neuen Weg, auf dem die Menschheit ihrer spirituellen Heimat zustreben konnte, und nicht nur die Menschheit, denn da er die geistige Sphäre dieses Planeten reinigte, wurde allem Leben auf ihm, auch dem subhumanen und elementaren, diese Befreiung zuteil.

Dieser Glaube herrschte auch in der frühchristlichen Kirche, bis die legalistischen Römer die Gute Nachricht des Christentums in Gesetze faßten. Man glaubte ganz einfach, daß Christus die Kräfte des Bösen besiegt und die Welt aus der Gefangenschaft der Herren der Unausgewogenen Kraft befreit hatte, so daß nun alle in die ewige Heimat zurückkehren konnten. Es steht jedem frei, dies unter Buße zu verstehen, denn der Begriff der Buße ist von keinem der großen Konzile der katholischen Kirche offiziell definiert worden.

Diese ganze Frage der Buße hat Aulen in seinem Buch *Christus Victor* ausgezeichnet dargestellt. Es zeigt, wie christliche Kabbalisten sich mit kabbalistischen Ideen auseinandergesetzt haben.

Man könnte annehmen, daß diese eingehende Beschäftigung mit den Qliphot wenig mit den Vier Welten zu tun hat, doch das trifft nicht zu, denn die dunklen Wasser unter der Erde gibt es – ausgenommen die Atziluthwelt – in jeder von ihnen. Der Gegenspieler des Erzengels von Briah ist der Teufel im Reich der Hölle, und die Gegenspieler der Engel sind die Dämonen.

Die unausgewogenen Kräfte in den Welten von Briah und Jetzirah waren passiv und unorganisiert, doch als sich in der Welt von Assiah Bewußtsein und Selbstbewußtsein entwickelten, organisierten sie sich zu einer Kraft des positiven Übels, um gegen das Licht zu kämpfen, und so entstand das Reich der Hölle.

Obwohl die Mächte des Bösen auf höherer Ebene besiegt wurden, muß der Mensch in seinem persönlichen Bereich diesen Sieg immer wieder erringen und »mannhaft gegen die Welt des Fleisches und des Teufels kämpfen«, wie es im anglikanischen Katechismus heißt. Dieser Krieg muß im Staub und Getümmel des täglichen Lebens geführt werden. Diese Welt ist das Schlachtfeld von Kurukschetra, wie es in der *Bhagavad Gita*, dem großen hinduistischen Epos, genannt wird.

Hier können die Lehren der Kabbala in die Praxis umgesetzt werden. Obwohl man manche Kämpfe wie Fabius Cunctator durch Rückzug gewinnen kann, müssen die meisten Menschen hier auf der physischen Ebene, in der Schinderei der irdischen Lebens, den Sieg erringen. Deshalb betonen die Kabbalisten so sehr die Wichtigkeit der Station Malkuth in Assiah. Dies ist auch der Grund, warum wir uns so eingehend mit den Qliphot beschäftigt haben, denn diese müssen hier in der Welt der Materie überwunden werden.

9 In verschiedenen alten Philosophien stellt man sich die göttliche Quelle aller Manifestation in Gestalt eines großen Menschen vor. Aus dieser Idee ist der Anthropomorphismus hervorgegangen, der bei den meisten religiösen Systemen der Welt zu fruchtbaren Auseinandersetzungen geführt hat.

An sich ist es völlig gerechtfertigt, sich Gott als ein irdisches Wesen vorzustellen – es ist sogar fast unmöglich, sich ein anderes Bild von ihm zu machen. Selbst der strikteste Monotheist und Metaphysiker muß sich gewisser irdischer Begriffe bedienen, um seinen Anhängern seine Vorstellungen zu vermitteln. Auch wenn er zur Beschreibung des Göttlichen nach östlichem Beispiel negative Formulierungen benützt wie *Neti, neti* ("Nicht dies und nicht das«), kann er die Verwendung positiver Begriffe nicht vermeiden, obwohl er sie auf negative Weise einsetzt.

Wenn er etwa sagt: »Gott ist Liebe und mehr als das, denn was wir auf Erden unter Liebe verstehen, ist nur der Schatten eines Schattens dessen, was Liebe wirklich ist«, muß er den positiven Begriff verwenden und ihn in gewissem Grad definieren, um die Idee, die er zu vermitteln sucht, auszudrücken.

Wir sagten, daß der Anthropomorphismus zu vielen Auseinandersetzungen auf dem Gebiet der Religion geführt hat. Das liegt daran, daß die meisten Menschen dazu neigen, ihre inneren Emotionen und Wertvorstellungen auf äußere Objekte zu projizieren. Diese Projektion findet in unterschiedlichem Maß statt, doch nur sehr wenige Menschen können sie ganz vermeiden. Auf religiösem Gebiet kann dieser Mechanismus zu sehr merkwürdigen Vorstellungen hinsichtlich der Beschaffenheit des Höchsten Wesens führen. Ich glaube, es war Dean Swift, der einmal gesagt hat, Gott habe den Menschen nach Seinem Bild erschaffen, und der Mensch habe daraufhin Gott nach seinem Bild erschaffen – »einschließlich Schaufelhut« (breitrandiger Hut der anglikanischen Geistlichen). Dies trifft auf die meisten Menschen zu.

Ein Mensch mit einem starken Hang zur Grausamkeit wird sich Gott als einen schrecklichem Herrscher vorstellen, der die Geschicke der Menschen lenkt, und in den heiligen Schriften seiner Religion wird er Stellen finden, die, aus dem Zusammenhang gerissen, die Richtigkeit seiner Vorstellung »beweisen«. Doch nicht nur das – er wird seine eigene Grausamkeit gegenüber anderen rechtfertigen, indem er darauf verweist, daß der Gott, den er verehrt, sich ähnlich verhält.

Einige der schlimmsten Ausschreitungen der christlichen Kirchen im Lauf der Jahrhunderte sind durch solche Hinweise auf das Alte Testament gerechtfertigt worden, und dies ist keine Besonderheit des Christentums. Anhänger aller Religionen neigen zu so einer Haltung, denn Projektion ist nichts speziell Westliches oder Christliches, sondern ein psychischer Mechanismus, der allen Menschen eigen ist.

Das Geniale an der Kabbala ist, daß sie sich diese allgemeine Neigung zunutze macht, indem sie anthropomorphische Vorstellungen verwendet, jedoch auf eine bestimmte, eindeutige Weise, so daß sie keine Probleme verursachen, sondern dem Menschen helfen, Dinge zu begreifen, die weit außerhalb des geistigen Fassungsvermögens zu liegen scheinen.

Nebenbei bemerkt ist der Himmlische Mensch keine auf die Kabbalisten beschränkte Vorstellung: sie findet sich auch in den esoterischen Lehren der Hindus. Im Westen taucht sie in den Lehren und Offenbarungen des großen schwedischen Sehers Swedenborg auf. Nach seiner Lehre hat jede Lebensform einen bestimmten Platz im Körper des Himmlischen Menschen. Auch diese Idee ist auf abgewandelte Weise in den Lehren der westlichen Tradition enthalten.

Der Himmlische Mensch der Kabbala wird als Manifestation von *Arik Anpin*, dem Großen Antlitz, betrachtet, das aus den Sephirot Kether, Chockmah und Binah besteht. Dies sind die drei überirdischen Sephirot, und der zwischen ihnen und dem übrigen Baum liegende Abyssus zeigt, daß sie sich von den anderen Sephirot unterscheiden. Chockmah, das positive männliche Prinzip, und Binah, das negative weibliche Prinzip, vereinigen sich in Daath, oder anders ausgedrückt: Das zwischen diesen beiden herrschende Gleichgewicht ermöglicht es dem sich entwickelnden Bewußtsein, sich in den anderen Sephirot zu manifestieren. Arik Anpin, der Makroposopos, wurzelt in Kether, der Himmlische Mensch, der Mikroposopos, in Tipharet.

Der Mikroposopos wird auch *Zaur Anpin*, das Kleine Antlitz, genannt. Er besteht aus Chesed, Pachad, Netzach, Hod und Yesod, und sein Zentrum ist Tipharet. Malkuth bleibt also übrig. Diese Sephira wird manchmal »Die Braut des Mikroposopos« oder Kellah, die Königin, genannt, woraus folgert, daß der Mikroposopos der König ist.

Es heißt, daß Malkuth »jeden Kopf überragt und auf dem Thron von Binah sitzt«. Binah wird auch als die Höchste Mutter bezeichnet und Malkuth als die Niedere Mutter.

In der »Großen Heiligen Versammlung«, einem der Bücher des Sohar, steht, daß Rabbi Schimeon zu seinen Mitarbeitern sagte: »Nehmt jetzt eure Plätze ein, denn ich will euch erklären, woraus die Formen des Mikroposopos bestehen … Aus den Formen des Ältesten der Tage, des Heiligen der Heiligen, des Zurückgezogenen der Zurückgezogenen, des Einen, der in Allem verborgen ist. Die Teile des Mikroposopos sind den Formen des Makroposopos nachgebildet … und sie dehnen sich nach oben und unten *in menschlicher Gestalt* aus, so daß sich in Ihm der Geist des Einen Verborgenen in jedem Teil manifestiert.«

Man kann das so auslegen, daß der Himmlische Mensch der Bereich ist, in dem alle Manifestation stattfindet, und daß Er auch das Pleroma oder die Fülle aller darin vorkommenden Mächte, Kräfte und Formen ist und Sein Bewußtsein die Wurzel und die Basis allen Bewußtseins der Schöpfung. Dies ist der Kosmische Christus der heutigen Esoterik, und in ihm leben wir und bewegen uns und haben wir unser Sein.

Mit dieser mächtigen Gestalt des Himmlischen Menschen

offeriert uns die Kabbala das Konzept eines lebendigen Universums, im Gegensatz zu dem nüchternen, leblosen Konzept der modernen Naturwissenschaft, oder besser gesagt, jenes Teils der Naturwissenschaft, der immer noch Kategorien der viktorianischen Zeit verhaftet ist, denn viele Naturwissenschaftler sehen bereits hinter aller Manifestation das Wirken eines mächtigen Bewußtseins.

Wiederum ist ein Wort der Warnung erforderlich. Die große Glyphe des Himmlischen Menschen ermöglicht es uns, die vielfältigen Beziehungen zwischen den verschiedenen Faktoren des Universums zu erkennen, doch das Wesentliche an dem Ganzen sind die *Beziehungen*. Man hüte sich davor, die Glyphe mit der Realität zu verwechseln, die sie symbolisiert.

Es gibt noch eine andere Lehre, die mit dem Himmlischen Menschen zusammenhängt. Es heißt, daß es Menschen gibt, die im Laufe vieler Inkarnationen *innerhalb dieses Planetensystems* Vollkommenheit erlangt haben. In den verschiedenen westlichen und östlichen Schulen werden sie die Brüder, die Meister, die Heiligen oder die Mahatmas genannt. Man glaubt, daß jeder dieser Meister einen vervollkommneten Bewußtseinstypus darstellt und sozusagen ein Zentrum bildet, um den sich das Bewußtsein von Menschen gemäß dem Strahl, dem sie angehören, gruppiert.

So wird, wie Swedenborg offenbart hat, in jedem Zyklus der Geschichte des Kosmos ein Himmlischer Mensch erschaffen, indem jedes sich entwickelnde Bewußtsein von dem Teil des Himmlischen Menschen, der seinem Typus entspricht, angezogen wird. Alle Lebensformen sind jedoch voneinander abhängig und bilden ein Bewußtsein, und so erkennen alle Lebensformen bei fortschreitender Evolution ihren Platz im kosmischen System – einen Platz, den sie immer schon eingenommen haben, ohne sich dessen bewußt zu sein. Der Mikroposopos verwirklicht sich also in dem sich entwickelnden reziproken Himmlischen Menschen. Der traditionellen Lehre zufolge wiederholt sich dieser Prozeß in sieben großen Evolutionsepochen, bis schließlich ein Himmlischer Mensch entstanden ist, der bewußt den Geist und das

Bewußtsein Gottes widerspiegelt, die aller Manifestation innewohnen. Dieser Himmlische Mensch wird in der Kabbala Adam Kadmon genannt.

All dies hat auf symbolische Weise ein zeitgenössischer Schriftsteller ausgedrückt, mit dessen Worten wir dieses Kapitel beenden wollen.

»... Da erschien in der Rose aus Licht, am diamantenen Punkt, wo das Sein in die Manifestation übergeht, die vollkommene Gestalt eines Menschen, eines Zwitters ... und vor ihm fiel die ganze Schar der Anbeter auf die Knie, Throne, Mächte, Fürstentümer, denn im ganzen Himmel gibt es keine Macht, die nicht eine Form des Lichtes und außerhalb des Lichtes ist, und keine Macht, die das nicht weiß, verfügt über Macht.

... Wir alle haben die Fähigkeit, Erkenntnis durch Symbole zu erlangen, die neben der Stille am beredsamsten sind; und ich habe nicht das Symbol vergessen, das Venus in der Hand hielt, das Symbol, das in allen Welten verstanden wird. Und wieder sahen wir es ... das Kreuz, auf dem, wenn ich mich so ausdrücken darf, das Licht stirbt; die Rose ... in der das Licht geboren wird.«

(Sir Ronald Fraser: *A Visit from Venus* und *Trout's Testament* [Jonathan Cape].)

10 Wenn wir die Glyphe des Lebensbaums betrachten, dann sehen wir hinter Kether, der ersten Sephira, drei konzentrische Bögen mit den Bezeichnungen Ain, Ain Soph und Ain Soph Aur. Wenn Kether die Quelle aller Manifestation ist, was sind dann diese Schleier, wie sie genannt werden?

Die Antwort ist, daß sie die Symbole des Nichtmanifesten sind, aus dem Kether hervorgeht, denn alles Manifeste muß seinen Ursprung im Nichtmanifesten haben. Der Philosoph Herbert Spencer betrachtete dieses nicht nur als das Unbekannte, sondern als das Unerkennbare. Das ist natürlich richtig, wenn man den Geist als etwas Vollkommenes ansieht, doch da sich das Leben und das Bewußtsein weiterentwickeln, wird vieles, was unerkennbar war, erkennbar, wenn die Effizienz des von uns benützten Instruments zunimmt.

Man muß jedoch bedenken, daß die größere Effizienz des Instruments nichts nützt, wenn sich nicht auch das Bewußtsein weiterentwickelt. Es kommt jedoch nicht nur auf eine quantitative Entwicklung an, sondern auch auf eine qualitative.

Dion Fortune meint, daß die Schleier in der praktischen Esoterik die gleiche Rolle spielen wie die algebraischen Symbole in der höheren Mathematik. An sich sind die Symbole bedeutungslos, doch sie ermöglichen es unserem Geist, sich mit etwas zu beschäftigen, das unsere Denkfähigkeit übersteigt. Das gilt für das ganze symbolische Bezugssystem des Lebensbaums; es ist ein mathematisches System, das mit kosmischen Unbekannten »rechnet«.

Man könnte sich fragen, welchen Sinn es hat, sich mit diesen schwer verständlichen Ideen zu beschäftigen und ob es nicht besser wäre, sie im Dunkel zu belassen und sich auf die praktische Seite der Esoterik zu konzentrieren.

Es gibt jedoch verschiedene Gründe, den Schüler mit den symbolischen Schleiern vertraut zu machen. Der wichtigste ist, daß dadurch die ganze esoterische Arbeit auf eine Basis gestellt wird, die in keiner Weise als endgültig betrachtet werden kann. Immer wenn der Esoteriker sich mit einer manifesten Erscheinung beschäftigt, muß er sie als etwas betrachten, das sich vor dem Hintergrund der Schleier abzeichnet. Dies hilft ihm, keine starre geistige Haltung einzunehmen. Jenseits von allem liegt das Nichtmanifeste und bildet immer den Hintergrund für sein Leben und seine Arbeit.

Außerdem drücken die Schleier auf symbolische Weise aus, daß Manifestation nicht nur etwas »Seiendes«, sondern auch etwas »Werdendes« ist. Der zu Kether gehörende Gottesname etwa lautet *Ehyeh Ascher Ehyeh*, was in unserer Bibel mit *Ich bin der Ich bin* übersetzt ist. Einer meiner Freunde, ein bekannter Kabbalist, ist der Meinung, daß eine bessere Übersetzung lauten würde *Ich bin der ständig Werdende*. Dieser Gottesname drückt die rhythmische Entfaltung der Aktivität Gottes aus; etwas ständig im Werden Begriffenes, das niemals endet. Sehr viele Anhänger der orthodoxen christlichen und nichtchristlichen Religionen werden diese Idee ablehnen, doch diese Haltung entspringt wohl hauptsächlich dem normalen Verlangen, eine Arbeit zu beenden und sich danach zu erholen. Die kabbalistische Philosophie jedoch lehrt, daß es für die menschliche Seele auf dem Weg der Evolution nach Abschluß einer Phase der Manifestation zwar eine Zeit der Glückseligkeit gibt, die jedes irdische Vorstellungsvermögen übersteigt, doch danach eröffnet das Wirken des ständig Werdenden neue Wege, und ein neues Abenteuer beginnt. So strömt das göttliche Leben immer wieder in die Manifestation, »ruht immer wieder von der Arbeit aus« und genießt die Früchte seiner Aktivität, um dann neue Abenteuer der Manifestation zu entsinnen und noch unbekannte Aspekte des Seins zu ergründen.

Das östliche Äquivalent hierzu ist der Zyklus der »Tage und Nächte Brahmas«. Im Osten jedoch betrachtet man dieses göttliche Wirken als Vollstreckung eines unentrinnbaren Gesetzes, während die Schulen der westlichen Tradition einen hohen Künstler am Werk sehen, der ein Schönheitsideal verwirklicht, das Teil seines Wesens ist. So werden von Aeon zu Aeon die Pläne Gottes ausgeführt, und wenn das kosmische Bild fertig ist, ruht der Künstler aus, und alle Wesen, die Akteure auf seiner Bühne, Teile seines kosmischen Meisterwerks sind, »freuen sich mit dem Herrn«, bis nach irdischen Begriffen unermeßlich langer Zeit wieder das göttliche »Es werde« ertönt und die Söhne und Töchter Gottes jubelnd diesen Morgen einer neuen Schöpfung begrüßen. So offenbart sich der ständig Werdende von Ewigkeit zu Ewigkeit, und all dies ist durch die Schleier symbolisiert.

Da die Schleier die »negative Existenz« darstellen, ist natürlich jede irdische Vorstellung, die wir uns von ihnen machen, völlig falsch. Es gibt keine irdischen Begriffe, die etwas über »das, was ist« aussagen. Das lehren sowohl die östlichen Philosophien als auch die christliche Theologie. *Neti, neti* ("Nicht dies und nicht das«) sagt der östliche Weise, und die mystische Theologie des Pseudo-Dionysius und der geheimnisvolle Verfasser der wundervollen Abhandlung Die *Wolke des Nichtwissens* sagen das gleiche.

Doch obwohl wir die durch die Schleier symbolisierten Seinsformen weder einem Bereich zuordnen noch sie in Worten ausdrücken können, ist es uns möglich, vor ihrem Hintergrund die Manifestation deutlicher zu sehen – oder jenen Teil von ihr, den wir derzeit erfassen können, denn je mehr der Geist des Menschen wächst, um so mehr kann er von ihr begreifen, so daß die Schleier zurückweichen, wenn der Mensch sich weiterentwickelt.

Es ist klar, daß für manche diese Schleier nie von der Stelle weichen, während andere ihren Mitmenschen weit vorauseilen und tief in das Geheimnis eindringen. Doch wir müssen uns davor hüten, den Begriff »negative Existenz« zu eng zu definieren. Denn was wir definieren, wird für unseren Geist faßbar und ist nicht mehr unendlich. Nur wenn unser spirituelles Selbst etwas von diesem Unendlichen erfahren hat, können wir sagen, daß wir es begreifen.

»Wenn Gott verstanden werden kann, dann ist Er nicht mehr Gott«, hat ein Philosoph gesagt. Das bedeutet, daß das Unendliche mit dem rationalen Verstand nicht begriffen werden kann. Doch durch mystische Erkenntnis können wir einiges von dem, was die Wurzel und Grundlage von allem ist, verstehen.

Douglas Fawcett geht in seinem Buch *Divine Imagining* (London, 1921) näher auf diese Dinge ein, und obwohl wir nicht mit allen seinen Schlußfolgerungen übereinstimmen, möchten wir jedem, der sich mit der Metaphysik eingehender beschäftigen möchte, seine Bücher empfehlen.

Es gibt eine negative und eine positive Existenz, zwei Seinsweisen, die an sich unvereinbar sind, und hier kann uns das Symbol der Schleier weiterhelfen. MacGregor Mathers schreibt in seinem Buch *The Cabbalah Unveiled*: »Derart unterschiedliche Ideen ... bedürfen eines bestimmten Nexus, einer Art Bindeglied, und von dieser Stelle kommen wir zu dem, was man *potentielle Existenz* nennt; einer Existenzweise, die eine klare Definition noch schwerer zulassen wird, da sie der positiven Existenz noch näher steht. Potentielle Existenz ist Existenz als Möglichkeit. In einem Samenkorn zum Beispiel ist der Baum, der ihm entsprießen wird, verborgen; er befindet sich in einem Zustand potentieller Existenz; er ist da, er ist jedoch einer Definition nicht zugänglich. Um wieviel weniger wird das bei den Samenkörnern der Fall sein, die der Baum seinerseits einst hervorbringen mag? Aber diese zukünftigen Samenkörner befinden sich, obwohl der positiven Existenz etwas analoger, schwerlich schon in einer so vorgerückten Phase, das heißt, sie sind negativ existent. Positive Existenz dagegen ist stets definierbar; sie ist dynamisch; sie verfügt über bestimmte evidente Kräfte, sie ist daher die Antithesis zur negativen Existenz. Sie ist nicht länger der im Samenkorn verborgene Baum, sondern vielmehr ins Äußere entworfen.

Positive Existenz hat einen Anfang und ein Ende und benötigt daher eine andere Form, aus der heraus sie sich entwickeln kann; denn ohne dieses andere hinter ihr verborgene negative Ideal ist sie labil und unbefriedigend.

So habe ich denn schwach und ehrfurchtsvoll versucht, dem Verständnis meiner Leser die Vorstellung von dem grenzenlosen Urprinzip wenigstens anzudeuten. Angesichts dieser Idee und über diese Idee kann ich nur mit den Worten eines alten Orakels sagen: ›In Ihm ist ein unendlicher Grund von Glorie, und von da geht ein kleiner Funke aus, der all den Glanz der Sonne wie auch des Mondes und der Sterne bewirkt. Sterblicher, siehe, wie wenig ich von Gott weiß; trachte nicht, mehr über Ihn zu wissen, liegt dies doch, wie weise du auch sein magst, weit über deinem Vorstellungsvermögen; was uns betrifft, die wir Seine Diener sind, welch kleiner Teil nur sind wir doch von Ihm!‹«

In der kabbalistischen Philosophie gibt es noch einen anderen »Schleier«. Er wird *Paroketh* genannt und zieht sich in der Zeichnung des Lebensbaums durch die Sephira Tiphareth. Hinter diesem Schleier liegt der Abyssus – die Ebene des Bewußtseins und der Manifestation, die für das niedere persönliche Selbst eine ganz andere Qualität besitzt.

Viele Esoteriker ziehen es vor, in der dünnen Luft einer Sphäre abstrakter Ideen zu schweben und sich Zuständen und Seinsweisen, die sie fälschlich als niedrig bezeichnen, zu entziehen. Der Paroketh-Schleier soll den Kabbalisten davor warnen, sich in einem Labyrinth abstrakter Spekulationen zu verirren und ihn dazu bringen, innerhalb der gegenwärtigen Grenzen seiner geistigen Kapazität zu arbeiten. Dadurch kann er »verschwommenes Denken« vermeiden, und durch diese Beschränkung entwickelt sich sein Bewußtsein bis zu dem Punkt, an dem jene Bewußtseinsveränderung stattfindet, die ihn über den Abyssus in eine völlig neue Welt des Seins führt. Dann ist er in der Ewigkeit wiedergeboren, wie man in den alten Mysterienschulen sagte.

Bis er sich soweit entwickelt hat, tut er gut daran, sich auf die Sphären des Baums zu konzentrieren, die unterhalb von Tiphareth liegen. Er muß »in Jerusalem bleiben, bis sein Bart gewachsen ist«.

Den Paroketh-Schleier kann man bei der Beschäftigung mit jedem Teil des Baumes verwenden. Es ist eine sehr nützliche Methode, das geistige Gesichtsfeld zu begrenzen, auf ähnliche Weise wie ein Maler sein Gesichtsfeld mit den Händen abschirmt, so daß er nur einen Teil einer Szenerie sieht, jedoch viel klarer.

Der Neigung, sich geistigem Hochmut hinzugeben, wird hier eine weitere Grenze gesetzt. Der kabbalistischen Philosophie zufolge »enthält jede Sephira einen Baum«. Wir leben auf dem Planeten Erde, und unser Bewußtsein ist voller irdischer Vorstellungen und Konzepte. Wir müssen uns klar darüber sein, daß diese irdische Sphäre – Malkuth auf dem Baum – etwas widerspiegelt, das sich weit außerhalb von ihr befindet. »Wie oben, so unten«, lautet der hermetische Grundsatz. Also sind in Malkuth alle Aspekte des Baums vorhanden, und auf dieser Ebene müssen wir mit ihnen Verbindung aufnehmen. Deshalb müssen wir immer, wenn uns mystische oder okkulte Erfahrungen zuteil werden, daran denken, daß wir innerhalb der Regenbogenaura der Erde arbeiten; daß uns der *Schleier des Irdischen* umgibt, wenn wir uns mit Tipharet oder Binah oder Kether verbinden.

11 Ich habe versucht, in diesem Buch eine Vorstellung von den modernen esoterischen Lehren zu vermitteln und auf einige ihrer Quellen hinzuweisen. Ich habe es absichtlich auf eine Weise geschrieben, die manche meiner Leser verärgern dürfte. Es tut mir leid, wenn dies der Fall ist, doch ich wollte nicht nur informieren, sondern auf die tieferen Schichten des Geistes einwirken, und deshalb mußte das Thema auf eine vielleicht irrational erscheinende Weise dargestellt werden. Wer dieses Buch gelesen hat und seine Kapitel als Meditationsgrundlage benützt, wird, wie ich glaube, manches darin finden, das jene Bewußtseinsveränderungen bewirkt, die magische Kunst anstrebt.

»Des Büchermachens ist kein Ende«, und so sind eine Menge Bücher erschienen, die sich mit dem geheimen Wissen Israels, der Kabbala, und mit den esoterischen Schulen beschäftigen, die ihre Kraft und Inspiration aus diesem Quell zeitlosen Wissens beziehen. Vieles von einer Person oder einer Gruppe von Personen Verfaßte scheint leider nur ein Aufguß dessen zu sein, was schon andere geschrieben haben. In gewissem Maß kann das nicht anders sein. Wir bauen auf von anderen errichteten Fundamenten, und unsere Arbeit dient wiederum, wenn sie von Wert ist, anderen als Grundlage. Neu ist an unserer Arbeit nicht das Dargestellte, sondern vor allem die besondere Form, in der wir es darbieten. Darin besteht die einzigartige Leistung jedes neuen Autors und sein Beitrag zur Verbreitung esoterischen Wissens. Der größte Teil des Materials entstammt den Ritualen und Schriften des Hermetic Order of the Golden Dawn, die von Aleister Crowley, Dr. Israel Regardie und anderen Mitgliedern dieses Ordens und anderer Vereinigungen wie *Argentum Astris* oder

Stella Matutina, der Öffentlichkeit zugänglich gemacht wurden. Solch enthüllten Rituale verlieren ihre Macht, können jedoch als Meditationsthemen benützt werden und so für den ernsthaften Schüler eine große Hilfe sein.

Vielleicht sollte ich an dieser Stelle kurz erklären, wie ich persönlich zu diesen Dingen stehe. Als ich mich mit ihnen zu beschäftigen begann, hatte ich das Glück, mit einer Autorität auf diesem Gebiet in Kontakt zu kommen; diesem Mann (seine Schüler kennen ihn als »R. K.«) verdanke ich sehr viel. Im Osten kam ich später mit einer Gruppe indischer Okkultisten in Kontakt, und durch eine höchst merkwürdige Verkettung von Umständen fand ich nach meiner Rückkehr in dieses Land eine neue Lehrerin, die verstorbene Dion Fortune; die von ihr gegründete Bruderschaft wurde zu meiner esoterischen Heimat. Dion Fortune war anfangs unter Mrs. McGregor Mathers Mitglied des Order of the Golden Dawn und trat später zur Stella Matutina über. Ihre Anschauungen waren deshalb vom Golden Dawn geprägt.

Die eingehende Beschäftigung mit paranormalen und okkulten Dingen während der Arbeit mit meinem ersten Lehrer sowie zahlreiche persönliche Erfahrungen auf diesem Gebiet ermöglichten es mir, die in der Bruderschaft empfangenen Kenntnisse auf bestimmte Weise zu nützen. Gestützt auf meine persönliche Medialität und auf das mir aus diesen verschiedenen Quellen zugeflossene Wissen habe ich meine Bücher geschrieben, um auch anderen zu jenen Einblicken in die Realität zu verhelfen, die zu gewinnen ich das Glück hatte.

In dem Neuen Zeitalter, in das wir nun eintreten, finden revolutionäre Veränderungen statt. Die esoterischen Schulen müssen sich, zumindest in gewissem Maß, dem neuen Lebenstempo anpassen, wenn sie der Menschheit dienen wollen. Die esoterischen Bruderschaften müssen erkennen, daß sie, wie viele andere ehrwürdige Institutionen, auf ihrem Weg durch die Jahrhunderte viel Überflüssiges angesammelt haben. Einiges davon ist in die Rituale der Bruderschaften eingebettet (wie Fossilien in Gestein). Sicher ist es von gewissem zweitrangigem Wert, denn es verbindet das heutige

Bewußtsein mit den primitiven archetypischen Ebenen des kollektiven Unbewußten, doch es gibt vieles, was über Bord geworfen werden könnte. Die Oberen der Logen müssen dies unbedingt tun, wenn sie ihrer Aufgabe in der sich wandelnden Welt gerecht werden wollen.

Brot, Wein und ein geweihter Priester sind alles, was für die katholische Opferung notwendig ist. Ebenso ist es in der Esoterik: Nur sehr wenige Dinge sind wirklich wichtig. Christus hat gesagt, daß ein Jünger des Himmelreichs einem Hausvater gleicht, der aus seinem Schatz *Neues und Altes* hervorholt. So müssen die esoterischen Schulen in diesem Neuen Zeitalter Ausgewogenheit schaffen, indem sie neue Ansätze entwickeln. Dazu müssen sie auf den aus alten Zeiten stammenden Fundamenten ein Gebäude errichten, das sich in das heutige Leben einfügt.

Dazu möchte auch ich beitragen, und es bleibt abzuwarten, wie gut es uns gelingen wird, der Welt dieses neue Bild von den Mysterien zu vermitteln. Mit meinen Büchern und Vorträgen über das Thema Magie möchte ich die aus mittelalterlichen Zeiten überkommenen falschen Vorstellungen beseitigen, damit das Licht des zeitlosen Wissens in diesen Tagen der Wende und Wirrnis heller leuchten kann.

Durch zwei große Weltkriege ist das Leben auf familiärer, gesellschaftlicher und staatlicher Ebene aus den Fugen geraten, und der Schatten eines Atomkrieges schwebt bedrohlich über der Welt. Unter diesen Umständen ist es ganz natürlich, daß viele Menschen Stabilität zu finden hoffen, wenn sie einer Mysterienschule beitreten, vor allem, wenn diese behauptet, uralter Herkunft zu sein. Solche Bruderschaften erfüllen diese Menschen mit einem Gefühl der Sicherheit, die sie in der äußeren Welt nicht finden. Dies ist jedoch Weltflucht und (ausgenommen relativ wenige besondere Fälle) ist die einzige Rechtfertigung für einen solchen Rückzug, daß wir, wenn wir uns auf diese Weise zurückziehen, Energien aufnehmen können, die uns befähigen, den Kampf mit neuer Kraft wieder aufzunehmen. Man sollte jedoch bedenken, daß die Erholung der Arbeit folgt und daß der Lohn einem nur gebührt, wenn man das Seine getan hat.

In der neuen esoterischen Philosophie wird dies stark betont, denn ein in die Mysterien Eingeweihter dient der Menschheit vor allem dadurch, wie er *ist*, und weniger dadurch, was er *sagt*. Ich bin überzeugt, daß C. G. Jungs Konzept vom kollektiven Unbewußten richtig ist. Wenn wir die esoterischen Schulen von diesem Standpunkt aus betrachten, können wir erkennen, wie der Eingeweihte arbeitet. »Kein Mensch ist eine Insel.« Ob wir vom »Kollektiven Unbewußten« oder der *Anima Mundi* oder vom »Astrallicht« sprechen – wir müssen uns klar darüber sein, daß jeder Mensch mit allen seinen Mitmenschen, ja mit allem sich entwickelnden Leben verbunden ist. Dadurch beeinflußt er ständig alle anderen Menschen, wird von ihnen beeinflußt und lebt in dieser großen »Gruppenseele«. Einer der Vorzüge einer esoterischen Schule besteht darin, daß sie innerhalb der großen Gruppe eine besondere Gruppe bildet. Da sie einerseits mit dem kollektiven Unbewußten und andererseits mit dem kollektiven Überbewußtsein (dem, was die Mystiker den göttlichen Seelengrund nennen) verbunden ist, ist es ihren Mitgliedern möglich, im verunreinigten kollektiven Unbewußten der Menschheit mit Hilfe der göttlichen Energien, mit denen sie sich verbinden und die sie lenken können, wenn sie echte Okkultisten sind, Wandlungen zu bewirken.

Alles, was ich bisher geschrieben habe, sollte dazu dienen, dies verständlich zu machen, und es wird auch in Zukunft mein Hauptanliegen sein.

»New Mansions for New Men« (»Neue Wohnstätten für neue Menschen«) heißt es in der englischen Bibelübersetzung. Unser Zeitalter braucht diese neuen Wohnstätten, und sie werden gebaut werden. Man bedenke jedoch, daß das englische Wort »mansions« sich von *mansioni* herleitet. Dies waren die Raststätten an den Straßen des römischen Reiches, in denen man sich ausruhen und erfrischen konnte, bevor man sich wieder auf den Weg machte. »Diese Welt ist eine Brücke; gehe darüber, aber baue kein Haus darauf«, sagt man im Osten, und dieser (Jesus zugeschriebene) Satz ist von ewiger Gültigkeit.

Bibliographie

Es ist nicht meine Absicht, über das Thema dieses Buches eine umfassende Bibliographie zu erstellen. Die Bücher, die es behandeln, lassen sich in zwei Kategorien einteilen: solche, die die Philosophie der Kabbala angreifen, und solche, die sie verteidigen. Erstere sind meist staubtrocken und pedantisch, letztere von einem kritiklosen Enthusiasmus, der sich selbst ad absurdum führt. Nur wenige der erschienenen Bücher sind frei von solchen Verfälschungen. Sie wurden hauptsächlich von Mitgliedern der esoterischen Bruderschaften geschrieben. Das erste von diesen – zeitlich und der Bedeutung nach geordnet – ist *The Kabbalah Unveiled* von Mac Gregor Mathers. Es ist noch erhältlich und, obwohl es in vieler Hinsicht einer Überarbeitung bedarf, ein sehr nützliches Buch. Das zweite, ebenfalls noch erhältliche Buch ist *Die mystische Kabbala* von Dion Fortune (esotera-Taschenbücherei, Verlag Hermann Bauer). Es ist ein sehr wertvolles Buch, das die Lehre in der Form enthält, in der Dion Fortune sie ihren Schülern vermittelte. Doch seit seinem ersten Erscheinen ist viel Wasser unter den Brücken hindurchgeflossen, und so bedarf der Inhalt zum Teil einer neuen Formulierung. Diese erfolgte in dem zweibändien Werk *A Practical Guide to Occult Symbolism* von Gareth Knight.

Es gibt noch verschiedene andere Bücher über die Kabbala, doch sie sind meist aus einer distanzierten, intellektuellen Haltung heraus geschrieben und verraten eine feindselige Einstellung gegenüber esoterischen Ideen. Aus diesem Grund habe ich mich nicht auf sie bezogen. Wer sich für sie interessiert, kann sie sicher ausfindig machen.

Die Bücher von Israel Regardie enthalten sehr viele Informationen über die Kabbala, ebenso sein dreibändiges Werk *Das magische System des Golden Dawn* (Verlag Hermann

Bauer, Freiburg). Bei der Lektüre des letzteren ist jedoch Unterscheidungsvermögen vonnöten.

Ein sehr interessantes kleines Buch, *The Sepher Yetzirah*, stammt von dem verstorbenen Dr. Wynn Westcott, einem der Mitbegründer des Golden Dawn. Es ist viel tiefschürfender als sein Umfang vermuten läßt, und man sollte sich mit ihm erst beschäftigen, wenn man Grundkenntnisse über die kabbalistische Philosophie erworben hat.

Ein Wort über esoterische Publikationen im allgemeinen ist hier angebracht. Man kann sie in drei Kategorien einteilen: solche, die hauptsächlich auf unmittelbaren, persönlichen Erfahrungen des Autors beruhen; solche, die fleißig mit Schere und Klebstoff »zusammengestoppelt« wurden und wesentlich stärker nach Bibliotheksmief als nach dem Weihrauch einer Loge riechen, und schließlich die große Anzahl jener, die frei erfunden sind. Zyniker würden sicherlich die Veröffentlichungen der ersten und der dritten Kategorie in einen Topf werfen, und tatsächlich ist vieles, was als authentisch bezeichnet wird, durch die Beimischung von Erfundenem so verfälscht, daß sie zum Teil recht haben.

Ein großer Teil des Materials, das man im alleinigen Besitz der Geheimgesellschaften glaubte, ist in Wirklichkeit Allgemeingut, wovon man sich durch einige Besuche im Lesesaal des British Museum überzeugen kann. Viele esoterische Bruderschaften haben lediglich ein großes Geheimnis daraus gemacht und es ihren Brüdern als besondere Offenbarung zukommen lassen. Es ist sehr verdienstvoll, daß die von Dion Fortune gegründete *Society of the Inner Light* einen großen Teil ihres Materials zur Veröffentlichung in Gareth Knights zweibändigem Werk freigegeben hat, darunter nicht nur das grundlegende esoterische Gedankengut, sondern auch die durch ihre Praktiken erzielten Ergebnisse.

Unsere Arbeit ist mit dem Bau eines Kaleidoskops vergleichbar, in das, zusätzlich zu den bereits darin befindlichen farbigen Glassplittern, neue Teilchen, die wir bei unserer Arbeit entdeckt haben, eingeführt werden. Die Muster, die sich dadurch ergeben, rechtfertigen unsere Arbeit. Alles, was wir schreiben, drückt nur auf ungefähre, symbolische Weise aus, was gemeint ist, und so sind Bücher Wegweiser. Wenn wir uns nach ihnen richten, können wir in direkten Kontakt mit anderen Wirklichkeiten kommen, die wir jetzt nur »wie in einem dunklen Spiegel« wahrnehmen.

Viele von uns haben durch visionäre Einsichten und durch Erfahrungen das Zusammenspiel der Kräfte erkannt und sind mit dem Bereich in Kontakt gekommen, in dem sich alles Leben gemäß seiner Bestimmung entfaltet, und mit diesen Kräften und jenen, die sie lenken, steht – bewußt oder unbewußt – die ganze Menschheit in Verbindung.

Abschließend möchte ich noch auf einige Bücher hinweisen, die sich mit der christlichen wie mit der nichtchristlichen Mystik beschäftigen.

An erster Stelle der Bücher, die speziell der christlichen Mystik gewidmet sind, stehen die Werke der großen, der anglikanischen Kirche nahestehenden Autorin Evelyn Underhill. Das beste dürfte ihr Buch *Mysticism* sein. Sehr wertvoll für jeden, der sich über die mystische Tradition informieren möchte, ist auch das Buch des Katholiken Fr. Poulaine *The Graces of Interior Prayer*. Das gleich gilt für das große Werk von Baron F. von Hugel *The Mystical Element in Religion*. Zu erwähnen wären noch die *Studies in Mysticism* von A. E. Waite, ein schönes Buch, an dem nur der etwas seltsame Stil des Autors ein wenig störend wirkt, der aber zugleich von hoher, ja erhabener dichterischer Ausdruckskraft ist.

Eines der besten Bücher über die nichtchristliche Mystik, das eine Brücke zwischen den beiden Traditionen schlägt, ist *Rational Mysticism* von W. Kingsland. Auszüge aus den Werken des Sufi-Mystikers Jalah al-Din Rumi finden sich in einem Buch der Reihe »The Wisdom of the East«, zusammenstellt von F. Hadland Davis. *Das Geheimnis der goldenen Blüte*, ein von Richard Wilhelm und C. G. Jung übersetzter Klassiker über das mystische Leben, vermittelt einen ausgezeichneten Einblick in eines der klassischen chinesischen Systeme, während zahlreiche Bücher über den Zen-Buddhismus gute Darstellungen der Grundlagen des buddhistischen Glaubens enthalten.

Verlag Hermann Bauer · Freiburg im Breisgau

Huston Smith

Eine Wahrheit, viele Wege
Die großen Religionen der Welt

470 Seiten, gebunden, ISBN 3-7626-0465-7

Eine Wahrheit, viele Wege, mit 1 500 000 verkauften Exemplaren Bestseller in den Staaten, will den interessierten Laien mit den großen spirituellen Traditionen der Menschheit vertraut machen und zeigen, wie diese Weisheitslehren in das menschliche Leben hineinwirken. Ungemein lebendig und direkt wird hier die zugrunde liegende Einheit, die gemeinsame kosmische Quelle aller Religionen sichtbar gemacht. Erklärte Absicht des Autors: nicht trockene Daten und Fakten zu vermitteln, sondern Verständnis, Einfühlung, Wissen zu mehren und Toleranz zu wecken für die Vielfalt der Wege, denn »alle Wege führen zum Gipfel«.

Verlag Hermann Bauer · Freiburg im Breisgau

Verlag Hermann Bauer · Freiburg im Breisgau

Surya Green

Der Ruf der Sonne

Eine spirituelle Reise:
Ausgangsort Indien

384 Seiten, gebunden, ISBN 3-7626-0464-9

Eine Reise nach Indien wird für die Journalistin Surya Green zum Wendepunkt ihres bisherigen Lebens! In einer göttlichen Vision hört sie den Ruf der allmächtigen Sonne.
In lebendigen Bildern schildert sie die Schönheit Indiens und führt den Leser einfühlsam in die Vorstellungen und Grundsätze hinduistischen Denkens und anderer spiritueller Traditionen ein. Einfache, intensiv erlebte Wahrheiten öffnen dabei die Pforte zum eigenen Selbst und verbinden beim Lesen mit hohen spirituellen Energien. Geheimnisvolle Erlebnisse und zahlreiche Begegnungen mit erleuchteten Meistern schenken tiefes Verständnis ewiger kosmischer Gesetzmäßigkeiten.

Verlag Hermann Bauer · Freiburg im Breisgau

Verlag Hermann Bauer · Freiburg im Breisgau

Hans-Dieter Leuenberger

Sieben Säulen der Esoterik

Grundwissen für Suchende

2. Auflage, 256 Seiten; gebunden. ISBN 3-7626-0373-1

In den letzten Jahren ist der Begriff Esoterik eine Bezeichnung geworden, unter der sich vieles zusammenfassen und zu einem subjektiv-persönlich gefärbten Bild verarbeiten läßt. Bereits in seinem Buch *Das ist Esoterik* hat Hans-Dieter Leuenberger meisterhaft Klarheit in dieses Begriffschaos gebracht. *Sieben Säulen der Esoterik* dient der Vertiefung und Erweiterung esoterischer Grundkenntnisse.

Einweihung, Tradition, Menschlichkeit, Göttlichkeit, Reinkarnation, Magie und Rosenkreuzertum sind sieben Hauptelemente des längst nicht mehr geheimen Wissens. Heute bieten gerade die Lehren des Rosenkreuzertums beste Anhaltspunkte für jeden Menschen, der esoterische Prinzipien individuell leben will. Leuenberger schildert, wie Selbsterkenntnis zur Erfahrung des Göttlichen führt. Er liefert die entscheidenden Richtlinien, nach denen der Esoteriker Übungen und Praktiken auswählen sowie selbst entwickeln kann. Als Esoteriker und Theologe faßt der Autor auch ein heißes Eisen an und zeigt, wie Christentum und Esoterik miteinander zu vereinen sind.

Verlag Hermann Bauer · Freiburg im Breisgau

Verlag Hermann Bauer · Freiburg im Breisgau

Hans-Dieter Leuenberger

Schule des Tarot in drei Bänden

Band 1: Das Rad des Lebens
Ein praktischer Weg durch die großen Arkana
5. Aufl., 318 S. mit 22 s/w-Abb. und 9 Zeichn. geb.
ISBN 3-7626-0243-3

Dieser Band bietet eine eingehende Analyse der zweiundzwanzig
Großen Arkana und eine Einführung in die Sprache der Bildsymbo-
lik. Der Leser lernt Inhalt und Bedeutung der einzelnen Tarotbilder
kennen und wird systematisch in der Methodik geschult. Bildsym-
bole zu entschlüsseln und zu interpretieren.

Band 2: Der Baum des Lebens
Tarot und Kabbala
3. Aufl., 400 S. mit 13 Zeichn. geb. ISBN 3-7626-0244-1

Band 2 behandelt die sechsundfünfzig Kleinen Arkana und legt dar,
in welcher Weise der Tarot als Ganzes mit der Kabbala verbunden
ist. Hier wird der Leser mit den Grundzügen des kabbalistischen
Denkens vertraut gemacht.

Band 3: Das Spiel des Lebens
Tarot als Weg praktischer Esoterik
304 Seiten mit 32 Zeichnungen, gebunden

Der dritte Band zeigt auf, wie der Leser seine erworbenen Kenntnisse
in sein persönliches Leben integrieren kann. In *Das Spiel des Lebens*
liegt der Akzent besonders auf der praktischen Anwendung des Tarot. Der Leser erfährt, wie er mit Hilfe des Tarot die alltägliche Kon-
frontation mit seinen vielfältigen Lebensaufgaben und Problemen
besser und in Einklang mit der großen kosmischen Ordnung bewältigen kann.

Verlag Hermann Bauer · Freiburg im Breisgau

Das neue *esotera-Taschenbuch*
im Verlag Hermann Bauer

Die schönsten Upanischaden
Der Hauch des Ewigen
212 S.; kart.; ISBN 3-7626-0668-4

Charles Fielding
Die praktische Kabbala
Der leichte Einstieg in ein komplexes System
202 S.; kart.; ISBN 3-7626-0665-X

Dion Fortune
Die mystische Kabbala
Ein praktisches System der spirituellen Entfaltung
3. Aufl.; 373 S.; kart.; ISBN 3-7626-0636-6

Zsuzsanna E. Budapest
Herrin der Dunkelheit · Königin des Lichts
Das praktische Anleitungsbuch für die neuen Hexen
392 S.; kart.; ISBN 3-7626-0664-1

Günther Feyler
Träume – Suchbilder der Seele
Der Traum als Lebenshilfe und Dialogpartner
360 S.; kart.; ISBN 3-7626-0666-8

Keith Sherwood
Kraftzentren des Lebens
Anleitung zur Harmonisierung unseres
feinstofflichen Energiesystems
280 S.; kart.; ISBN 3-7626-0667-6

Verlag Hermann Bauer · Freiburg im Breisgau

Das neue *esotera-Taschenbuch*
im Verlag Hermann Bauer

Ngakpa Chōgyam
Der fünffarbige Regenbogen
Energiearbeit mit der Farb- und Elementsymbolik
des tibetischen Tantra
2. Aufl.; 208 S.; kart.; ISBN 3-7626-0641-2

Allan Kardec
Das Buch der Geister
Grundsätze der spiritistischen Lehre
5. Aufl.; 306 S.; kart.; ISBN 3-7626-0632-3

Hans Sterneder
Der Wunderapostel
Ein Einweihungsroman
4. Aufl.; 480 S.; kart.; ISBN 3-7626-0609-9

Masaharu Taniguchi
Die geistige Heilkraft in uns
Wesen, Grundsätze und Erfolge des geistigen Heilens
3. Aufl.; 288 S.; kart.; ISBN 3-7626-0654-4

Hans-Dieter Leuenberger
Das ist Esoterik
Einführung in esoterisches Denken
6. Aufl.; 240 S.; kart.; ISBN 3-7626-0621-8

Dr. med. Chandrasekhar G. Thakkur
Das ist Ayurveda
Die indische Heil- und Lebenskunst
3. Aufl.; 368 S.; kart.; ISBN 3-7626-0635-8

Verlag Hermann Bauer · Freiburg im Breisgau

Das neue *esotera-Taschenbuch*
im Verlag Hermann Bauer

Richard L. Johnson
Ich schreibe mir die Seele frei
Wege zur Harmonisierung des ganzen Gehirns
264 S.; kart.; ISBN 3-7626-0659-5

Swami Vivekananda
Karma-Yoga und Bhakti-Yoga
Zwei wahre Perlen indischer Weisheit
2. Aufl.; 272 S.; kart.; ISBN 3-7626-0653-6

Alan Young
Das ist Geistheilung
Ein Leitfaden für alle, die heilen und geheilt werden wollen
280 S.; kart.; ISBN 3-7626-0661-7

Robert B. Tisserand
Das ist Aromatherapie
Heilung durch Duftstoffe
386 S.; kart.; ISBN 3-7626-0660-9

Eknath Easwaran
Mantram
Hilfe durch die Kraft des Wortes
3. Aufl.; 256 S.; kart.; ISBN 3-7626-0629-3

Erlendur Haraldsson
Sai Baba – ein modernes Wunder
Die paranormalen Phänomene des spirituellen Meisters
Sathya Sai Baba
3. Aufl.; 297 S.; kart.; ISBN 3-7626-0631-5

Verlag Hermann Bauer · Freiburg im Breisgau